데이터 시각화를 위한 가장 확실한 도구

바로 시작하는
태블로

조준희, 명완식 지음

TABLEAU WIKI

길벗

데이터 시각화를 위한 가장 확실한 도구

바로 시작하는 태블로
Tableau starts right away

초판 발행 · 2022년 8월 30일

지은이 · 조준희, 명완식
발행인 · 이종원
발행처 · (주)도서출판 길벗
출판사 등록일 · 1990년 12월 24일
주소 · 서울시 마포구 월드컵로 10길 56(서교동)
대표 전화 · 02)332-0931 | **팩스** · 02)323-0586
홈페이지 · www.gilbut.co.kr | **이메일** · gilbut@gilbut.co.kr

기획 및 책임 편집 · 최동원(cdw8282@gilbut.co.kr) | **디자인** · 신세진 | **제작** · 이준호, 손일순, 이진혁
영업마케팅 · 전선하, 차명환, 박민영 | **영업관리** · 김명자 | **독자지원** · 윤정아, 최희창
편집진행 · 안종군 | **전산편집** · 다누리 | **CTP 출력 및 인쇄** · 교보피앤비 | **제본** · 경문제책

ISBN 979-11-407-0113-1 03000
(길벗 도서번호 007135)

정가 30,000원

독자의 1초를 아껴주는 정성 길벗출판사

길벗 · IT단행본, IT교육서, 교양&실용서, 경제경영서
길벗스쿨 · 어린이학습, 어린이어학

페이스북 · www.facebook.com/gilbutzigy
네이버 포스트 · post.naver.com/gilbutzigy

THANKS TO

이 책을 출간하는 데 많은 도움을 주신 길벗출판사 최동원 님을 비롯한 관계자 분들, 태블로 입문과 더불어 지속적인 성장에 큰 도움을 주신 강승일 님, 태블로위키 블로그의 공동 운영을 제안하고 지원해 주신 박소영 님, 책 출판 관련 아이디어를 제안하고 격려해 주신 전서연 님께 감사의 말씀을 전합니다. 또한 공동 저자로서 많은 영감을 주고 함께 고생해 주신 명완식 님께 특히 깊은 감사를 드립니다. 추천사 작성 및 서면 인터뷰에 참여해 주신 모든 분들, 태블로를 통해 교류하고 있는 동료 선·후배분들, 사랑하는 부모님과 아내에게도 감사 인사를 전합니다.

저자 조준희

이 책이 세상에 나올 수 있도록 도와주신 박소영 님, 전서연 님, 강승일 님, 박서현 님, 공동 저자 조준희 님, 추천사 작성 및 인터뷰에 응해 주신 모든 분과 직장 동료 및 선·후배님들에게 진심으로 감사 드립니다. 모든 분이 늘 건강하고 함께 꾸준히 성장하길 바랍니다.

저자 명완식

요즘 데이터 리터러시(Data Literacy)라는 용어가 화두입니다. 이 용어는 '데이터에서 의미 있는 정보를 알아 내고 데이터를 활용할 수 있는 능력'을 뜻합니다. 필자는 불과 몇 년 전까지만 해도 데이터 리터러시가 전혀 없던 사람이었습니다. 하지만 태블로를 접한 후 데이터에 대한 시야가 급속히 확장되고 어느새 데이터 리터러시 향상의 중요성을 강조하는 사람 중 한 명이 됐습니다.

필자는 태블로 커뮤니티 활동을 시작으로 태블로 데스크탑 및 CA 자격증을 취득하고 인터뷰 영상이 유튜브 채널에 소개하면서 태블로와 관련된 커리어를 쌓아나갔습니다. 국내 최대의 태블로 블로그인 '태블로위키'를 공동 운영하고 태블로와 관련된 발표를 하면서 느낀 점은 태블로는 매우 직관적인 도구라는 사실입니다. 드래그 앤 드롭에 기반을 둔 직관적인 인터페이스를 통한 시각화 기능은 태블로가 지니고 있는 최고의 장점입니다. 몇 번의 클릭 또는 드래그만으로도 데이터를 보기 쉽게 표현할 수 있는 태블로는 데이터 시각화 및 분석에 최적화된 도구로서 데이터 리터러시의 향상에 도움을 주는 강력한 도구로 자리매김했습니다.

이 책에서는 태블로를 처음 접하시는 분도 쉽게 따라서 만들 수 있도록 8가지 기초 레벨의 차트를 수록했습니다. 또한 태블로를 이미 접해 보신 분도 상위 레벨에 도전해 볼 수 있는 9가지 중급편 및 3가지 고급편 차트를 소개했습니다. 실습뿐 아니라 다양한 데이터를 활용한 유즈 케이스(Use Cases)를 통해 데이터 시각화의 사례도 담았습니다.

이 책을 읽는 모든 분이 차트를 통한 시각화 방법을 습득하고 이를 실무에 적용함으로써 데이터 리터러시가 향상되는 데 조금이나마 도움이 되길 바랍니다.

저자 조준희

필자는 수년 동안 여러 회사와 함께 대회(해커톤)에 참가하면서 데이터 분석 프로젝트를 수행했습니다. 여러 산업 분야의 담당자를 만나면서 아직까지 많은 분이 데이터를 상황에 알맞게 시각화해 인사이트를 찾는 일을 어려워한다는 것을 느꼈습니다. 필자가 이 책을 출간한 이유는 이 세상에는 많은 현업자가 고집하는 기본적인 차트인 라인 막대 차트뿐 아니라 다양한 차트가 존재하며 이를 잘 활용하면 이해 관계자를 좀 더 쉽게 설득시킬 수 있고 새로운 인사이트를 찾을 수 있다는 것을 알려 드리기 위해서입니다.

태블로는 전 세계 사용자 24만 명, 국내 1,500개 이상의 회사에서 사용하는 가장 보편화된 데이터 분석 기반 BI 툴 중 하나입니다. 태블로가 국내에 알려진 지 얼마 지나지 않았는데도 빠른 성장을 할 수 있었던 이유는 많은 전문가가 태블로를 통해 다양한 분석을 쉽고 빠르게 할 수 있다는 점을 이해했기 때문입니다. 하지만 아직 태블로를 이용해 차트를 자유자재로 만들거나 데이터를 분석할 수 있는 전문가는 많지 않습니다. 그 이유는 국내에 태블로 관련 리소스가 부족하기 때문입니다. 이 책은 태블로 초심자들이 태블로의 구조를 이해하는 것에 초점을 맞춰 구성했습니다. 한 스텝 한 스텝 따라 할 수 있게 설계했으므로 이 책에서 배운 내용을 어디에서든 활용하는 데 많은 도움이 될 것입니다.

이 책은 데이터를 분석하거나 대시보드를 만들 때 필요한 차트만을 골라 구성했습니다. 이 차트들을 어떠한 책보다 쉽게 설명했기 때문에 업무에 바로 적용할 수 있습니다. 차트 가이드 뒤에 나오는 대시보드 예시는 실제로 배운 차트가 어떻게 활용되는지를 알고 적재적소에 차트를 활용하는 데 많은 도움을 줄 것입니다.

한 통계에 따르면, 현시대의 직장인 30%만이 스스로 데이터를 정확하게 분석 및 해석하거나 활용할 수 있다고 합니다. 이를 반대로 말하면 아직 70%는 데이터를 활용하는 것에 미숙하다는 것을 의미합니다. 이 책을 통해 데이터 시대에 데이터를 분석하고 해석할 수 있는 기본 소양을 얻어가시기 바랍니다. 이 책을 통해 태블로에 관한 기본 사항을 습득한 후에는 저자가 운영하는 태블로위키 블로그에 방문해 데이터 분석 스킬을 업그레이드해 보시길 바랍니다.

태블로를 통한 데이터 분석 세계에 오신 것을 환영하며 여러분도 데이터 분석이 필자처럼 취미 생활이 될 만큼 즐거울 수 있다는 사실을 이 책을 통해 경험해 보시기 바랍니다.

저자 명완식

두 저자와는 제가 운영하던 태블로 커뮤니티를 통해 처음 인연을 맺었습니다. 그동안 태블로라는 공통된 관심사 외에도 데이터 기반 인사이트 도출 및 비즈니스 활용 사례들에 대한 이야기를 나누면서 많은 도움을 얻을 수 있었습니다. 이 책에는 필자들이 태블로라는 공통된 관심 주제를 기반으로 개인 프로젝트 및 현업에서 활용한 많은 사례가 포함돼 있습니다.

태블로는 단순히 데이터를 예쁘게 보여 주는 도구가 아니라 누구나 쉽게 데이터를 탐색하고 분석하며 동료들과 협업하는 데 도움을 주는 데이터 기반 솔루션(Data-driven Solution)입니다. 이 책에 포함된 다양한 사례를 활용해 데이터 리터러시 레벨업을 해 보시기 바랍니다.

– 강승일(빅스데이터 이사)

지난 3년간 '태블로 위키'라는 블로그를 함께 운영하면서 이 블로그에서 미처 다루지 못한 내용을 다룰 방법을 논의하던 중 책 기획에 관한 이야기가 나왔습니다. 차트 중심의 책 그리고 차트의 활용 사례를 추가해 필요할 때마다 다시 꺼내 볼 수 있는 책을 만들어 보고 싶었습니다. 가장 가까이에서 두 사람을 지켜본 사람으로서 두 사람만큼 이 주제를 훌륭하게 다룰 적임자는 없다고 생각합니다.

이 책은 태블로에서 만들 수 있는 기본 차트뿐 아니라 비즈니스 실무에서 자주 사용하는 다양한 차트 튜토리얼을 자세히 소개하고 있습니다. 따라서 시각화뿐 아니라 시각적 분석의 노하우를 얻고자 하는 사람들에게 훌륭한 길잡이가 될 것입니다.

특히, 이 책에 실려 있는 대시보드 사례는 각 차트를 실무에 어떻게 적용할 수 있을지를 가늠하는 데 많은 도움이 될 것입니다. 책을 일독하는 것만으로 기능과 사례 두 마리 토끼를 잡을 수 있을 것이라고 생각합니다.

– 박소영(Tableau Wiki Contributor)

태블로를 처음부터 자세하게 알려 주는 책이나 강의는 많습니다. 하지만 이 책처럼 실무에 꼭 필요한 태블로 차트 제작 방법의 핵심만 알려 주는 책은 없습니다. 저는 이 책을 읽으면서 실무에서 자주 쓰이는 차트 유형과 그 활용 사례를 모두 확인할 수 있었습니다. 태블로를 이용해 데이터 시각화를 해 본 사람이라면 누구나 공감하겠지만, 조금만 사용하지 않으면 금세 잊어버리게 됩니다. 이 책을 보면 실무에 필요한 차트 유형을 빠르게 찾을 수 있을 뿐 아니라 태블로의 핵심 개념까지 빠르게 복습할 수 있습니다. 태블로를 실무에 사용해야 하는 사람들이라면 누구나 책장에 두고 필요할 때마다 꺼내 볼 수 있는 선물 같은 책입니다.

– 전서연(Tableau Wiki Contributor 및 Tableau Public Ambassador 2021)

8년 전에 처음 태블로를 접했을 때는 한국에 에코 시스템이 전혀 만들어져 있지 않아서 한국 사용자들에게 도움이 될 한국어 콘텐츠를 하나하나 만들어 나가야 했는데요. 시간이 지나 이와 같이 훌륭한 콘텐츠가 생산되는 것을 지켜 보게 되니 감개무량하다고 해야 할까요? 저자 중 한 분은 컨설팅 업체에서 태블로를 활용한 다양한 경험을 했고 다른 한 분은 글로벌 스포츠 용품 기업에서 태블로를 깊이 있게 활용하고 있습니다.

이런 두 분이 태블로 관련 활동을 활발하게 하면서 태블로 커뮤니티를 위해 애쓰는 모습을 예전부터 주목하고 있었는데 이번에 이 책을 함께 기획하셨다는 것에 칭찬과 응원을 아끼지 않습니다. 특히 이 책에서는 제품 사용법의 설명을 넘어 창의성을 발휘해 만든 다양한 활용 사례가 공유되고 있어서 특히 실사용자가 바로 업무에 활용할 수 있습니다.

창의성은 모방을 통해 전염된다고 믿기에 많은 태블로 사용자가 이 책에서 영감을 얻어서 데이터를 더 잘 활용하게 되길 기대합니다. 이 책이 출간되고 많은 사용자에게 즐거운 괴롭힘을 당하고 있을 저자들의 모습이 상상하며 살짝 미소를 지어 봅니다.

– 우재하(Dataiku 이사)

데이터 홍수 시대에 객관적이고 의미 있는 정보의 흐름을 발견하는 것은 효과적인 시각화로부터 시작합니다. 이 책은 태블로를 통해 데이터를 시각화하고 다양한 비즈니스 문제 해결에 대한 가이드라인을 제공합니다. 데이터를 통한 신속하고 정확한 의사결정이 요구되는 실무자와 데이터 시각화에 관심이 있는 학생들에게 일독을 권합니다.

– 이건웅(고려대학교 경영대학 MIS 교수)

오늘날 〈뉴욕타임즈〉 1부에 실리는 정보의 양은 17세기 영국의 성인 1명이 평생 소비하는 정보의 양과 비슷하다고 합니다. 데이터 시각화는 정보의 홍수 시대에 정보를 좀 더 효율적으로 전달하는 데 필수적인 툴입니다.

이 책은 데이터 시각화 분야에서 최고의 BI 솔루션(BI Solution)으로 주목받고 있는 태블로 입문서로, 기초부터 쉽게 다양한 차트를 만드는 방법을 설명하고 있습니다. 특히 고급편에서는 다른 책에서 잘 다루지 않는 생키 차트 등을 소개하고 있습니다. 또한 다양한 차트 예시를 통해 실제 현장에서 어떤 차트 또는 대시보드를 통해 시각화해야 하는지를 알려 주는 길잡이 역할을 하고 있으며 '전문가의 조언'을 통해 실무자들이 궁금해하는 개념을 쉽게 설명해 주고 있습니다. 이 책이 대시보드와 차트를 통한 데이터 시각화를 제시하고자 하는 모든 사람의 필독서가 될 것이라고 생각합니다.

– 장원철(서울대학교 통계학과 교수)

이 책을 보는 방법

✓ **Section**

태블로로 구현할 수 있는 차트를 하나의 섹션으로 구성했습니다. 또한 QR코드를 통해 각 차트와 대시보드를 직접 확인할 수 있습니다.

✓ **검색 탭**

이 책에서 제공하는 차트를 바로 찾아볼 수 있도록 검색 탭을 제공합니다.

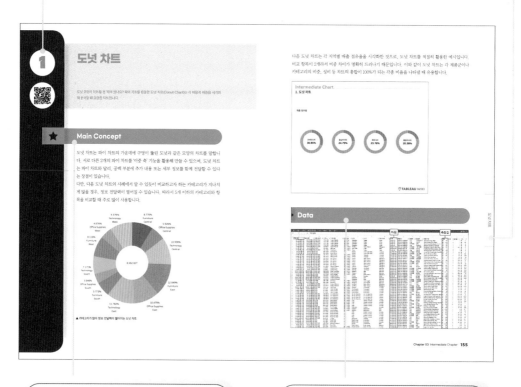

✓ **Main Concept**

어떤 데이터를 어떤 차트로 시각화하는 게 효율적인지와 각 차트의 특장점은 무엇인지를 설명합니다.

✓ **Data**

데이터 속에 숨은 인사이트를 발굴할 수 있도록 어떤 데이터가 있어야 차트를 구현할 수 있을지를 설명합니다.

✓ Tutorial

차트 구현 방법을 구성했습니다. 차근 차근 따라 하면 멋진 차트를 완성할 수 있습니다.

✓ 여기서 잠깐

깜박하고 놓치거나 지나치기 쉬운 내용, 추가로 알아 두면 좋은 팁을 알려 줍니다.

✓ Use Cases

태블로 전문가가 구현한 차트와 활용법을 소개합니다. 다양한 케이스(Case)를 통해 차트 활용법을 효율적으로 익힐 수 있습니다.

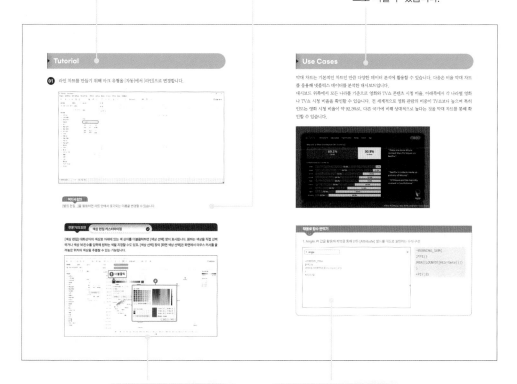

✓ 전문가의 조언

각종 설정과 다양한 옵션의 세부 항목을 언제, 어떻게 사용하는 것이 좋은지, 숨어 있지만 알아 두면 편리한 기능은 무엇인지를 친절하게 설명합니다.

✓ 태블로 함수 번역기

다양한 태블로 함수의 사용법과 각 함수의 구현 원리를 이해하기 쉽도록 풀어 설명합니다.

차례

예제 파일 다운로드 안내

이 책에 사용된 예제는 본문의 QR코드와 길벗출판사 홈페이지(www.gilbut.co.kr)에서 다운로드할 수 있습니다. 홈페이지 검색 창에 『바로 시작하는 태블로』를 입력하고 해당 도서 페이지가 열리면 [자료실]을 클릭해 예제를 다운로드하세요. 홈페이지 회원으로 가입하지 않아도 누구나 예제 파일을 다운로드할 수 있습니다.

송재환

NRISE 데이터 분석가(2021~2022)

플랜잇 파트너스 책임(2019~2021)

「태블로 굿모닝 굿에프터눈」 공동 저자

Q 간단한 자기 소개 부탁드립니다(소속, 하시는 일 등).

A 안녕하세요. 저는 '플랜잇'이라는 회사에서 태블로 교육 업무를 담당하다가 최근 데이터 분석 업무로 직무를 전환한 송재환입니다. 태블로 교육 업무를 맡았을 때는 기업이 지니고 있는 데이터를 가장 효과적으로 살펴보는 방법에 대해 고민했다면, 데이터 분석 업무에서는 고객들의 데이터를 기반으로 내부의 목표를 달성하기 위한 다양한 가설을 세우고 그것을 검증하고 있다고 보시면 될 것 같습니다.

Q 태블로를 언제, 어떻게 접하시게 됐나요?

A 태블로는 2019년 '플랜잇'이라는 회사에 입사하면서 본격적으로 사용하게 됐습니다. 이전에는 파이썬 코딩을 통해 데이터 시각화 및 분석을 진행했는데, 태블로에서는 단 몇 번의 드래그 앤 드롭만으로 차트가 그려진다는 데 충격을 받았던 것 같습니다. 쉬운 조작뿐 아니라 매우 다양하게 제공되는 기능에 빠르게 매료됐고 3개월 만에 태블로 스페셜리스트(Tableau Specialist) 자격증을 획득하면서 업무에 적극적으로 활용하게 됐습니다.

Q 태블로를 어떤 방식으로 활용하고 있는지 공유해 주실 수 있을까요?

A EDA(Exploratory Data Analysis) 태블로를 사용했습니다. EDA에서의 활용에 대해 좀 더 구체적으로 말하면, 분석 사이드에서는 가설을 세우기 전에 자료를 탐구하며 통계적 분석을 먼저 선행하는 것이 중요합니다. 이것은 추측이라는 주관적인 영역을 배제하고 객관적이고 논리적인 근거를 찾는 과정이라고 말할 수 있는데, 이 부분에서 태블로는 매우

유용합니다. 데이터를 보기 위해 수많은 쿼리를 작성하고 그것을 확인하기 위한 기다림 또는 추가적인 코딩이 필요하지 않고 데이터를 다양한 방법으로 직관적이고 빠르게 살펴볼 수 있기 때문입니다. 다만, 태블로를 활용하기 위해서는 잘 정리된 데이터가 필요하기 때문에 데이터 엔지니어링 사이드와의 협업 또는 개인적인 능력이 필요하기도 합니다.

Q 태블로를 활용해 직접 만들어 본 차트가 있을까요? 만약 있다면, 해당 차트를 어떤 목적으로, 어떻게 활용하셨는지 공유해 주실 수 있을까요?

A 코호트 차트를 만들어 활용하고 있습니다. 업무에서는 앱 사용자의 가입주를 기준으로 그룹화해 가입주 이후 주차별 이탈에 대해 트래킹했습니다. 최초에 데이터 테이블을 만들어 놓으면, 설정한 주기에 맞게 차트가 리프레시되기 때문에 고객의 행동을 추적하는 데 유용하게 사용했습니다. 기존 로그 트래킹 서비스들과 달리, 커스터마이징이 가능하기 때문에 내부 목적에 맞게 설정해 사용했습니다.

Q 태블로를 활용하면서 느끼신 태블로의 장점 또는 매력은 무엇인가요?

A 태블로의 장점은 역시 직관적이고 빠른 것이라고 생각합니다. 실제 업무 환경에서 데이터를 살펴보기 위해서는 여러 쿼리를 작성하고 이를 표현하기 위해서는 필요한 라이브러리를 호출하고 코딩해야 합니다. 하지만 태블로를 사용하면 그러한 부분의 공수를 줄이고 내가 살펴보고자 하는 결과물을 바로 볼 수 있기 때문에 일을 좀 더 효율적으로 할 수 있습니다. 또한 구성원과 커뮤니케이션하는 데에도 효과적인 시각화만큼 확실한 자료도 없기 때문에 커뮤니케이션 비용도 줄일 수 있습니다. 사용자의 능력에 따라 다양한 활용이 가능하기 때문에 매우 유용한 솔루션이라고 생각합니다.

조준혁

여행 스타트업 데이터 분석가

핀테크 스타트업 데이터 분석가

응용통계학과 및 비즈니스 애널리틱스 연계 전공

Q 간단한 자기 소개 부탁드립니다(소속, 하시는 일 등).

A 안녕하세요. 저는 스타트업에서 데이터 분석 업무를 맡고 있는 조준혁이라고 합니다. 유저들의 유입과 리텐션을 책임지는 팀에서 데이터 분석을 통해 의사결정을 지원하거나 서비스 개선 방향을 제시하는 역할을 수행하고 있습니다.

Q 태블로를 언제, 어떻게 접하시게 됐나요?

A 저는 학교 수업에서 처음 태블로를 접했습니다. 기본적인 사용 방법, 기능 등을 익힌 후 본격적으로 활용했던 것은 BI(Business Intelligence) 커뮤니티 Vizable(비저블) 활동을 통해서였습니다.

Q 태블로를 어떤 방식으로 활용하고 있는지 공유해 주실 수 있을까요?

A 분석 과정보다 분석 내용을 리포팅하기 위해 사용합니다. 직접 분석을 진행한 저로서는 문제 상황과 도출된 숫자의 의미 등을 잘 알고 있지만, 보고받는 대상은 그렇지 않거든요. 의사결정을 빠르게 하기 위해 어려운 차트보다는 막대 그래프, 라인 그래프 등 쉽고 직관적인 시각화 도구를 활용합니다.

Q 태블로를 활용해 직접 만들어 본 차트가 있을까요? 만약 있다면, 해당 차트를 어떤 목적으로, 어떻게 활용하셨는지 공유해 주실 수 있을까요?

A 비저블 졸업 프로젝트로 만들었던 리뷰 데이터 시각화 대시보드가 기억에 남습니다. 구글 플레이 스토어의 리뷰는 평점과 함께 유저의 의견을 직접 확인할 수 있는 채널이라고 생각했습니다. 이 데이터를 시각화해 유저의 목소리를 트래킹할 수 있도록 했습니다. 평점, 유저 수, 댓글 등을 KPI로 설정해 기본적인 리뷰 데이터의 현황을 파악할 수 있도록 했고 방사형 차트를 이용해 시간에 흐름에 따라 평점의 변화를 확인할 수 있게 했습니다.

이 밖에도 Tabpy의 감성 분석(Sentiment Analysis) 기능을 활용해 긍·부정 키워드를 추출함으로써 모니터링이 가능하도록 했습니다. 이로부터 리뷰의 변화 흐름을 파악할 수 있고 부정 키워드를 빠르게 파악해 버그 개선, 업데이트 등으로 유저들의 불만을 해소시켜 줄 수 있을 것이라는 기대 효과를 제시했습니다.

Q 태블로를 활용하면서 느끼신 태블로의 장점 또는 매력은 무엇인가요?

A 태블로의 장점은 '전달'에 있다고 생각합니다. 아무리 좋은 분석이라고 해도 전달이 되지 않으면 의미가 없다고 생각합니다. 데이터는 스스로 말하지 않으며 전달받는 대상이 이해하지 못하거나 지루해한다면 분석 결과에 입각한 의사결정의 흐름으로 이어지지 않습니다.

태블로는 시각적 분석에 입각한 흐름을 만들어 줄 수 있는 좋은 솔루션입니다. 분석 결과를 흥미롭고 이해할 수 있는 형태로 만드는 것을 도와줍니다. 단순 숫자가 아닌 색이나 움직임 등으로 풍성하고 생기 있게 전달할 수 있고 효과적인 전달을 원하는 의사결정으로 흐르게 할 수 있습니다.

'백문이 불여일견'이라는 말이 있듯이 좋은 시각화 장표 하나는 백 마디의 설명을 대체할 수 있습니다. 저의 분석 프로젝트의 마무리는 항상 태블로와 함께하는 만큼, 데이터를 다루는 일에서 빠질 수 없는 툴이라고 생각합니다. 여러분들도 이 책을 통해 개인의 생각과 의견을 전달하는 데 태블로를 적극적으로 활용하셨으면 하는 바람입니다.

이다희

카카오 데이터 분석가

플래닛 파트너스 데이터 분석가

NHN Global 세일즈 분석가

Q 간단한 자기 소개 부탁드립니다(소속, 하시는 일 등).

A 안녕하세요. 현재 카카오에서 태블로를 활용한 데이터 시각화 업무를 주로 맡고 있습니다. 태블로에 여러 데이터를 연결해 주요 지표와 트렌드를 확인할 수 있는 대시보드를 만들고 C 레벨이 의사결정을 하는 데 도움이 될 수 있도록 데이터에 기반을 둔 인사이트를 공유하고 있습니다.

Q 태블로를 언제, 어떻게 접하시게 됐나요?

A 태블로를 처음 알게 된 건 2018년이었습니다. 당시 이커머스 회사에서 세일즈 분석가로 재직 중이었는데 매주 위클리 리포트를 엑셀로 만들다 보니 동일한 작업을 비효율적으로 반복하게 됐고 이를 개선하는 데 적합한 툴을 찾다가 태블로를 알게 됐습니다. 태블로에서 제공하는 트레이닝 영상을 보면서 스스로 학습하고 태블로 커뮤니티를 참여를 통해 스터디를 진행하면서 업무에 활용하기 시작했습니다.

Q 태블로를 어떤 방식으로 활용하고 있는지 공유해 주실 수 있을까요?

A 태블로에서는 데이터를 다룰 때 필요한 작업이 대부분 가능한데요. 저는 데이터 탐색과 대시보드 구현에 주로 활용하고 있습니다. 첫 번째는 새로운 데이터가 주어졌을 때 전체적으로 관찰하고 이해하는 시간이 필요합니다. 총 레코드 수는 몇 개인지, 컬럼이 차원과 측정값으로 어떻게 분류되는지, 데이터 형식은 맞게 설정돼 있는지, 이상치나 NULL 값은 없는지 등 간단하게 클릭으로 시각화해 빠르고 직관적으로 데이터를 탐색하는 데 활용하고 있습

니다. 두 번째는 대시보드 구현인데요. 차트 단위로 만들어 놓은 여러 개의 워크시트를 대시보드에 모은 후 워크시트 간 필터 동작을 추가하면 대시보드 내에서 인터렉티브하게 데이터를 드릴다운해 상세한 분석이 가능합니다.

Q 태블로를 활용해 직접 만들어 본 차트가 있을까요? 만약 있다면, 해당 차트를 어떤 목적으로, 어떻게 활용하셨는지 공유해 주실 수 있을까요?

A 2020년 초 코로나19가 시작됐을 때 코로나 확진자를 트래킹하는 대시보드를 만들었습니다. 해당 대시보드는 일별, 지역별, 성별, 연령별로 확진자에 대한 정보를 확인할 수 있도록 바 차트, 라인 차트, 히트맵 등을 활용해 표현했습니다. 또한 경기도 각 시·군·구의 현황을 직관적으로 표현하기 위해 지도를 활용해 확진 환자 수를 색상 범례로 표시하고 어느 지역에 확진 환자가 많은지 한눈에 알아볼 수 있도록 나타냈습니다. 이를 대시보드로 만든 후 필터 작업을 추가해 사용자의 입장에서 직접 인터랙티브하게 필요한 정보를 실시간으로 확인할 수 있도록 하는 기능을 추가했습니다. 대시보드는 경기도감염병관리지원단 웹 사이트의 코로나19 현황 페이지에 게시돼 사용자가 코로나에 대한 정보를 쉽게 파악하는 데 활용됐습니다.

Q 태블로를 활용하면서 느끼신 태블로의 장점 또는 매력은 무엇인가요?

A 태블로는 누구나 쉽고 빠르게 차트를 표현할 수 있는 데이터 분석 툴입니다. 파이썬, R과 같은 툴은 코딩으로 분석을 진행해야 하기 때문에 해당 툴에 익숙하지 않은 분들은 차트를 그리는 데 어려움이 있어 진입 장벽이 매우 높은데요. 태블로의 경우에는 누구나 드래그 앤 드롭만으로 데이터에 연결해 원하는 차트를 순식간에 그리고 인터렉티브한 대시보드로 만들고 공유할 수 있어 업무를 효율적이고 효과적으로 개선할 수 있다는 것이 가장 큰 매력이라고 생각합니다.

홍예지

GS칼텍스 데이터 분석가

세일링스톤 데이터 분석가

플랜잇 파트너스 데이터 분석가

태블로 자격증 보유

Q 간단한 자기 소개 부탁드립니다(소속, 하시는 일 등).

A 안녕하세요. GS칼텍스 Digital Lab에 재직 중인 홍예지입니다. 현재 만 6년 가까이 태블로 관련 BI(Business Intelligence) 업무를 하고 있습니다. 태블로 관련 업무에는 대시보드 제작, 대시보드 기획, 대시보드 컨설팅, Tableau Desktop & Server 교육, 데이터 컨설팅, Tableau Server 관리 등이 있습니다.

Q 태블로를 언제, 어떻게 접하시게 됐나요?

A 저는 태블로 컨설팅 업체에 입사하면서 접하게 됐어요. 자연스럽게 많은 IT 관련 업무를 태블로와 연결해 배우게 됐습니다. 태블로와 연결하면서 데이터베이스(Database)에 대한 지식, 각 기업체의 방향성, 사업의 성격, 서버(Server) 등에 대한 지식을 많이 알게 된 것 같아요. 더욱 많은 지식을 알게 될수록 업무가 더 유연해졌기 때문에 가능했던 일 같아요.

Q 태블로를 어떤 방식으로 활용하고 있는지 공유해 주실 수 있을까요?

A 보통 저는 프로젝트 단위로 업무가 진행되고 BI 프로젝트에 투입한 개발자로 일할 때가 많습니다. 그리고 그 안에는 여러 가지 형태의 프로젝트가 존재하지만, 기본적으로 많이 진행되는 프로젝트 방식은 첫째, 고객에게 어떤 대시보드 형태가 필요한지 확인하고 그에 대한 데이터가 어떤 형태로 갖춰지는 게 좋을지, 둘째 데이터가 있다면 그 데이터를 어떻게 활용할 수 있을지, 데이터가 없다면 기존에 있는 데이터로 어떻게 편리하게 개발해 향후 사용하면 좋을지 직접 개발하거나 다른 개발자에게 요청하고, 셋째 데이터가 갖춰진 후(또는 데

이터가 갖춰지는 일이 동시에 진행된다면 샘플 데이터를 활용해) 대시보드 기획 및 제작을 하게 됩니다. 이 대시보드 제작에도 많은 과정이 존재합니다. 고객(프로젝트를 수주한)이 원하는 대시보드가 있거나 기존에 보던 화면이 있다면 그것을 어떻게 태블로의 성격에 맞게 만들 것인지, 어떠한 화면을 보고 있더라도 새롭게 또는 좀 더 발전된 형태를 원하면 그에 대한 아이디어를 제시하거나 고객의 아이디어를 통해 만들어진 샘플 대시보드를 개선해 나가는 방식으로 진행합니다.

Q   태블로를 활용해 직접 만들어 본 차트가 있을까요? 만약 있다면, 해당 차트를 어떤 목적으로, 어떻게 활용하셨는지 공유해 주실 수 있을까요?

A   가장 기본적인 차트를 가장 많이 활용하는 것 같아요. 막대 차트나 라인 차트를 통해 추이를 보는 일이 가장 흔하고 표나 파이 차트도 가장 베이직(Basic)하면서 심플하기 때문에 많이 활용하는 것 같습니다. 대시보드는 사업의 성격에 많은 영향을 받지만, 그 대시보드를 기획하는 기업체의 고객도 함께 고민하거든요. '본인들의 사업과 전혀 상관없는 누군가가 봐도 이해할 수 있는 대시보드였으면 좋겠다.'라는 의견을 가장 많이 들었던 것 같아요. 이 과정에서는 대시보드를 통해 찾을 수 있는 인사이트를 가장 중요시한다고 생각합니다. 좀 더 단계를 높여 박스 플롯이나 생키 차트 등도 활용하게 되는데, 그럼에도 불구하고 기본 차트를 가장 많이 활용한다고 생각합니다.

Q   태블로를 활용하면서 느끼신 태블로의 장점 또는 매력은 무엇인가요?

A   장점과 매력을 꼽자면, 아무래도 다른 BI 툴보다 기능적인 측면에서 가장 두드러진다고 생각해요. 태블로가 꾸준히 R&D에 비용을 투자하고 업그레이드를 자주 하는 만큼 불과 6년 전과 비교해 보면 정말 많은 기능이 생겼고 이로 인해 독립적으로 더 많이 사용하게 됐거든요. 프로젝트를 투입해 보면 태블로가 아닌 다른 BI 툴들을 접하게 되지만, 기능적인 면이나 태블로를 시작하게 되는 많은 사람이 더 쉽게 시작하는 건 분명한 것 같아요. 그렇다고 해서 "태블로가 최고입니다."라고 말씀드릴 수 없는 이유는 '대시보드마다 어떤 데이터베이스에 어떤 성격의 데이터가 필요하고 그 데이터를 어떻게 보겠다.'라는 BI 툴이 있다고 생각하기 때문이에요. 하지만 태블로가 기능적인 부분을 많이 갖추고 있는 건 사실이기 때문에 여러 기업체에서 사용하기 시작했고 태블로의 인기가 그에 대한 사실을 증명한다고 생각합니다. 태블로를 시작하게 되는 많은 사람에게 "태블로 데스크탑(Tableau Desktop)만 할 줄 알면 모든 게 해결됩니다."라고 말씀드릴 수는 없어요. 생각보다 대시보드를 만드는 데 필요한 데이터의 이해도 등이 결국 대시보드의 기능적인 면들을 많이 좌지우지할 수 있거든요. 하지만 태블로 데스크탑을 이해하고 익숙해질수록 더 많은 걸 알게 되는 건 분명한 것 같아요. 이젠 IT 영역뿐 아니라 마케팅이나 재무 회계, 인사팀 등에서도 데이터를 활용해 인사이트를 찾는 일이 훨씬 많아졌고 그 중간에 태블로가 존재할 때가 굉장히 많거든요. 우리가 영어 문장을 쓰기 위해 알파벳부터 알고 단어를 공부하듯이 태블로도 어느새 빅데이터 산업의 매개체 역할을 톡톡히 하고 있다는 생각이 들고 공부를 시작하는 분들이 태블로를 알게 되면 더욱 시야가 넓어질 것이라고 생각합니다. 이 책을 통해 태블로 공부를 시작하시는 분들을 진심으로 응원합니다.

방성현

유한킴벌리 DX 본부 디지털 프로듀서

Q 간단한 자기 소개 부탁드립니다(소속, 하시는 일 등).

A 안녕하세요. 유한킴벌리 Digital Excellence 본부에서 Digital Transformation 업무를 담당하고 있는 방성현입니다.

Q 태블로를 언제, 어떻게 접하시게 됐나요?

A 데이터 분석은 디지털 전환의 핵심 축이고 데이터 기반 의사결정을 확산하기 위해서는 임직원들이 쉽게 데이터를 다룰 수 있어야 합니다. 2016년경 빅데이터를 쉽게 다룰 수 있는 BI 툴인 태블로를 접했습니다. 이후 개인적으로는 태블로 자격증(Tableau Certification)을 취득하고 업무적으로 사내 임직원에게 확산해 지속적으로 사용하고 있습니다.

Q 태블로를 어떤 방식으로 활용하고 있는지 공유해 주실 수 있을까요?

A 태블로는 데이터 분석 수명 주기의 각 분야에 사용됩니다. 코딩이 익숙하지 않는 사용자가 데이터 탐색을 쉽게 진행하고 이종 데이터셋을 가공해 데이터 모델링을 하며 여러 차트를 이용해 시각화하는 것을 지원합니다. 이러한 대시보드는 객관적인 업무 의사결정을 가능하게 하고 새로운 시각의 인사이트 발굴을 도와줍니다.

Q 태블로를 활용해 직접 만들어 본 차트가 있을까요? 만약 있다면, 해당 차트를 어떤 목적으로, 어떻게 활용하셨는지 공유해 주실 수 있을까요?

A 보통 하나의 대시보드에 여러 개의 차트를 동시에 적용합니다. 같은 데이터라도 어떤 차트로 구성하느냐에 따라 인사이트를 얻는 시각이 달라지기 때문입니다. 보통 요약 대시보드와 상세 대시보드는 동시에 구성하는데, 요약 대시보드에서는 직관적으로 판단할 수 있는 차트(파이 차트, 도넛 차트, 히트맵 차트)를 주로 사용하고 상세 대시보드에서는 이슈 원인을 파악할 수 있는 차트(라인, 막대, 이중 축, 시계열, 테이블)를 주로 이용합니다.

Q 태블로를 활용하면서 느끼신 태블로의 장점 또는 매력은 무엇인가요?

A 태블로는 여러 강점을 가진 BI 툴이지만, 그중 단연 돋보이는 장점은 '접근성'이라고 생각합니다. 데이터에 익숙하지 않은 분도 쉽게 데이터 가공법을 익힐 수 있기 때문에 데이터 분석에 흥미를 가질 수 있습니다. 태블로를 이용하다 보면 어느새 데이터 전문가가 돼 있는 자신을 발견할 수 있을 것입니다.

저도 처음 태블로를 사용할 때 한국어로 된 자료가 없어서 항상 영문 자료를 사용했던 기억이 납니다. 이 책이 태블로 사용의 진입 장벽을 낮춰 다수의 데이터 분석가에게 도움을 주는 역할을 할 것이라 확신합니다.

박경덕

(현) 풀무원 디지털혁신팀

(전) 명화공업 디지털혁신팀

Q 간단한 자기 소개 부탁드립니다(소속, 하시는 일 등).

A 자동차 부품 제조 회사인 명화공업 디지털 혁신팀에 근무하다가 최근 식품 제조 회사 풀
무원 디지털 혁신실로 이직해 전사 DT/PI 과제 수행을 담당하고 있는 박경덕입니다.

Q 태블로를 언제, 어떻게 접하시게 됐나요?

A 2019년 2월, 전직장에서 BI를 사내에 도입하기 위해 솔루션을 알아보는 과정에서 처음
접하게 됐습니다. 당시 3개사 제품 POC 후 안정성, 개발 편의성 등을 고려해 최종적으로
태블로를 선택했습니다.

Q 태블로를 어떤 방식으로 활용하고 있는지 공유해 주실 수 있을까요?

A 자동차 부품 제조 회사에서는 전사 부문별 지표 관리를 목적으로 태블로를 활용했습니
다. 150여 개의 대시보드를 통해 13개 부문(생산, 품질, 영업, 재경 등)의 지표를 관리 중이고
주간 임원 회의 자료가 모두 태블로 대시보드로 진행되고 있습니다.

식품 제조 회사에서는 유통 채널별 매입/매출 데이터를 모니터링하는 목적과 다양한 온라
인 채널에서 수집한 고객 리뷰를 분석한 대시보드를 제작해 관련 부서에 인사이트를 제공하
는 목적으로 활용하고 있습니다.

Q 태블로를 활용해 직접 만들어 본 차트가 있을까요? 만약 있다면, 해당 차트를 어떤 목적으로, 어떻게 활용하셨는지 공유해 주실 수 있을까요?

A 주로 경영진에게 보고하기 위한 대시보드를 많이 만들었는데, 가장 많이 사용하는 차트는 심플한 막대 차트와 라인 차트입니다. 여러 속성값에 상대 비교를 가장 직관적으로 보여주는 게 이 두 차트라고 생각합니다. 현업 담당자를 위한 상세 데이터를 보여 주는 대시보드를 만들 때는 하이라이트 테이블도 많이 사용했습니다.

Q 태블로를 활용하면서 느끼신 태블로의 장점 또는 매력은 무엇인가요?

A IT 부서가 아니라도 데이터를 쉽게 핸들링할 수 있는 편리성이라고 생각합니다. 다른 데이터 분석, 시각화 툴에 비해 개발자 교육의 진입 장벽이 낮아 여러 시민 개발자를 양성할 수 있다는 것과 이기종 간 데이터를 쉽게 조인하고 정제할 수 있는 태블로 프렙(Tableau Prep)을 사용할 수 있다는 것이 태블로의 큰 장점 중 하나라고 생각합니다.

PART
01

태블로가 특별한 이유

지금은 데이터 시대입니다. 과거와는 비교할 수 없을 정도로 엄청난 양의 데이터가 생성되고 데이터를 수집하고 보관하는 능력뿐 아니라 데이터에 담긴 의미를 해석하는 능력까지 중요해지고 있습니다. 데이터를 더욱 잘 활용하기 위한 수많은 BI(Business Intelligence) 도구 중 태블로(Tableau)는 가장 효율적인 도구입니다. 태블로는 가트너(Gartner)의 비즈니스 인텔리전스 및 분석 플랫폼 부문 10년 연속 탑 리더(Top Leader)로 선정될 만큼 데이터 분석과 시각화에 최적화된 도구로 인정받고 있습니다. 코딩에 대한 지식 없이도 데이터 연결, 준비, 결과 공유까지 쉽게 적용할 수 있습니다. 1부에서는 태블로의 특징과 동작 원리, 장점 그리고 유용한 태블로 커뮤니티에 대해 알아보겠습니다.

CHAPTER

인사이트 도출을 위한
필수 도구

우리는 데이터의 시대에 살고 있습니다. 데이터 활용 방법은 물론, 데이터를 분석하고 그 안에 담긴 인사이트를 도출하는 능력은 핵심 역량이 됐습니다.

'빅데이터'는 더 이상 새로운 용어가 아닙니다. 빅데이터가 널리 활용됨에 따라 데이터 기반의 분석과 이를 활용한 의사결정은 기본적이면서도 가장 중요한 부분으로 자리잡았습니다. 이제 데이터 분석은 IT 기업만의 영역이 아니라 거의 모든 산업군에서 다루는 영역이 됐죠. 매월 보고서를 출력해 문서로 보관하는 것은 먼 과거의 이야기입니다. 이제는 ERP(Enterprise Resource Planning), CRM(Customer Relationship Management) 시스템 또는 회사 데이터베이스 내의 인사, 재무, 생산, 개발, 마케팅, 계약 등 기업의 모든 정보를 안전하게 저장해 적극적으로 활용하고 있습니다.

수십 만 개의 행과 열로 이뤄진 엑셀(Excel) 파일의 방대한 데이터를 살펴본다고 가정해 보겠습니다. 가공되지 않은 엑셀 데이터에서 어떤 데이터에 무슨 의미가 있는지 한눈에 파악하기 어려울 것입니다. 따라서 각종 차트를 비롯한 여러 시각화 방식을 통해 데이터에서 인사이트를 도출하는 일이 점차 보편화되고 있습니다. 이에 따라 데이터 기반의 의사결정을 지원하는 BI(Business Intelligence)를 도입하는 기업이 눈에 띄게 많아지고 있습니다. 다양한 BI를 통해 데이터 준비, 데이터 마이닝, 데이터 관리, 데이터 시각화, 데이터 분석 등을 모두 효과적으로 진행할 수 있으며 다양한 도구 중에서도 태블로(Tableau)가 많은 주목을 받고 있습니다.

태블로는 데이터 시각화와 분석에 특화된 도구로, 대시보드와 반응형 기술을 활용해 데이터 분석 및 해석이 용이합니다. 그뿐 아니라 데이터에 내재돼 있는 이상 징후나 기준점에서 벗어난 특정 데이터 등 여러 문제점을 발견하는 데도 유용하게 활용할 수 있습니다. 또한 다른 BI 도구에 비해 자유도가 높고 데이터 시각화 및 분석에 필요한 거의 모든 기능을 지원한다고 해도 과언이 아닙니다.

항목	엑셀	태블로
데이터 준비	데이터 전처리 및 데이터 설계 작업 진행 시 IT 담당자에게 요청	데이터 결합, 집계, 추출, 게시 등과 같은 별도의 코딩 작업 없이 수행 가능
데이터 처리	100만 건 이상 분석 시 처리 속도 등 제약이 큼	100만 건을 넘어 수억 건까지 처리 가능
데이터 축적 및 업데이트	새로운 데이터 추가 시 데이터 추출 및 업데이트 작업 필수	태블로 서버 자동화 스케줄 기능을 통해 원본 데이터의 자동 업데이트 가능
데이터 시각화	엑셀에서 제공하는 기능 안에서 차트 구현 및 매크로 설정은 가능하지만, 대시보드 기능은 없음	드래그 앤 드롭 방식으로 다양한 차트를 구현할 수 있으며 대시보드를 통한 데이터 시각화 가능
커뮤니티	엑셀 관련 온라인 커뮤니티 활성도가 낮은 편임	태블로 퍼블릭 갤러리(Tableau Public Gallery), 메이크오버 먼데이(Makeover Monday) 및 비저블(Vizable) 등 다양한 커뮤니티 운영

태블로와 엑셀은 데이터를 처리하고 분석하는 도구라는 공통점이 있지만, 차이점도 존재합니다. 태블로의 미션은 사람들이 데이터를 쉽게 이해할 수 있도록 지원하는 것이며 간단한 조작으로 다채로운 시각화와 분석이 가능합니다.

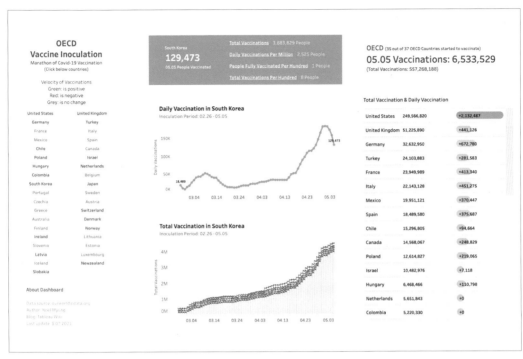

▲ OECD 백신 공급 현황을 보여 주는 태블로 대시보드 예시

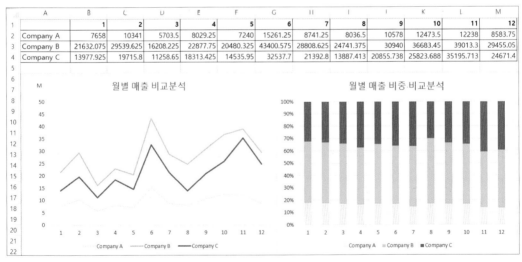

▲ 엑셀 차트를 통한 매출 비교 분석 예시

간편한 데이터 연결 및 전처리

태블로의 여러 가지 장점 중 하나는 간편한 데이터 연결과 전처리입니다. 여러 파일 형식의 데이터를 쉽게 연결하고 데이터 결합, 형성, 정리 등 데이터 전처리 과정 또한 간편하게 수행할 수 있습니다.

태블로는 다양한 제품군을 제공하고 데이터 분석에 필요한 모든 단계를 지원합니다. 다음 4가지 제품군 중 태블로 데스크탑(Tableau Desktop)이 데이터 시각화와 분석에 가장 많이 활용되고 있습니다.

제품군	주요 기능
태블로 데스크탑	데이터 시각화 및 분석에 최적화된 프로그램으로, 데이터 기반의 의사결정을 유도
태블로 프렙 빌더	데이터 연결, 결합 및 전처리 작업을 위한 프로그램으로, 데이터의 흐름을 정리하는 데 유용
태블로 서버 및 온라인	데이터 공유 및 협업에 특화된 프로그램으로, 다양한 구성원과 교류 가능
태블로 모바일	언제 어디서든 태블로와 관련된 데이터를 확인할 수 있는 iOS 및 안드로이드(Android) 용 프로그램

태블로는 다양한 데이터를 쉽게 연결할 수 있습니다. 엑셀 파일 형식은 물론, PDF, Microsoft SQL Server, MySQL, Google Sheets, Oracle, Salesforce, Azure, AWS, SAP 등의 데이터를 클릭 한 번으로 연결할 수 있습니다. 데이터에 맞춰 사용자가 직접 데이터 서버나 플랫폼과 연결해 원하는 데이터를 태블로로 불러올 수도 있습니다.

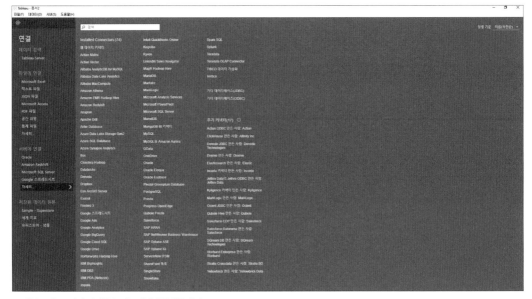

▲ 태블로 데스크탑과 연결할 수 있는 데이터 플랫폼 예시

제품군 중 태블로 프렙 빌더(Tableau Prep Builder)를 사용하면 데이터 결합, 형성, 정리, 데이터 전처리 등을 더욱 손쉽게 진행할 수도 있습니다. 예를 들어 파일 A와 B의 연결, 특정 데이터 컬럼 및 필드명 변경, 삭제 그리고 성능을 향상시키기 위해 데이터의 크기를 줄이는 집계 작업 등을 효율적으로 진행할 수 있습니다. 태블로 프렙 빌더는 태블로 데스크탑과 호환성이 높고 데이터 소스를 별도로 저장해 서버 게시 및 전처리 자동화 작업도 할 수 있습니다.

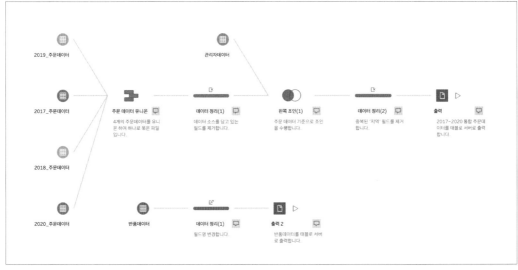

▲ 태블로 프렙빌더 예시

데이터 시각화 및 분석에 최적화된 도구

태블로는 데이터를 원하는 방식으로 시각화하는 데 도움을 주는 강력한 도구입니다. 데이터를 시각화하면 다양한 방식으로 깊이 있는 분석을 하는 데도 도움이 됩니다.

국내에서만 1,500개 이상의 기업이 사용하고 있는 태블로는 특정 직군에 관계없이 활용할 수 있는 강력한 BI 도구입니다. 드래그 앤 드롭만으로 데이터를 연결할 수 있고 클릭 몇 번만으로 다양한 차트를 완성할 수 있으며 디자인과 관련된 우수한 기능을 제공합니다. 인터페이스 또한 기본 기능만 활용하더라도 시각화가 가능합니다.

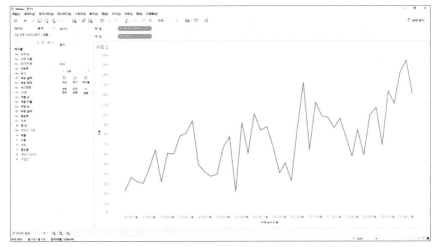

▲ 드래그 앤 드롭만으로 완성할 수 있는 차트

태블로의 대시보드는 데이터 분석을 효과적으로 진행할 수 있는 도구이며 필터나 매개 변수를 활용하면 사용자가 원하는 조건의 데이터를 시각화할 수 있습니다. 또한 데이터 설명(Explain Data) 기능을 활용하면 자체 인공지능이 데이터에 숨겨진 인사이트를 발견할 수 있도록 도와줍니다. 태블로를 사용하는 것만으로도 복잡한 프로그래밍 언어나 코드, 모델링에 대한 이해 없이 누구나 쉽게 데이터를 분석할 수 있는 것이죠.

여기서 잠깐

대시보드는 여러 워크시트로 구성된 다양한 데이터를 하나의 뷰에서 볼 수 있도록 합니다. 여러 데이터 및 뷰를 동시에 확인함으로써 데이터에 대한 여러 인사이트를 얻을 수 있습니다.

전문가의 조언 데이터 설명 ✔

뷰에 표시된 💡을 클릭하면 '데이터 설명' 기능을 실행할 수 있습니다. [데이터 설명] 대화상자에서는 해당 뷰에 구현된 레코드 수와 극한값에 대한 설명은 물론, 선택한 값의 데이터가 의미하는 바가 무엇인지 파악할 수 있습니다. 데이터 설명은 인공지능을 기반으로 분석 업무를 좀 더 효과적으로 진행하는 데 도움을 줍니다. 다음 그림은 1개의 극한값 수치로 인해 안동시의 수익이 낮다는 것을 보여 주는 데이터 설명 화면입니다.

태블로를 활용하면 데이터 시각화 및 분석 업무의 효율성을 크게 개선할 수 있습니다. 실제 데이터 관련 업무에서 발생하는 다양한 문제 중 가장 대표적인 것은 다음과 같습니다.

• 데이터 통합 관리 부재: 데이터 수집 및 저장을 IT 부서에서만 관리하거나 각 부서에서 자체적으로 진행
• 데이터 시점 또는 기준 차이: 서로 다른 데이터 활용으로 인한 미스 커뮤니케이션
• 데이터 추출 및 다운로드는 물론, 데이터 가공을 위해 많은 시간을 할애

태블로를 활용하면 이러한 문제를 한 번에 해결할 수 있죠. 태블로 서버를 통한 데이터 통합 및 관리가 쉽기 때문에 서로 다른 데이터가 아닌 1개의 통합된 데이터를 관리자들이 활용할 수 있습니다. 또한 데이터 자동 추출 프로세스를 통해 매일 새로운 데이터를 손쉽게 축적할 수도 있습니다. 이에 따라 데이터 가공 또는 추출에 소요되는 시간을 현저히 줄일 수 있습니다.

하나의 예로, 각 회사의 데이터베이스에서 원하는 기간을 설정해 한 번에 데이터를 추출할 때 많은 시

간이 소요되는 경우가 종종 있습니다. 하지만 태블로의 '데이터 추출 스케줄링' 기능을 활용하면 자동 업데이트가 가능하며, 필터를 통해 원하는 기간을 설정하면 필요한 데이터를 바로 추출할 수 있습니다. 이와 같이 태블로를 활용하면 업무 담당자에게 매번 문의하는 번거로움을 줄일 수 있습니다. 또한 사용자가 자발적으로 데이터 통합 및 관리, 데이터 시각화 및 분석을 통해 인사이트를 효과적으로 도출할 수 있습니다.

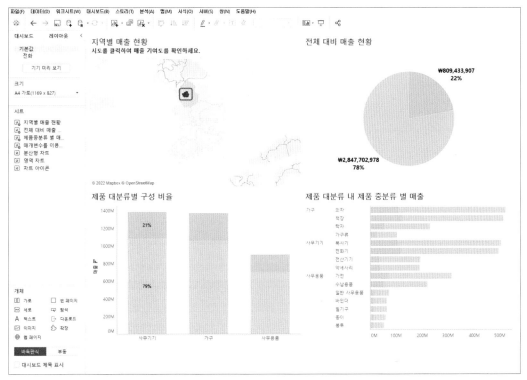

▲ '서울'을 클릭했을 때 서울을 기준으로 지역별 매출 현황, 제품 대분류별 구성 비율, 제품 대분류 내 제품 중분류별 매출을 볼 수 있는 대시보드

태블로 커뮤니티

태블로 커뮤니티는 전 세계적으로 활성화돼 있으며 이 커뮤니티 힘은 매우 강력합니다. 이번에는 대표적인 태블로 커뮤니티와 국내 최대 커뮤니티인 '태블로위키'에 대해 알아보겠습니다.

태블로는 전 세계적으로 주목받는 BI 도구로, 2022년 초 기준으로 국내 시장보다 해외 시장의 규모가 훨씬 크며 커뮤니티 또한 해외 유저가 좀 더 활발하게 활동하고 있습니다. 'Tableau Dashboard'라는 검색어로 구글링하면 약 4,300만 건 이상의 자료가 검색될 정도로 태블로로 만든 다양한 시각화 결과물과 대시보드 사례를 쉽게 찾아볼 수 있습니다. 이렇게 다양한 커뮤니티는 전 세계 데이터 분석가와 피드백을 주고받는 배움의 장으로 활용할 수 있습니다.

여기서는 다양한 국내외 태블로 커뮤니티 중 '태블로 퍼블릭 갤러리'와 '메이크오버먼데이', '태블로위키(Tableau Wiki)'를 소개하겠습니다.

▲ 태블로 퍼블릭 갤러리에서 '#MakeoverMonday'를 검색했을 때 나타나는 화면

태블로 퍼블릭 갤러리는 전 세계의 태블로 유저가 대시보드와 게시글을 공유하는 커뮤니티로, 각 유저의 시각화 결과물과 분석 실력을 확인하고 다양한 사례를 참조할 수 있습니다.

메이크오버 먼데이는 좀 더 특별한 커뮤니티입니다. 매주 월요일 새로운 데이터가 메이크오버 먼데이 사이트에 공유되면 전 세계 데이터 분석가는 자신만의 방식으로 공유된 데이터를 시각화하고 분석합니다. 이렇게 시각화된 분석 결과물은 트위터에 '@Makeover_Monday', '#Makeovermonday'라는 해시태그와 함께 공유됩니다.

태블로위키는 국내 최대의 태블로 전문 블로그로, 현업에서 태블로를 사용하는 사람들이 태블로에 대한 경험과 노하우를 공유하는 공간입니다. 태블로위키는 크게 3가지 콘텐츠를 제공하는데, 그 내용은 다음과 같습니다.

- 다양한 태블로 신규 기능 및 팁 소개
- 태블로를 활용한 데이터 분석 방법 및 인사이트 공유
- 수집한 데이터를 기반으로 만든 대시보드 및 시나리오 소개

태블로와 관련된 내용을 주제로 다양한 정보를 공유하고 싶다면 누구나 콘텐츠 제작과 포스팅이 가능하며 언제든지 태블로위키 객원 작가에 신청할 수 있습니다.

또한 태블로위키의 [Chart Gallery]에서는 이 책에서 소개한 완성 차트, 샘플 대시보드, 데이터 원본 파일을 확인할 수 있습니다.

각 게시글 아래의 [보러 가기]를 클릭하면, 해당 대시보드가 게시된 태블로 퍼블릭(Tableau Public) 페이지에 접속할 수 있습니다.

Use Case

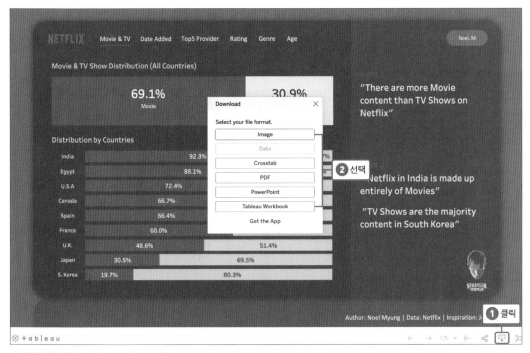

보러 가기

태블로 퍼블릭에 게시된 대시보드는 뷰 아래에 표시되는 ⬇ 버튼을 클릭하면 원하는 파일 형식으로 다운로드할 수 있습니다. 파일 형식 중 [Tableau Workbook]을 선택하면, 태블로 데스크탑에서 대시보드와 워크시트를 직접 확인할 수 있습니다.

▲ 다양한 파일 형식으로 대시보드 다운로드 가능

데이터 분석가가 되기 위한 첫걸음

태블로를 활용해 다양한 데이터를 시각화하고 분석해 보세요. 어느새 데이터에 숨겨진 인사이트를 도출하는 자신의 모습을 발견할 수 있을 것입니다.

태블로는 다양한 BI 도구 중 가장 완성도가 높은 시각화를 지원하며 자유도가 높은 대시보드를 만들 수 있도록 도와줍니다. 이렇게 강력한 데이터 분석 관련 기능은 데이터 분석과 인사이트 도출에 활용되므로 수많은 기업에서 데이터 분석가를 채용할 때 태블로 활용 능력을 주요 지표 및 능력으로 평가합니다. 태블로를 통한 시각화와 분석 역량은 데이터와 그 안에 숨겨진 인사이트가 더욱 중요해지는 빅데이터 시대에 선택이 아닌 필수 능력인 것이죠.

디자인 감각과 태블로가 있다면 훌륭한 대시보드를 직접 만들 수 있습니다. 스마트폰에 저장된 걸음 수, 소모된 칼로리와 같은 마이 데이터(My Data)를 비롯해 사회 현상, 다양한 분야의 데이터를 자신만의 방식으로 시각화해 커뮤니티에 공유해 보세요. 다양한 커뮤니티를 활용하면 태블로 실무 능력 향상은 물론, 개인 포트폴리오 준비에도 많은 도움이 됩니다. 똑같은 데이터를 활용하더라도 태블로와 데이터가 만나면 새로운 인사이트를 발굴할 수 있을 뿐만 아니라 멋진 시각화 결과물을 효과적인 방식으로 만들 수도 있습니다.

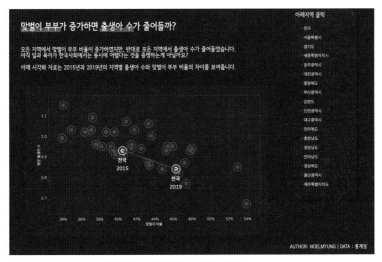

▲ 2015년과 2019년의 지역별 출생아 수 및 맞벌이 부부 비율 시각화

태블로 퍼블릭 vs. 태블로 데스크탑

태블로 기초 사용법을 익히기에 앞서 태블로 퍼블릭과 데스크탑의 공통점 및 차이점을 이해해야 합니다.

이 책에서 다루고 있는 모든 차트는 무료로 사용할 수 있는 태블로 퍼블릭으로 구현할 수 있으며 태블로 퍼블릭 웹 페이지(https://public.tableau.com/s/)에서 이름, 이메일, 비밀번호 등과 같은 간단한 정보만 입력하면 누구나 무료로 사용할 수 있습니다.

태블로 퍼블릭과 태블로 데스크탑의 가장 큰 차이점은 '결과물을 저장하는 위치'입니다. 태블로 퍼블릭으로 작업한 결과물은 개인 PC에 저장할 수 없고 온라인상의 태블로 퍼블릭 계정에만 저장할 수 있습니다. 따라서 회사 데이터 또는 보안에 민감한 데이터를 시각화하려면 태블로 데스크탑을 활용하는 것이 좋습니다.

전문가의 조언 ┃ 태블로 퍼블릭과 태블로 데스크탑 비교 ✔

구분	태블로 퍼블릭	태블로 데스크탑
가격	무료	개인용: 70달러(1개월, 2022년 1월 기준) 조직용: 라이선스에 따라 다름
결과물의 저장 위치	퍼블릭 계정(온라인)	개인 PC
접근 가능한 데이터	서버 데이터 접속 불가	태블로에서 접근할 수 있는 모든 종류의 데이터
샘플 데이터 원본 제공 여부	없음	있음

저장 위치를 제외한 태블로의 기능적인 측면에서는 동일하므로 태블로를 처음 접하는 분이라면 우선 무료 버전인 태블로 퍼블릭을 활용해도 좋습니다. 태블로의 기능을 익힌 후 시각화 결과물을 개인 PC에 저장해야 하거나 회사의 데이터를 활용해야 한다면 라이선스를 구입해 태블로 데스크탑을 활용하는 것을 권장합니다.

태블로는 태블로 커뮤니티에서 받은 피드백을 바탕으로 매 분기마다 새로운 기능을 추가하는 형태로 진행합니다. 각 연도 및 버전별 업데이트 중 가장 핵심적인 기능 및 내용은 다음 표와 같습니다.

연도	버전	기능	내용
2022	2022. 1.	통합 문서 최적화 프로그램	성능을 개선하기 위한 신속한 조치 및 사용 환경 최적화
2021	2021. 4.	대시보드에서 복사해 붙여 넣기	통합 문서 내 이미지, 텍스트 상자, 웹 페이지 컨테이너 등의 복사 및 붙여 넣기 가능
	2021. 3.	슬랙(Slack)에서 태블로 알림받기	슬랙에서 @멘션될 때 또는 태블로와 관련된 콘텐츠를 공유할 때 데이터 기반 알림 받기 가능
	2021. 2.	뷰어(Viewer)용 데이터 설명	'데이터 설명'은 데이터 값에 대한 AI 기반의 설명을 제공하는 기능으로, 'Viewer'도 활용할 수 있으므로 데이터 탐색에 도움이 됨
	2021. 1.	빠른 세부 수준(LOD)	세부 수준(LOD) 식을 더욱 쉽게 작성할 수 있는 기능으로, 측정값을 차원 필드 위로 드래그하면 기본 집계 세부 수준 식 작성 가능
2020	2020. 4.	맵에 다중 마크 계층 사용	지리적 유형의 데이터를 뷰에 추가할 경우, 서로 다른 맵 마크 계층을 무제한으로 추가할 수 있음. 이에 따라 다중 공간 계층과 컨텍스트를 사용해 지리 공간 분석을 강화할 수 있음
		날짜 축 확장	시간 기반 예측 시 날짜 범위를 확장할 수 있는 기능으로, 예측 모델링 함수, 누계 평균과 같은 테이블 계산에 활용 가능
	2020. 3.	대시보드 확장 이미지	대시보드를 .png 또는 .pdf로 생성할 때 확장 영역의 이미지 렌더링 가능
	2020. 2.	관계	데이터 결합이 더욱 손쉽게 이뤄지며 데이터 간 논리적 관계를 시각적으로 생성
	2020. 1.	동적 매개 변수	매개 변수에 연결된 기본 데이터가 변경될 때마다 매개 변수 값 목록이 자동으로 업데이트
2019	2019. 4.	시트가 사용되는 위치로 이동	여러 워크시트를 동시에 활용할 때 워크시트가 사용되는 모든 위치(대시보드, 스토리)를 쉽게 확인 및 이동 가능
	2019. 3.	태블로 퍼블릭 웹 편집	웹 브라우저에서 직접 편집 및 저장이 가능하며 내장된 모든 위치에서 자동 업데이트 가능
	2019. 2.	대시보드 컨테이너 표시하기, 숨기기	대시보드상에서 부동 컨테이너의 표시 여부 설정 가능
	2019. 1.	자동 대시보드 휴대폰 레이아웃	대시보드를 휴대폰 레이아웃에 맞게 구성하도록 업데이트

출처: 태블로 공식 홈페이지(https://www.tableau.com/ko-kr/products/all-features#item-55710)

태블로 퍼블릭 설치 및 데이터 불러오기

태블로 퍼블릭 설치 방법과 함께 엑셀 파일 형식의 데이터를 불러오는 방법을 실습해 보겠습니다.

01 이 책의 실습에 사용되는 데이터는 태블로위키(tableauwiki.com)에서 다운로드할 수 있습니다.

02 태블로 퍼블릭 공식 홈페이지(https://public.tableau.com)에 접속한 후 화면의 가운데에 있는 [앱 다운로드]를 클릭해 태블로 퍼블릭 프로그램을 설치합니다.

웹상에서도 태블로 퍼블릭을 이용할 수 있지만, 웹 작업 시 몇몇 기능에 제약이 있으므로 태블로 퍼블릭 앱을 설치 및 실행한 후에 작업하는 것을 권장합니다.

03 태블로 퍼블릭을 실행한 후 첫 화면이 나타나면 개인 PC에 있는 데이터 파일을 불러올 수 있습니다. 이번 실습에서는 '슈퍼스토어 – 샘플(old)' 데이터의 엑셀 파일을 불러오겠습니다. 태블로 화면 왼쪽 위의 [연결] – [Microsoft Excel]을 순서대로 클릭합니다.

'슈퍼스토어-샘플(old)' 파일에 대한 자세한 내용은 55쪽을 참고하세요. 해당 데이터는 https://tableauwiki.com/chart-gallery-datasets에서 다운로드할 수 있습니다.

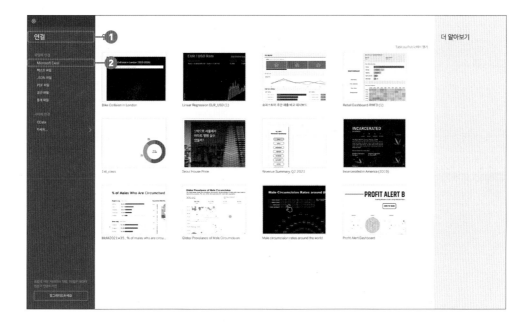

태블로 퍼블릭에서는 엑셀, text, pdf, 구글 시트 등 일부 데이터 형식의 파일만 불러올 수 있으며 다른 데이터베이스나 서버와 연동할 수 없습니다. 태블로로 불러올 파일을 화면으로 드래그 앤 드롭해 가져올 수도 있습니다.

04 [열기] 대화상자에서 태블로위키(tableauwiki.com)에서 다운로드한 '슈퍼스토어 – 샘플(old)' 파일을 선택한 후 [열기]를 클릭합니다.

05 왼쪽 사이드 바에 '슈퍼 스토어 – 샘플(old)' 엑셀 파일에 포함된 시트명이 모두 표시됩니다.

06 [주문] 시트를 [여기로 테이블 끌기] 화면으로 드래그하면 다음과 같이 해당 시트를 불러올 수 있습니다.

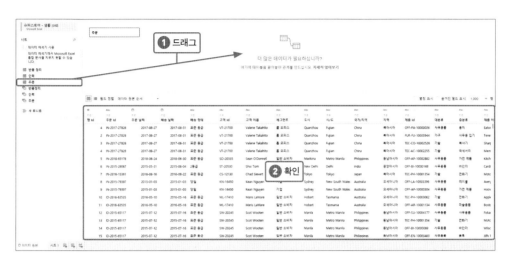

07 작업 화면 아래의 [시트 1]을 클릭하면 데이터 시각화 작업을 할 수 있는 태블로 워크시트로 이동합니다.

❶ **데이터 원본** 📄 데이터 원본 : 데이터 원본 테이블로 다시 돌아갈 수 있는 기능입니다. 데이터 원본을 다시 확인할 수 있으며 새 데이터를 추가하거나 조인(Join) 기능을 활용해 다른 데이터와 결합할 수도 있습니다.

❷ **시트 1** : 새로운 워크시트로 이동할 수 있습니다.

❸ **새 워크시트** : 새로운 워크시트를 생성할 때 사용하는 버튼입니다.

❹ **새 대시보드** : 새로운 대시보드를 생성할 때 사용하는 버튼입니다. 여러 워크시트를 하나의 화면에 대시보드 형식으로 표현할 수 있습니다.

❺ **새 스토리** : 새로운 스토리를 생성할 때 사용하는 버튼입니다. 여러 워크시트 및 대시보드를 모아 하나의 프레젠테이션 형식으로 만들 수 있습니다.

태블로 구성 살펴보기

시각화 작업을 할 수 있는 워크시트의 기본 구성을 살펴보겠습니다.

★ 기본 UI 구성

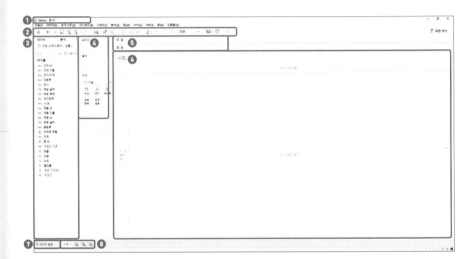

❶ **워크북 네임(Workbook Name):** 작업 중인 파일명이 표시됩니다.

❷ **툴 바(Toolbar):** 자주 사용하는 도구를 아이콘 형식으로 모아 놓은 영역입니다. 툴 바에 대한 자세한 내용은 45쪽을 참고하세요.

❸ **사이드 바(Side Bar):** 사이드 바는 [데이터]와 [분석] 탭으로 구분됩니다. [데이터] 탭에는 불러온 데이터의 필드명이 표시되는데, 차원(Discrete) 데이터는 파란색, 측정값(Continuous) 데이터는 초록색으로 표시됩니다.

❹ **선반(Shelves) 및 카드(Cards):** 페이지 선반, 필터 선반, 마크 카드로 구성돼 있으며 사이드 바의 데이터 필드를 드래그해 선반이나 카드로 드래그하면 다음과 같이 작동합니다.

　• 페이지 선반: 데이터를 애니메이션으로 재생해 데이터의 흐름을 확인합니다.

　• 필터 선반: 데이터 필드를 필터링해 원하는 결괏값만 표시합니다.

- [마크] 카드: [마크] 카드는 '색상', '크기', '레이블', '세부 정보', '도구 설명'으로 구성돼 있습니다. [마크] 카드의 각 항목에 대한 자세한 설명은 49쪽을 참고하세요.

⑤ **열 및 행 선반(Shelves)**: 사이드 바의 데이터 필드를 열 또는 행 선반에 드래그 앤 드롭하면 해당 데이터 필드를 가로(열 선반) 또는 세로(행 선반) 기준으로 시각화할 수 있습니다. 열 및 행 선반에 대한 자세한 설명은 48쪽을 참고하세요.

⑥ **뷰(View)**: 데이터를 시각화하는 작업 공간으로, '캔버스'라고도 합니다. 태블로 워크시트에서 만든 시각화의 결과물이 뷰에 표시됩니다.

⑦ **데이터 원본 페이지(Go to Data Source Page)**: 사용하는 원본 데이터를 확인합니다. 데이터를 추가하거나 다른 데이터와의 연결 작업도 할 수 있습니다.

⑧ **[시트] 탭(Sheet Tabs)**: 워크시트, 대시보드, 스토리 중 원하는 형태의 새로운 시트를 선택합니다.

툴 바

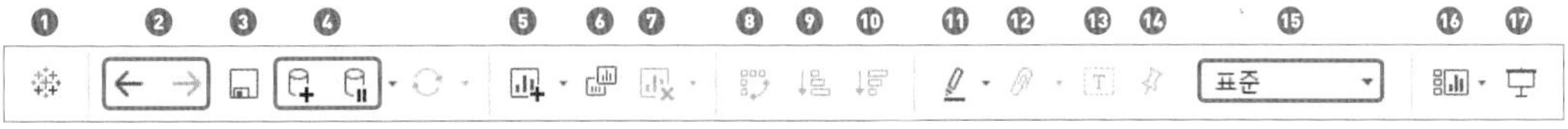

① **시작 페이지()**: 태블로를 실행했을 때 표시되는 첫 화면으로 이동합니다. 시작 페이지에서는 기존의 태블로 파일을 불러오거나 새 데이터를 추가할 수 있습니다.

② **실행 취소/다시 실행(← →)**: 실행한 기능을 취소하거나 취소한 기능을 다시 실행합니다.

③ **저장()**: 태블로 워크시트를 저장합니다. 태블로 퍼블릭의 경우, 태블로 퍼블릭 계정에 저장되며 태블로 데스크탑의 경우 컴퓨터 또는 서버에 저장할 수 있습니다.

④ **새 데이터 원본()**: 새로운 데이터 원본을 추가합니다. 태블로 퍼블릭에서는 내 컴퓨터에 있는 엑셀, text, JSON, PDF, 공간, 통계(sav, sas, rda) 등의 데이터를 추가할 수 있습니다. 태블로 데스크탑에서는 데이터베이스의 데이터를 추출해 사용할 수 있습니다.

⑤ **새 워크시트()**: 새 워크시트를 생성합니다.

⑥ **복제()**: 현재 작업 중인 워크시트를 복제합니다.

⑦ **시트 지우기()**: 현재 워크시트의 모든 시각화 결과물을 삭제합니다. 선반, 카드에 연결한 데이터 필드도 모두 삭제됩니다.

⑧ **행/열 바꾸기()**: 연결한 데이터 필드의 행/열을 바꿔 줍니다.

⑨ **오름차순 정렬()**: 행/열에 연결한 데이터를 '차원' 중심으로 오름차순 정렬합니다.

⑩ **내림차순 정렬()**: 행/열에 연결한 데이터를 '차원' 중심으로 내림차순 정렬합니다.

⑪ **하이라이트()**: 워크시트의 특정 데이터 필드를 하이라이트로 강조합니다.

⑫ **멤버 그룹화()**: 워크시트의 여러 데이터를 하나의 필드로 그룹화합니다.

⑬ **마크 레이블()**: 워크시트에 레이블을 표시하거나 표시 해제합니다.

⑭ **축 고정(▣)**: 차트를 화면에 고정합니다. 고정한 차트를 확대/축소하면 기본 화면으로 돌아갈 수 있습니다.

⑮ **맞춤(표준 ▾)**: 워크시트의 뷰를 조정합니다.

- 표준: 차트의 가로/세로 너비를 사용자가 원하는 크기로 설정합니다.
- 너비 맞추기: 차트의 너비를 화면에 맞춰 고정합니다. 차트의 세로 크기는 사용자가 원하는 대로 설정할 수 있습니다.
- 높이 맞추기: 차트의 높이를 화면에 고정합니다. 차트의 가로 크기는 사용자가 원하는 대로 설정할 수 있습니다.
- 전체 보기: 차트를 화면 전체에 맞춰 고정합니다. [전체 보기]에서는 차트의 크기를 조절할 수 없습니다.

⑯ **카드 표시/숨기기(▣)**: 차트의 제목, 캡션, 요약, 범례, 필터, 하이라이터, 매개 변수 및 각 선반 필드를 화면에 표시 또는 표시 해제할 수 있습니다.

⑰ **프레젠테이션 모드(▣)**: 워크시트 뷰만 전체 화면으로 표시합니다.

전문가의 조언 **뷰의 보기 방식** ✓

워크시트에서 시각화 작업을 할 때 워크시트 뷰를 필요에 따라 조정할 수 있습니다. 보기 방식을 [표준]에서 [전체 보기] 변경하면 차트를 전체 화면에 맞춰 표시할 수 있습니다. 이렇게 보기 방식을 변경하면 차트를 좀 더 명확히 확인할 수 있습니다. 데이터를 시각화할 때 뷰의 보기 방식을 [전체 보기]로 바꾸는 경우가 많으며 이어지는 실습은 [전체 보기]를 기준으로 진행합니다.

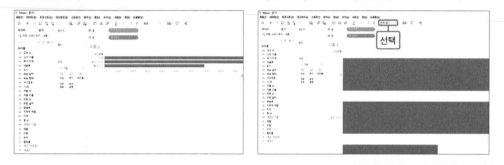

▶ 사이드 바

워크시트의 왼쪽에는 사이드 바가 표시됩니다. 사이드 바에는 파란색으로 표시되는 '차원' 데이터와 초록색 계열로 표시되는 '측정값' 데이터가 있습니다.

차원: '이름', '날짜', '카테고리', '지역' 등과 같이 정성적인 값으로 세부적인 정보를 표시할 때 사용합니다. 데이터는 차원을 기준으로 분류할 수 있습니다.

측정값: '가격', '높이', '수량', '매출', '수익률' 등과 같이 정량적인 값으로 집계할 수 있는 숫자 데이터입니다. 집계 방식은 '합계(SUM)', '평균(AVG)', '최댓값(MAX)', '최솟값(MIN)' 등 다양한 방식으로 집계할 수 있습니다.

선반은 차원과 측정값을 연결해 시각화를 구현하는 영역입니다. 차원과 측정값을 열/행 선반으로 드래그하면 해당 데이터가 화면에 표시됩니다. 측정값에는 차원의 기준에 따라 집계된 데이터 값이 나타납니다.

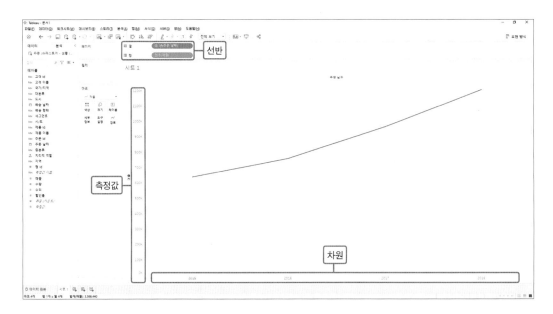

차원을 열 선반으로 드래그하면 가로로 정렬된 데이터, 행 선반으로 드래그하면 세로로 정렬된 데이터가 표시됩니다.

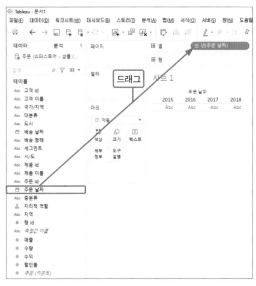

▲ 가로로 정렬된 데이터 표시

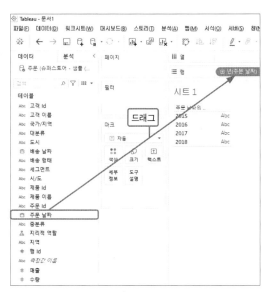

▲ 세로로 정렬된 데이터 표시

▶ 마크

[마크] 카드는 '색상', '크기', '텍스트(또는 레이블)', '세부 정보', '도구 설명' 등으로 구성돼 있습니다. 사이드 바의 데이터 필드를 [마크] 카드의 항목 위로 드래그하면 데이터 필드를 원하는 형태로 변경할 수 있습니다.

① **마크 유형**: 태블로에서 기본적으로 제공하는 12개의 차트 유형 중 원하는 것을 선택할 수 있습니다. 선택한 차트 유형에 따라 뷰에 데이터가 차트로 표현됩니다.

② **색상**: 데이터를 원하는 색상으로 변경합니다.

③ **크기**: 차트의 크기를 조절합니다.

④ **텍스트(또는 레이블)**: 차원명이나 측정값을 텍스트 형식으로 표시합니다. [텍스트]를 클릭하면 텍스트 관련 서식을 지정할 수 있습니다.

⑤ **세부 정보**: 차트의 집계 수준을 설정합니다. 차원값을 마크의 세부 정보 선반에 올려놓으면 차트의 집계 수준을 설정하거나 측정값을 차트에 추가할 수 있는지 확인할 수 있습니다.

⑥ **도구 설명**: 차트에 마우스 커서를 올려놓았을 때 표시할 내용을 입력하거나 수정할 수 있습니다.

마크 유형을 [자동]으로 분류하면 워크시트에서 사용하는 데이터를 기반으로 가장 적합한 차트를 구현할 수 있습니다. 또한 각 마크 영역에 데이터 필드를 드래그 앤 드롭해 위치시키면 차트의 색상, 크기, 레이블, 세부 정보(집계 수준), 도구 설명을 변경할 수 있습니다.

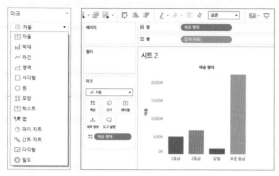

▲ 마크 유형   ▲ 색상

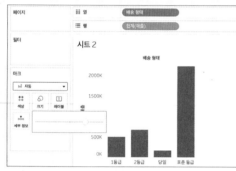

▲ 크기

▲ 텍스트(또는 레이블)

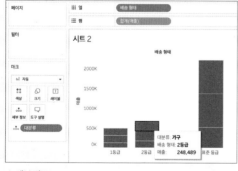

▲ 세부 정보

▲ 도구 설명

▶ 필터

사이드 바의 데이터 필드를 [필터] 대화상자로 드래그해 연결하면 데이터 필드에서 원하는 데이터만 선별할 수 있습니다.

전문가의 조언 **계산된 필드와 매개 변수**

사이드 바의 빈 공간을 마우스 오른쪽 버튼으로 클릭하면 '계산된 필드'를 만들 수 있습니다. [계산된 필드 만들기] 대화상자에서는 수학적 계산이 가능하며 태블로에서 제공하는 여러 함수를 활용할 수 있습니다. [계산된 필드 만들기] 대화상자의 오른쪽에는 태블로에서 활용할 수 있는 함수가 목록으로 표시됩니다. 목록의 함수를 클릭하면 세부 내용이 표시되므로 해당 함수의 사용법을 확인할 수 있습니다.

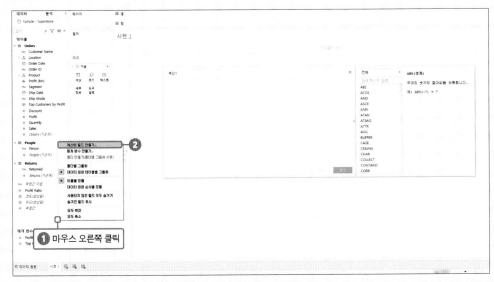

사이드 바의 빈 공간을 마우스 오른쪽 버튼으로 클릭하면 '매개 변수'를 만들 수 있습니다. 매개 변수는 '계산된 필드', '필터' 또는 '참조선'에서 사용자가 원하는 값을 입력해 대체할 수 있는 숫자, 날짜 또는 문자열을 가리킵니다. 동적으로 변경되는 값을 만들 수 있기 때문에 사용자가 만든 매개 변수가 있는 필드는 사용자가 입력한 값을 기반으로 계산할 수 있습니다.

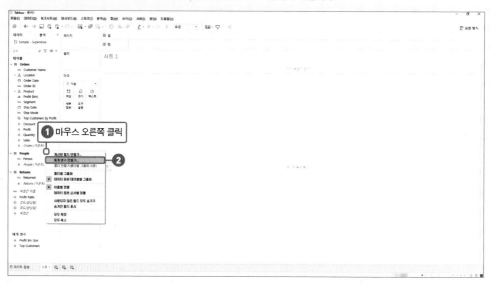

매개 변수로 변경할 수 있는 데이터의 유형은 다음과 같습니다.

- 실수
- 정수
- 문자열
- 부울(참, 거짓)
- 날짜
- 날짜 및 시간

▲ [매개 변수 만들기] 대화상자

실습으로 익히는 태블로 기본 사용법

지금까지 살펴본 내용을 바탕으로 가장 기본적인 막대 차트를 만들면서 기본 기능에 대해 하나씩 살펴보겠습니다. 태블로의 기초가 되는 내용이므로 천천히 따라 하면서 익혀 보세요.

Data

> **여기서 잠깐**
>
> 실습 예제로 제공하는 '슈퍼스토어 – 샘플' 데이터가 아닌, 다른 데이터를 기반으로 차트를 만들 때 참고할 수 있도록 관련 내용을 'Data'에 정리했습니다. 좀 더 자세한 내용은 각 차트의 'Data'에 정리된 내용을 참고하세요.

막대 차트 실습에 사용하는 '슈퍼스토어 – 샘플' 데이터는 태블로 유저가 가장 많이 활용하는 샘플 데이터 중 하나로, 시각화를 위한 다양한 유형의 데이터가 담겨 있습니다.

'슈퍼스토어 – 샘플' 데이터의 [주문] 시트에는 각 고객별 기본 정보(고객 ID 및 고객명) 등을 바탕으로 제품별 판매 정보가 모두 포함돼 있습니다. 예를 들어 다음 그림의 2행을 보면 'Valerie Takahito'라는 이름의 고객이 사무용품의 홈 오피스 세그먼트에서 'Eaton Cards & Envelopes, 8.5×11'이라는 제품을 2020년 8월 27일에 주문했고 2020년 8월 31일에 배송됐다는 것을 확인할 수 있습니다. 이와 같이 '슈퍼스토어 – 샘플' 데이터는 각 고객별 제품 구매 정보가 10,000개가 넘는 행에 정리돼 있으므로 다양한 시각화를 실습할 수 있습니다.

태블로에서는 영어와 한글 버전의 '슈퍼스토어–샘플' 데이터를 제공하며 이 책에서는 직관적인 이해를 위해 한글 버전의 '슈퍼스토어 – 샘플' 데이터를 기준으로 실습을 진행합니다.

▲ 태블로에서 기본적으로 제공하는 샘플 데이터 예시

'슈퍼스토어 – 샘플' 데이터는 [주문], [반품 정리], [인력]의 총 3개 시트로 구성돼 있습니다. 막대 차트를 구성하기 위해서는 차원 및 측정값이 필요한데, [주문] 시트에 해당 유형의 데이터가 모두 포함돼 있습니다. 따라서 [주문] 시트를 활용해 제품의 가장 상위 항목인 [대분류] 필드와 측정값인 [매출] 필드를 활용해 막대 차트를 구성할 예정입니다. 이때 [대분류] 필드를 [마크] 카드 위의 [색상]으로 드래그하면 제품 대분류별 매출 현황을 각각 다른 색상으로 표현할 수 있습니다.

'슈퍼스토어 – 샘플' 데이터가 아닌 다른 데이터를 활용하더라도 기본 막대 차트를 만들 때 차원 필드와 측정값이 포함돼 있으면 차트를 구현할 수 있습니다. 다음과 같은 온라인몰 A 사의 회원 가입 고객의 숫자가 정리된 샘플 데이터가 있다면 [고객 수] 필드는 문자열 형태의 차원, [2020년], [2021년], [성장률] 필드는 실제 정량적인 숫자 형태인 측정값으로 표현됩니다.

	A	B	C	D
1	고객 수	2020년	2021년	성장률
2	전체	105360	198750	89%
3	남성 고객 수	84288	139125	65%
4	여성 고객 수	21072	59625	183%

차원 → (A열) / 측정값 → (B, C, D열)

이 데이터를 활용하면 2020년과 2021년 사이의 남성/여성 고객 수를 비교하는 간단한 막대 차트를 만들 수 있습니다. 이와 같이 차원과 측정값 데이터가 있으면 막대 차트를 쉽게 구현할 수 있습니다.

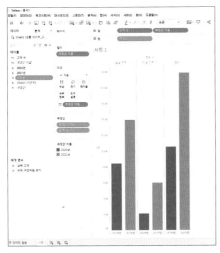

▲ 2020년 및 2021년 성별 고객 수를 표현하는 막대 차트

Tutorial

01 태블로 퍼블릭에서는 샘플 데이터 원본을 제공하지 않으므로 태블로위키에서 다운로드한 '슈퍼스토어 – 샘플(old)' 파일을 불러오겠습니다. 왼쪽 사이드 바의 [파일에 연결]에서 [Microsoft Excel]을 선택한 후 '슈퍼스토어 – 샘플(old)' 파일을 불러옵니다.

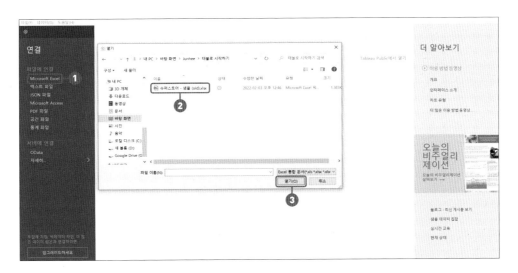

> **여기서 잠깐**
>
> '슈퍼스토어 – 샘플' 데이터는 배포 시점에 따라 날짜 정보가 업데이트되고 있습니다. 해당 실습에서 활용되는 데이터는 '주문 날짜' 데이터가 2015년 1월 1일부터 2018년 12월 31일까지 포함된 파일입니다. 최신 업데이트된 슈퍼스토어 데이터와 혼동되지 않도록 파일명을 '슈퍼스토어 – 샘플(old)'와 같이 변경했습니다.

02 왼쪽에 있는 사이드 바에서 [주문] 시트를 선택한 후 [여기로 테이블 끌기]로 드래그합니다.

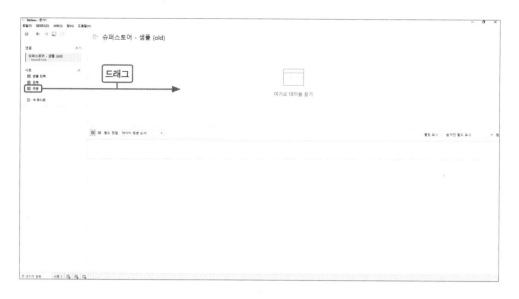

> **여기서 잠깐**
>
> [주문] 시트를 더블클릭하면 데이터를 가져올 수 있습니다.

03 왼쪽 아래에 있는 [시트 1]을 클릭해 워크시트로 이동합니다.

04 시각화된 차트를 더욱 가시성 높게 보여 주기 위해 툴 바에서 보기 모드를 [전체 보기]로 바꿔 줍니다.

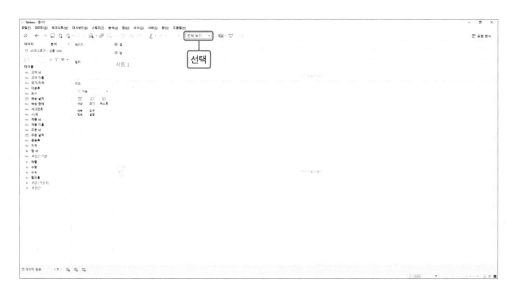

> **여기서 잠깐**
>
> 보기 모드에 대한 자세한 내용은 46쪽 전문가의 조언을 참고하세요.

05 왼쪽 사이드 바에서 [대분류] 필드를 열 선반으로 드래그하면 대분류별 데이터가 가로 정렬 모양으로 뷰에 표시됩니다. 이후 [매출] 필드를 행 선반으로 드래그하면 대분류별 매출을 막대 모양으로 확인할 수 있습니다. 마크 유형이 [자동]으로 설정돼 있으면 해당 데이터에 가장 적합한 형태의 차트가 표시됩니다.

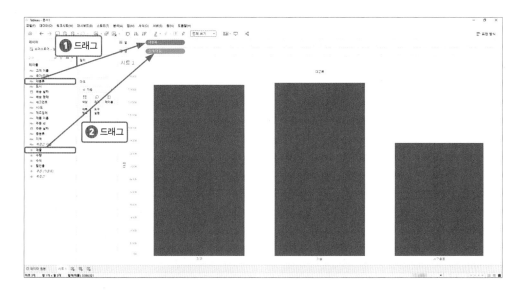

06 사이드 바에 있는 [대분류] 필드를 [마크] 카드의 [색상]으로 드래그하면 각 대분류 항목을 서로 다른 색상으로 표현할 수 있습니다.

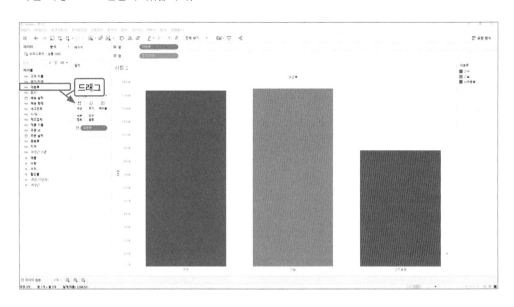

[마크] 카드의 [색상]을 클릭한 후 [색상 편집...]을 선택하면 뷰에 표시되는 막대 차트의 색상을 변경할 수 있습니다.

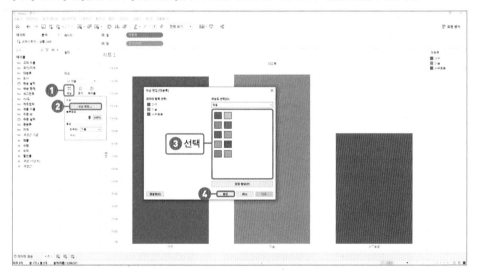

07 [매출] 필드를 [마크] 카드의 [레이블]로 드래그하면 각 대분류 항목별 매출을 텍스트 형태로 표시할 수 있습니다.

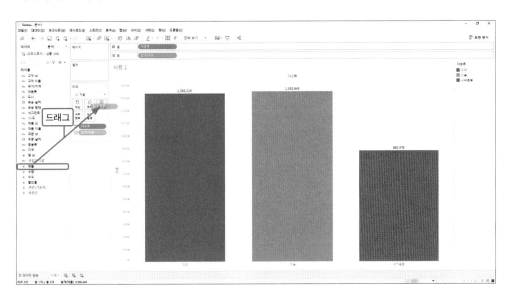

여기서 잠깐

07 이미지에는 [마크] 카드의 **T** 가 [레이블]로 표기돼 있지만, 차트 안에 텍스트 형식을 드래그하면 '레이블', 텍스트 지정 컬럼을 드래그하면 '텍스트'로 표기됩니다. 예를 들어 [년(주문 날짜)] 필드를 행 선반으로 드래그한 후 측정값 [매출]을 각 연도별로 표기하려면 [마크] 카드에 '레이블'이 아닌 '텍스트'로 표기되는 것을 확인할 수 있습니다.

08 뷰에 표시된 막대 차트의 Y축(행)을 마우스 오른쪽 버튼으로 클릭한 후 [서식...]을 선택하면 Y축에 표시되는 값과 패널의 글꼴, 음영, 표시 형식 등의 서식을 변경할 수 있습니다.

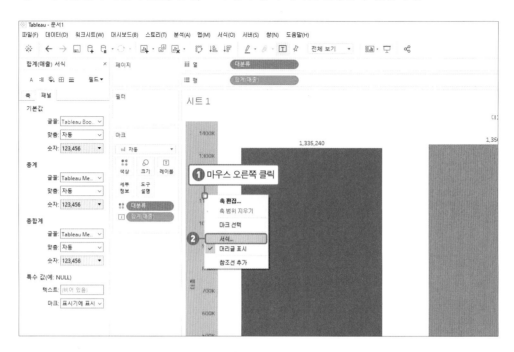

09 사이드 바에서 [축] 탭을 선택한 후 [배율] 항목의 [숫자] 표시 형식을 [통화(표준)]로 변경하고 한국어로 설정하면 Y축의 숫자 형식이 원화로 변경됩니다.

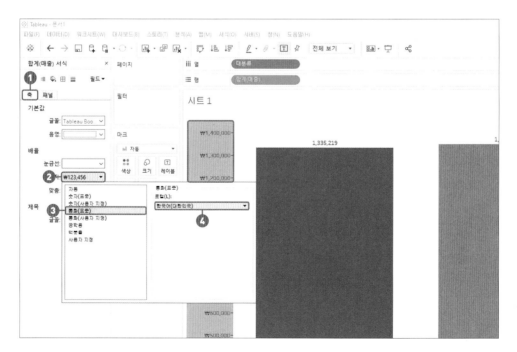

10 [축] 탭의 [기본값] 항목에서는 축의 서식을 변경할 수 있습니다. [기본값] 항목의 [글꼴]을 선택한 후 색상은 [검은색], 글씨 크기는 [12], [굵게(B)]를 클릭하면 Y축의 서식이 변경됩니다.

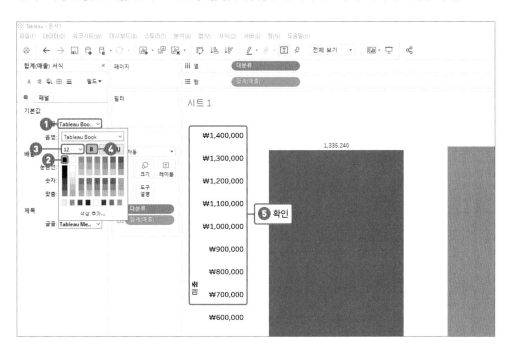

11 [기본값] 항목의 [음영]에서 노란색을 선택하면 축에 음영을 넣는 것과 같이 축 서식을 변경할 수 있습니다.

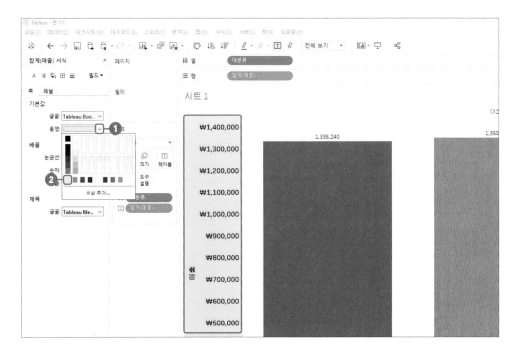

12 이번에는 사이드 바의 [패널] 탭을 선택한 후 [기본값] 항목의 [숫자] 표시 형식을 [통화(표준)]로 변경해 보세요. 각 항목별 매출 레이블이 원화로 표기됩니다.

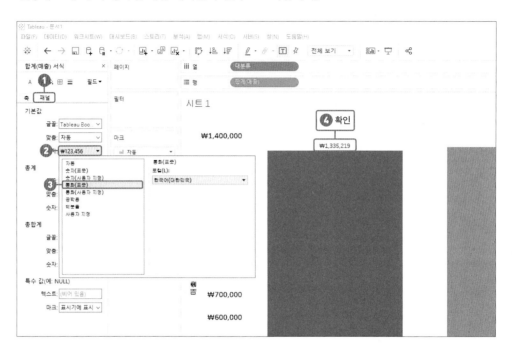

13 [패널] 탭이 선택된 상태에서 [기본값] 항목의 서식을 변경해 보세요. 색상은 [검은색], 글씨 크기는 [12], [굵게 (B)]로 변경하면 매출 레이블의 서식이 변경됩니다.

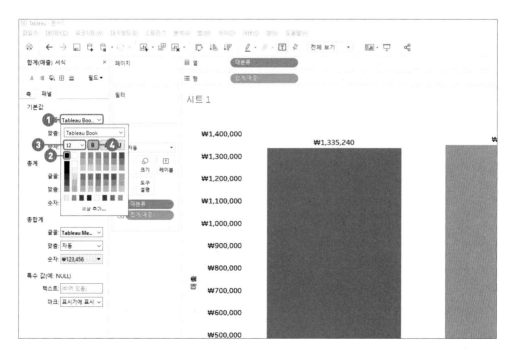

⑭ 이번에는 제품 대분류별 수익률을 살펴보겠습니다. 각 제품별 매출이 높더라도 할인율이 높으면 수익성이 낮을 수 있습니다. 따라서 수익률을 통해 각 제품별 수익성을 가늠해 볼 필요가 있습니다. 수익률은 예제에 없는 필드이므로 '계산된 필드' 기능을 이용해 추가해야 합니다. 사이드 바의 빈 공간을 마우스 오른쪽 버튼으로 클릭한 후 [계산된 필드 만들기...]를 선택합니다.

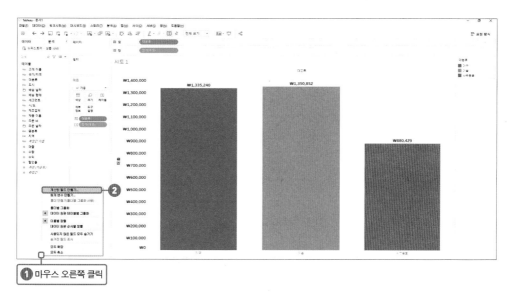

① 마우스 오른쪽 클릭

⑮ [계산된 필드 만들기] 대화상자가 표시되면 원하는 필드명을 입력합니다. 여기서는 '수익률'을 입력했습니다. 제품 대분류별 수익률을 계산할 때는 SUM 함수를 활용합니다.

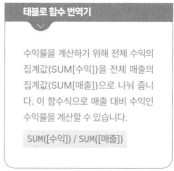

태블로 함수 번역기

수익률을 계산하기 위해 전체 수익의 집계값(SUM[수익])을 전체 매출의 집계값(SUM[매출])으로 나눠 줍니다. 이 함수식으로 매출 대비 수익인 수익률을 계산할 수 있습니다.

SUM([수익]) / SUM([매출])

16 **⓯**에서 만든 [수익률] 필드를 행 선반에 있는 [매출] 필드 위에 포개어진 상태로 드래그하면 [매출] 필드가 [수익률] 필드로 대체됩니다.

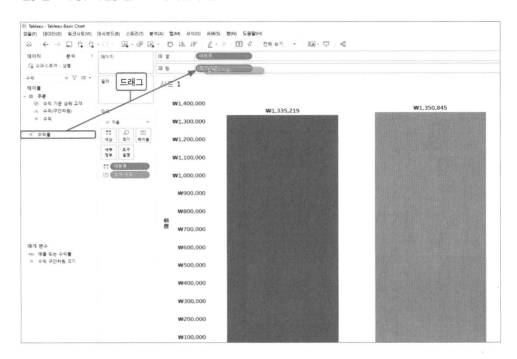

17 사이드 바의 [수익률] 필드를 마크 카드 위의 [레이블]에 올려져 있는 [매출] 필드 위에 포개어진 상태로 드롭하면 레이블이 [수익률]로 대체됩니다.

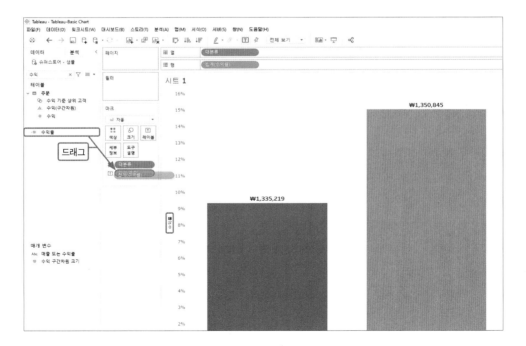

18 매출과 수익률 데이터를 모두 확인하고 싶다면 '매개 변수' 기능을 활용해 보세요. 사이드 바의 빈 공간을 마우스 오른쪽 버튼으로 클릭한 후 [매개 변수 만들기...]를 선택합니다.

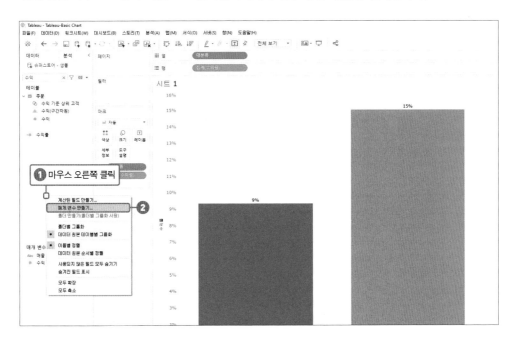

19 매개 변수를 통해 사용자의 선택에 따라 매출 또는 수익률 데이터를 표현할 수 있습니다. [매개 변수 만들기] 대화상자에서 데이터 유형을 문자열 형식으로 설정하고 [값 목록]에는 화면에 표시 될 '매출' 및 '수익률'을 입력한 후 [확인]을 클릭합니다. 이를 통해 [매출]을 선택하면 매출 데이 터, [수익률]을 선택하면 수익률 데이터가 표현될 수 있습니다.

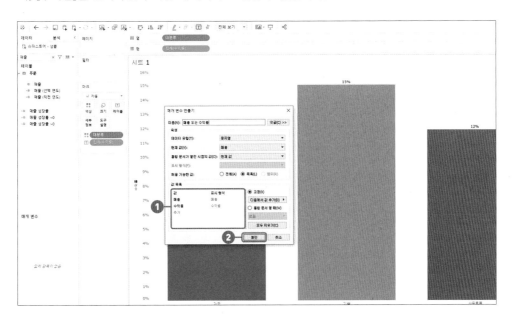

20 매개 변수는 단독으로 활용될 수 없습니다. 따라서 생성한 매개 변수를 활용할 수 있는 계산된 필드를 생성해야 합니다. 사이드 바의 빈 공간을 마우스 오른쪽 버튼으로 클릭한 후 [계산된 필드 만들기...]를 선택해 다음과 같이 필드 이름과 함수를 입력합니다.

CASE [매출 또는 수익률]

WHEN '매출' THEN SUM([매출])
WHEN '수익률' THEN ([수익률])

END

태블로 함수 번역기

CASE 함수는 논리 함수로 입력된 값을 비교한 후 값을 반환하는 함수입니다. CASE 함수는 <Expression>에 해당하는 <Value> 값이 일치할 경우, 해당 <Return> 값을 반환합니다.

CASE <Expression>
WHEN <Value1> THEN <Return1>
WHEN <Value2> THEN <Return2>
... ELSE <Default Return> END

CASE 함수로 만든 수식도 함수로 표현할 수 있습니다. 다만, 함수를 사용하면 필드를 중복해서 작성해야 하는 번거로움이 있습니다. 또한 IF 함수 대신 CASE 함수를 사용할 때 태블로의 성능 차원에서 더 나은 퍼포먼스를 보여 주고 있습니다.

20 에서 생성하는 [매출 또는 수익률 선택] 필드는 '매출'을 선택하면 SUM(매출) 데이터, '수익률'을 선택하면 SUM([수익률]) 데이터가 반환됩니다.

[수익률] 필드의 경우 SUM(집계 함수)을 이미 사용해 만들었기 때문에 SUM(집계 함수) 형식을 사용하는 SUM([매출])과 달리, [수익률] 필드만 입력해도 됩니다.

SUM([수익])/SUM([매출])
만약, SUM([수익률])과 같은 형식으로 표현했다면 '계산에 오류 있음' 표시와 함께 'SUM(집계 함수)에 대한 인수가 이미 집계이므로 추가로 집계할 수 없습니다.'라는 메시지가 나타납니다.

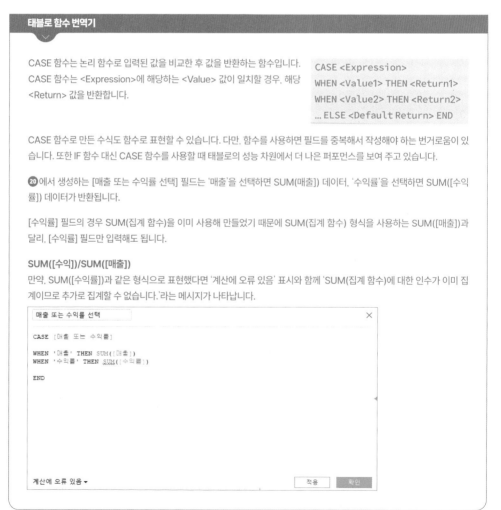

21 **20**에서 생성한 [매출 또는 수익률 선택] 필드를 행 선반의 [수익률] 필드 위로 드래그해 대체합니다.

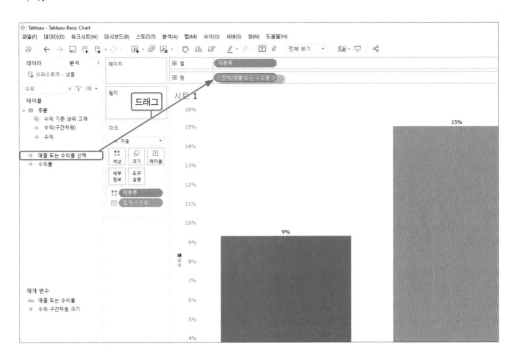

22 같은 방법으로 [마크] 카드 [레이블] 위의 [매출 또는 수익률 선택] 필드를 [집계(매출 또는 수익률)]로 드래그합니다.

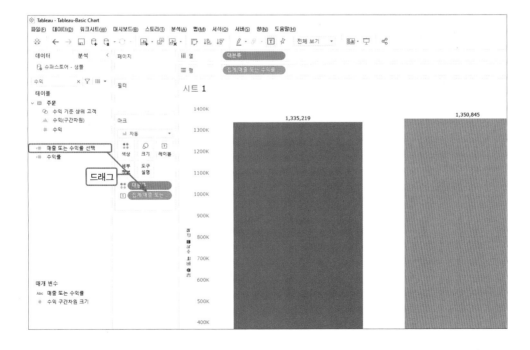

23 사이드 바의 [매출 또는 수익률] 매개 변수를 마우스 오른쪽 버튼으로 클릭한 후 [매개 변수 표시]를 선택하면 뷰 오른쪽에 [매출 또는 수익률] 매개 변수 컨트롤러가 표시됩니다. 추가 메뉴 [▼]를 클릭하면 [매출], [수익률] 중 하나를 선택할 수 있습니다.

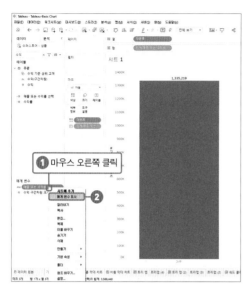
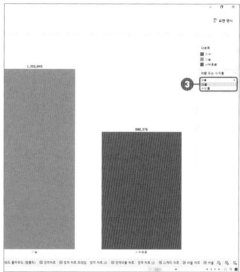

24 매개 변수 컨트롤러에서 [수익률]을 선택하면 다음 그림과 같이 막대 차트가 '수익률'을 기준으로 구현됩니다.

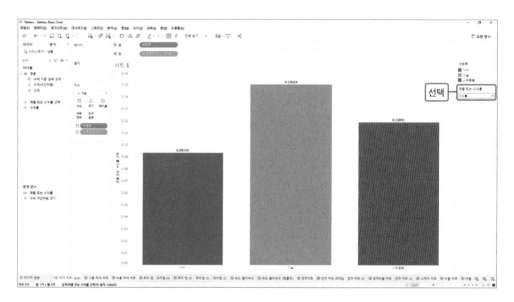

25 [마크] 카드의 [크기]를 선택하면 표시되는 조절 바를 드래그하면 막대 차트의 막대 너비를 조절할 수 있습니다.

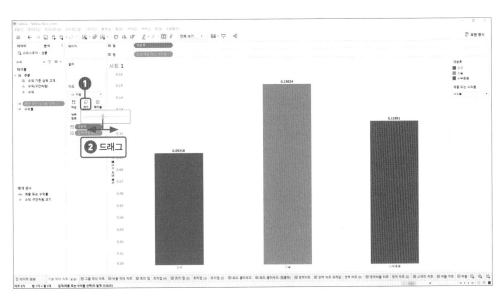

PART 02

BASIC
CHAPTER

2부에서는 태블로상에서 구현할 수 있는 기본적인 차트인 라인 차트, 막대 차트, 라인/막대 이중 축 차트, 트리맵 차트, 워드 클라우드, 영역 차트, 분산형 차트, 히트맵 차트 등 총 8가지 차트에 대해 알아보겠습니다.

각각의 차트를 만드는 방법과 활용법을 습득하면 데이터를 효과적으로 표현할 수 있는 인사이트를 얻을 수 있을 것입니다. 실습 예제로 소개된 샘플 데이터 외에 데이터 형식이 비슷한 다른 데이터로 나만의 차트를 만들어 보세요. 태블로를 통해 차트를 만드는 실력이 한층 올라갈 것입니다.

CHAPTER

라인 차트

라인 차트(Line Chart)는 시간에 따른 추세를 시각화할 때 유용한 차트입니다. 시간적 순서에 기반해 라인의 형태로 증가하는지, 감소하는지 등과 같은 데이터의 추이를 확인할 수 있습니다.

★ Main Concept

라인 차트는 가장 기본적인 형태의 차트로, 시계열 데이터를 시각화할 때 가장 많이 활용합니다. 라인 차트를 활용하면 데이터의 상승 또는 하락 등과 같은 추세를 쉽게 파악할 수 있으며 이를 통해 데이터의 특정 패턴을 발견할 수 있습니다. 라인 차트를 구성할 때는 일반적으로 시계열 데이터를 X축, 측정값을 Y축에 표현합니다.

라인 차트는 금융, 생명 공학, 의학, 마케팅, 재무, 생산, 개발 등 어느 분야에서든 다양하게 활용할 수 있습니다. 특히 금융 쪽에서 주가의 흐름을 표현할 때 활용하며 비즈니스를 분석할 때나 시간의 흐름에 따른 시세 또는 매출 변화를 표현할 때 활용할 수 있습니다.

> **여기서 잠깐**
>
> 시계열 데이터는 시간의 흐름에 따라 기록된 데이터를 말합니다. 대표적인 예로는 과거 3년 간의 수익, 지난 3개월 간의 매출이나 판매량 등을 들 수 있습니다.

다음은 시계열 데이터인 주문 날짜 데이터를 바탕으로 제품 대분류의 매출 추이를 라인 차트로 시각화한 것입니다. 대분류에 속하는 가구, 기술, 사무용품의 매출은 2015년 대비 2019년까지 증가하는 추세이지만, 가장 최근 한 달 동안의 매출은 감소하는 것을 알 수 있습니다. 이와 같이 라인 차트를 활용하면 데이터의 흐름과 숨어 있는 패턴을 한눈에 파악할 수 있습니다.

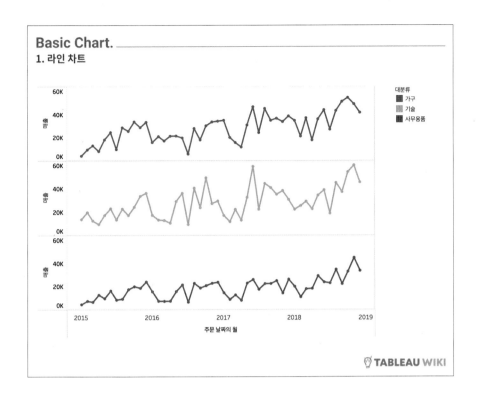

Basic Chart.
1. 라인 차트

Data

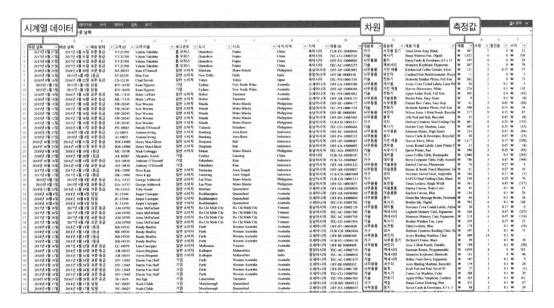

라인 차트를 만드는 실습을 진행할 때는 '슈퍼스토어 – 샘플(old)' 파일의 [주문] 시트를 활용하겠습니다.

라인 차트를 구성하기 위해서는 시계열 데이터가 반드시 필요한데, [주문] 시트에는 주문 내역이 시간

순으로 정리된 시계열 데이터인 [주문 날짜] 데이터가 포함돼 있습니다. 날짜 데이터인 [주문 날짜] 필드를 열 선반으로 가져오고 측정값인 [매출] 필드를 행 선반으로 드래그하면 시간의 흐름에 따른 매출을 라인 차트 형식으로 구성할 수 있습니다. 이때 [마크] 카드 위의 [색상]을 활용하면 각 대분류별 매출 현황을 각각 다른 색상으로 표현할 수 있습니다.

'슈퍼스토어 – 샘플(old)' 파일이 아닌 다른 데이터를 활용하더라도 시계열 데이터가 포함돼 있고 1개 이상의 측정값 데이터가 존재한다면 라인 차트를 쉽게 구성할 수 있습니다.

라인 차트 데이터 구성 예시

시각화 예시	시계열 데이터(열)	측정값(행)
입고 추세 라인 차트	입고 날짜	입고 수량
매출 추세 라인 차트	주문 날짜	매출
면역 증가 추세 라인 차트	백신 접종 후 경과 일수	항체 생성 수
민원 추세 라인 차트	상담 날짜	민원 수
승객 이동 추세 라인 차트	운행 날짜	승객 수

Tutorial

01 라인 차트를 만들기 위해 마크 유형을 [자동]에서 [라인]으로 변경합니다.

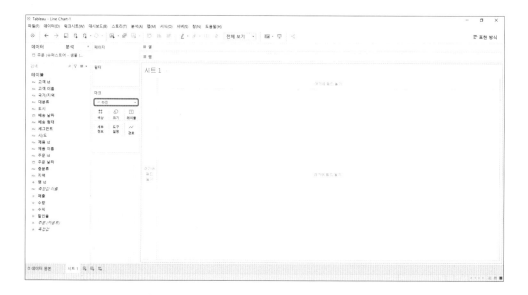

02 사이드 바에 있는 [주문 날짜] 필드를 열 선반으로 드래그합니다. 이에 따라 뷰에 주문 날짜의 연도가 가로 정렬의 형태로 표현됩니다.

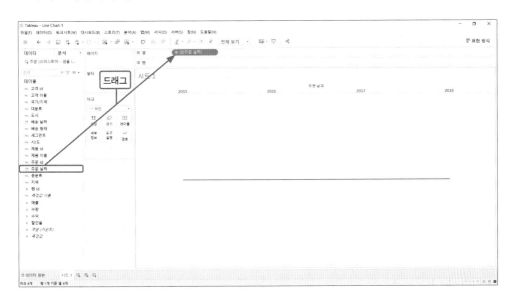

03 [주문 날짜] 필드를 연속형으로 표현하기 위해 열 선반으로 드래그한 [년(주문 날짜)]의 추가 메뉴[▼]를 클릭한 후 연속형 [월]을 선택합니다. 추가 메뉴를 보면 년, 분기, 월, 일의 집계 수준을 정할 수 있습니다. [자세히] 메뉴를 통해 날짜의 집계 방식을 다른 수준으로도 조정할 수 있습니다. 이번에는 연속형 [월]을 선택해 연도 및 월에 따른 시계열 흐름을 만들어 보겠습니다.

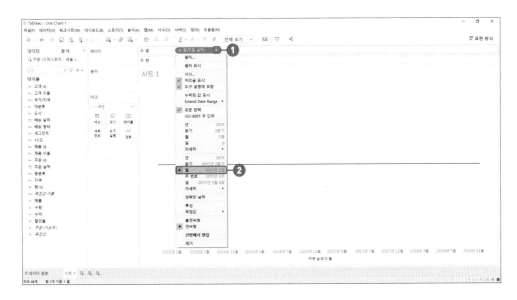

연속형 데이터와 불연속형 데이터에 대한 자세한 내용은 79쪽 전문가의 조언을 참고하세요.

04 사이드 바에서 [매출]을 행 선반으로 드래그하면 워크시트 뷰 안에 주문 날짜별 매출 추이가 라인 차트 형식으로 표현됩니다.

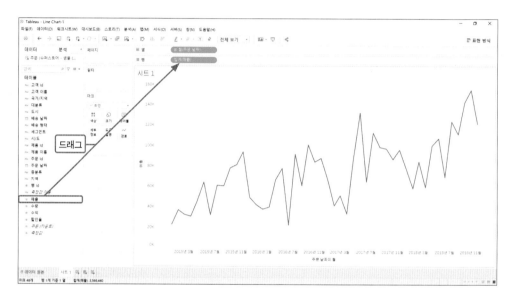

05 사이드 바에 있는 [대분류] 필드를 [마크] 카드 위의 [색상]으로 드래그하면 대분류에 속하는 데이터가 색상으로 구분돼 표현됩니다.

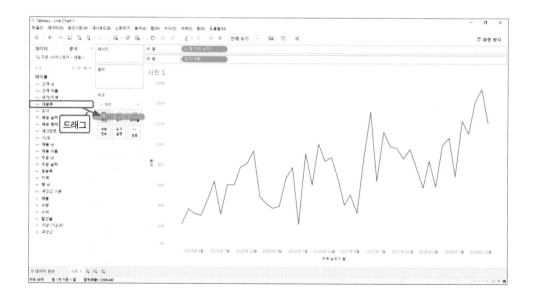

대분류에 따라 다른 색상으로 매출이 구분돼 표현되는 것을 알 수 있습니다. 이때 대분류 중 [기술] 매출이 2018년 12월에 가장 높은 것을 알 수 있습니다.

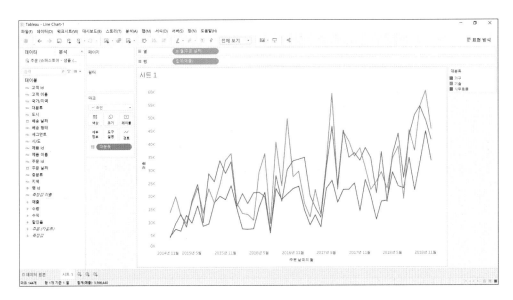

06 현재 대분류에 속하는 데이터가 하나의 차트에 표시되므로 각각의 라인이 혼재돼 가독성이 조금 떨어지는 듯한 모습입니다. 가독성을 높이기 위해 [대분류] 필드를 행 선반으로 드래그합니다.

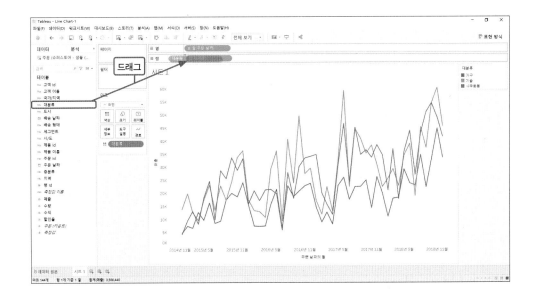

07 3개의 제품 대분류별 라인을 각각의 차트로 구분할 수 있습니다.

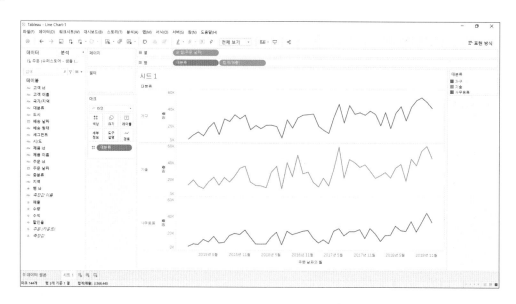

08 라인 차트상에 마커를 표현하기 위해 [마크] 카드에서 [색상]을 클릭한 후 [효과] 항목의 [마커] 중 가운데에 있는 ⚡를 클릭합니다.

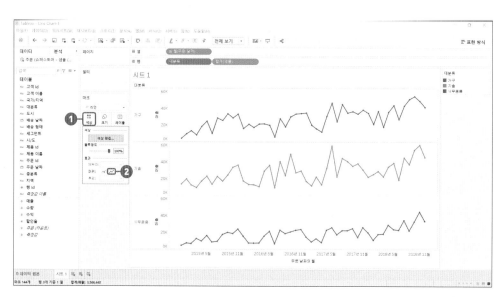

09 라인 차트가 완성됐습니다.

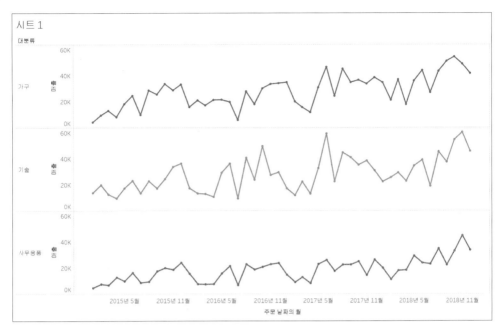

전문가의 조언 **날짜 형식의 연속형과 불연속형** ✓

태블로에서는 연속형(Continuous)과 불연속형(Discrete)의 날짜 형식을 모두 표현할 수 있습니다. 연속형은 무한정 확장할 수 있는 날짜와 같이 '단절이 없고 범위를 무한대로 확장할 수 있는 데이터'로, 높이 무게, 거리 등이 있습니다. 불연속형은 숫자인데도 '구분할 수 있고 데이터에 존재하는 범위로 제한된 형식'으로, 제품 번호, 사번, 지역 번호 등이 있습니다.

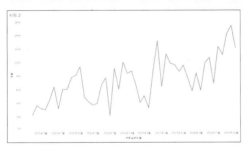

▲ 연속형 데이터 라인 차트 예시　　　　　　　　　▲ 불연속형 데이터 라인 차트 예시

날짜 데이터는 기본적으로 연속형이지만, 연도나 분기, 월 단위로 끊어 표현할 경우 불연속형이 됩니다. 즉, 날짜 데이터는 연속형과 불연속형의 특성을 모두 지니고 있는 것입니다. 따라서 태블로에서 날짜 데이터를 사용할 때는 연속형과 불연속형의 특성을 이해하고 그에 맞게 활용해야 합니다.

태블로에서는 추가 메뉴[▼]를 통해 연속형과 불연속형을 선택할 수 있습니다. 추가 메뉴의 위쪽에 해당하는 년, 분기, 월, 일은 불연속형에 해당하는 옵션, 아래쪽에 해당하는 년, 분기, 월, 일은 연속형에 해당하는 옵션입니다.

예를 들어 불연속형 '월'을 선택할 때는 연도를 제외하고 1 ~ 12월의 기간에 대해 '월'만 집계해 표현합니다. 한편, 연속형 '월'을 선택하면 연도와 월을 집계해 시계열 흐름을 보여 주는 차이가 있습니다. 이와 같이 추가 메뉴[▼]를 통해 연속형 또는 불연속형 데이터를 선택하면 해당 필드에 맞는 데이터의 속성을 지정할 수 있습니다.

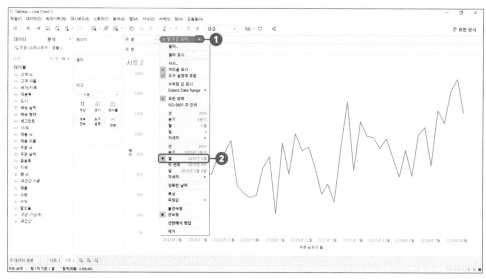

▲ 날짜 필드 [연속성 월] 선택 예시

추세선

추세선 기능을 활용하면 데이터의 추세 또는 상관관계를 확인할 수 있습니다. 사이드 바의 왼쪽 위에 있는 [분석] 탭을 클릭하면 다양한 분석 툴을 확인할 수 있습니다. [모델] 항목의 [추세선]을 뷰 영역으로 드래그하면 여러 추세를 만들 수 있습니다. 오른쪽 그림과 같이 [추세선 추가] 영역의 [선형] 위에 마우스를 드롭하면 선형 추세선을 만들 수 있습니다. 필요에 따라 추세를 로그, 지수, 다항식, 거듭제곱의 형태로 표현할 수 있습니다.

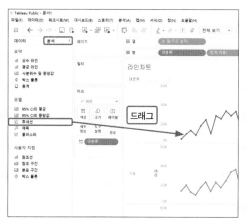

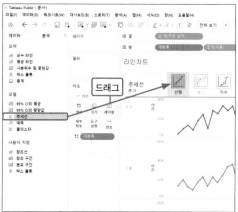

다음 그림에서 [선형] 추세선이 적용된 뷰를 확인할 수 있습니다.

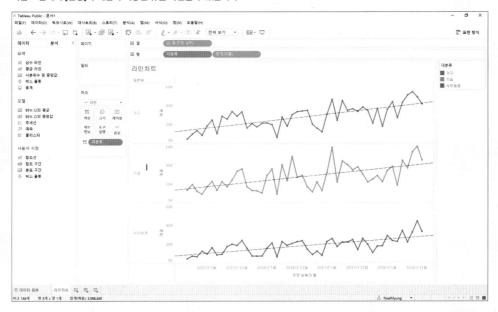

[분석] 탭의 [모델] 항목에 있는 [예측] 기능을 활용하면 시계열 데이터에 대한 통한 예측을 표현할 수 있습니다. 이 기능을 이용하면 과거 데이터의 추세와 계절성을 통해 예측 모델을 만들 수 있습니다. [분석] 탭의 '모델' 영역에서 [예측]을 마우스 왼쪽 버튼으로 클릭한 상태로 [예측 추가] 영역의 [예측] 위에 마우스 커서를 올려놓으면 뷰 영역에서 [예측선]을 만들 수 있습니다.

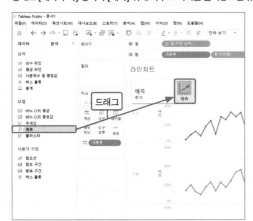

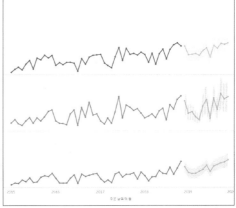

라인 차트는 시계열의 흐름에 따른 데이터를 표현할 때 효과적으로 활용할 수 있습니다. 다음 대시보드는 라인 차트를 활용해 영국의 각 제품별 수입, 수출, 경상수지를 표현했습니다. 라인 차트를 통해 브렉시트(Brexit) 이후 영국의 석유 제품 수출이 이전에 비해 현저히 하락한 것을 알 수 있습니다. 이와 같이 라인 차트를 이용하면 시간의 흐름에 따른 수치의 변동을 쉽게 이해할 수 있습니다.

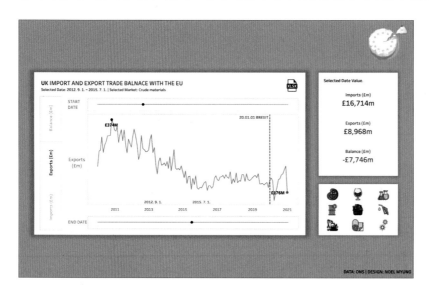

비지니스 대시보드에서 시계열의 흐름에 따라 데이터의 흐름을 표현할 수 있습니다. 다음 대시보드는 카드 사용량을 라인 차트와 추세선을 이용해 분야별로 카드 지출액 흐름을 표현했습니다. 예를 들어 운수업의 경우 코로나19 이후 카드의 사용량이 급격히 줄어든 것을 시각적으로 파악할 수 있습니다.

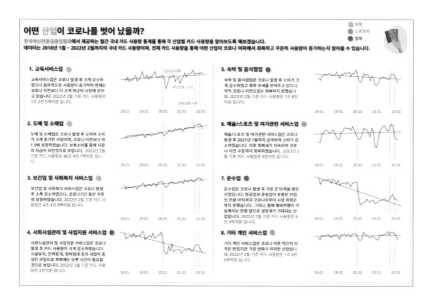

막대 차트 응용 ①
그룹 막대 차트

그룹 막대 차트(Group Bar Chart)는 기본 막대 차트를 응용해 여러 항목 중 세부 항목 또한 데이터 간 비교가
가능하도록 표현해 줍니다. 특정 그룹 또는 상위 항목으로 묶어 표현할 때 유용합니다.

★ Main Concept

그룹 막대 차트는 기본 막대 차트에서 항목이 추가돼 여러 데이터를 함께 비교할 수
있습니다. 예를 들어 특정 데이터가 상 – 중 – 하 단계로 분류돼 있다고 가정해 보
면, 상위 범주를 기준으로 막대를 정렬한 후 그 기준에 따라 하위 범주 데이터도 표
현할 수 있습니다.

다음 예시는 제품 대분류의 하위 단계인 '중분류'를 추가해 대분류 안에 중분류별 매
출을 막대로 표현한 차트의 모습입니다. 이와 같이 그룹 막대 차트는 하나의 항목 안
에서 세분화된 범주 데이터를 비교할 때 유용합니다.

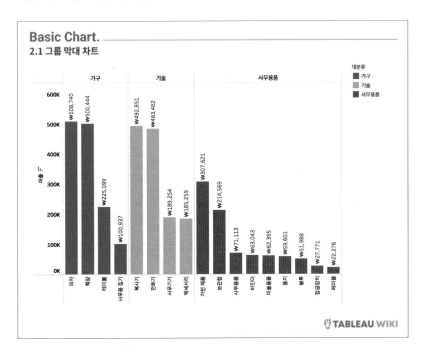

01 그룹 막대 차트를 구현하기 위해 '태블로 시작하기'의 '실습으로 익히는 태블로 기본 사용법'(53쪽 참고)에서 다룬 기본 막대 차트의 완성본을 활용해 보겠습니다. 사이드 바에 있는 [중분류] 필드를 열 선반으로 드래그합니다. 이에 따라 대분류에 따른 중분류의 매출 집계가 워크시트 뷰 안에 표현됩니다.

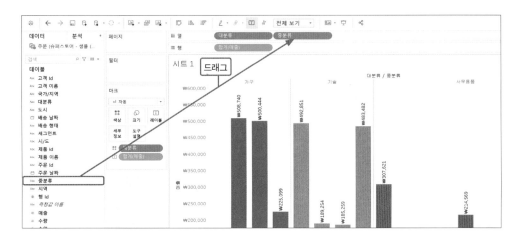

02 뷰에 표시된 차트의 Y축에 마우스 커서를 올려놓으면 [정렬] 버튼 📊이 표시됩니다. [정렬] 버튼 📊을 클릭하면 막대 차트를 오름차순 또는 내림차순으로 정렬할 수 있습니다.

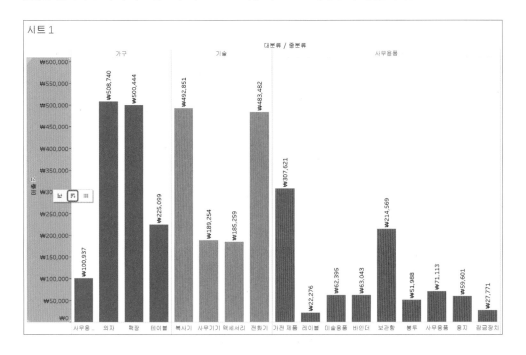

03 [정렬] 버튼 📊을 클릭할 때마다 오름차순, 내림차순, 정렬 지우기 순으로 동작합니다.

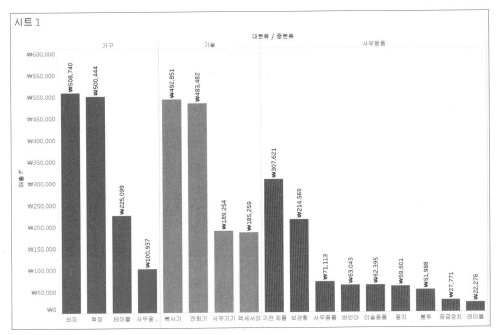

▲ 내림차순 정렬을 적용했을 때 막대 차트의 모습

막대 차트 응용 ②
누적 막대 차트

누적 막대 차트(Stacked Bar Chart)는 기본 막대 차트를 응용해 각 데이터의 누적 수치를 표현할 때 활용합니다. 특히, 여러 측정값의 비중을 동시에 표현할 때 유용합니다.

★ Main Concept

기본 막대 차트 구성 안에서 2가지 이상의 데이터를 동시에 확인해야 하는 경우가 있습니다. 예를 들어 각 제품별 월별 매출에서 채널별 매출을 분석한다고 가정해 보겠습니다. 이때 누적 막대 차트 형태로 시각화하면 제품별 항목이 차지하는 매출의 누적값을 채널별로 표현할 수 있습니다.

다음 예시는 기본 막대 차트에서 제품 대분류별 배송 형태의 비중을 표현한 모습입니다. 막대의 높이를 통해 대분류 중 [기술] 항목에서 매출이 가장 높다는 것을 알 수 있습니다. 배송 형태의 경우, '표준 등급'이 각 대분류의 항목별로 가장 높은 비중을 차지하고 있다는 것을 알 수 있습니다.

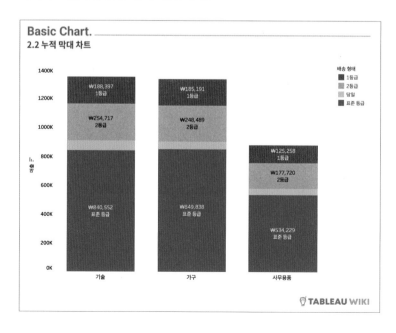

01 누적 막대 차트의 구현 또한 '태블로 시작하기'의 '실습으로 익히는 태블로 기본 사용법'에서 다룬 기본 막대 차트 완성본을 활용하겠습니다. 사이드 바에서 [배송 형태] 필드를 [마크] 카드 위의 [색상]으로 드래그합니다. 기존 막대의 집계 수준이 배송 형태에 따라 변경되고 각각 다른 색상으로 표현되는 것을 알 수 있습니다.

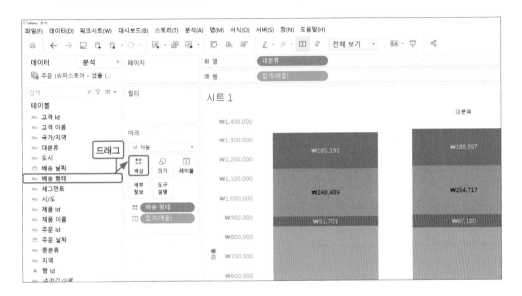

02 [배송 형태] 필드를 [마크] 카드 위의 [레이블]로 드래그합니다. 이를 통해 각각의 누적 막대에 배송 형태와 매출 합계가 텍스트 형태로 표현됩니다.

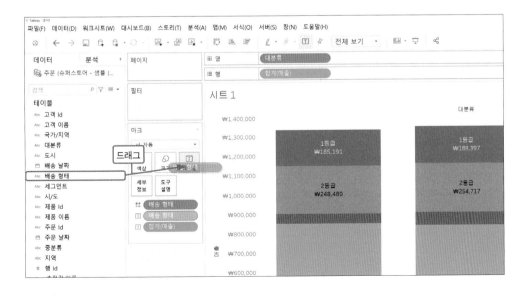

03 누적 막대 차트가 완성됐습니다.

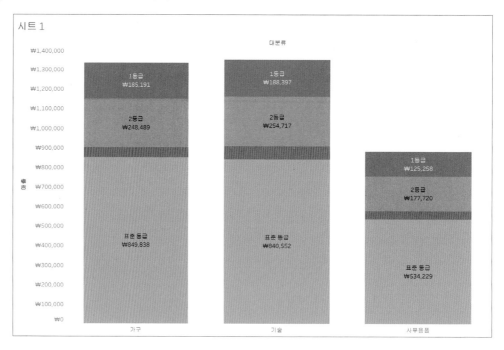

막대 차트 응용 ③
비율 막대 차트

비율 막대 차트(Proportional Bar Chart)는 막대 차트 형식으로, 비율을 표현할 때 활용할 수 있습니다. 이때 각각의 막대 비율 합계가 100%가 나오도록 구성해야 하며 세부 항목의 구성 비율을 표현할 수 있습니다.

★ Main Concept

비율 막대 차트는 데이터의 세부 항목 또는 측정값을 비율로 표현할 때 활용하는 차트입니다. 기본 막대 차트 형태 안에서 세부 항목의 비율에 따라 높낮이가 다르게 표현됩니다.

비율 막대 차트는 시장 점유율 또는 매출에 따른 등급별 고객 비중 등을 표현할 때 활용할 수 있습니다. 그뿐 아니라 국가별 1차, 2차, 3차 산업 비중 비교, 국가별 각 연령층 비율 또는 OTT 사업에서 콘텐츠별 고객의 성별 비율을 표현할 때 비율 막대 차트를 활용할 수 있습니다.

다음 그림은 제품 대분류별 배송 형태의 비율을 표현한 예시로, 배송 형태별 매출 구성 비율을 확인할 수 있습니다.

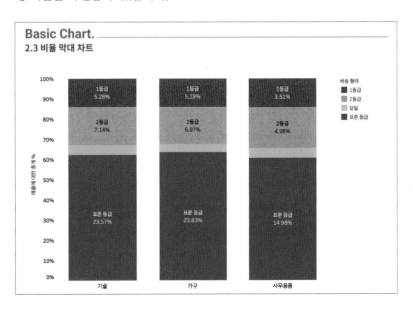

01 비율 막대 차트는 누적 막대 차트의 완성본을 활용해 보겠습니다. 제품 대분류에 따른 배송 형태의 비율을 표현하기 위해 행 선반에 있는 [합계(매출)]의 추가 메뉴[▼]를 클릭한 후 [퀵테이블 계산]을 클릭하고 [구성 비율]을 선택합니다.

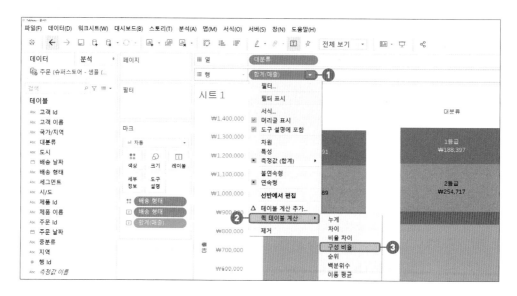

02 행 선반에 있는 [합계(매출)]의 추가 메뉴[▼]를 클릭한 후 [다음을 사용하여 계산]에서 [테이블(아래로)]을 선택합니다. [테이블(아래로)]을 선택하면 [대분류] 항목 안에서 구성 비율을 배송 형태를 기준으로 계산할 수 있습니다.

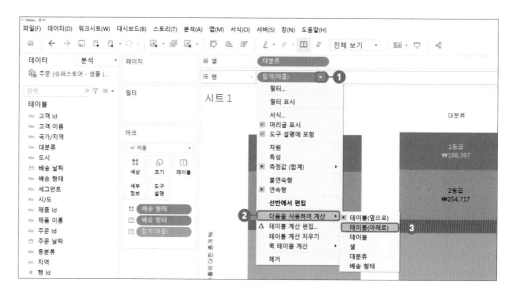

03 [마크] 카드 위의 [레이블]에 있는 [합계(매출)] 필드는 매출의 구성 비율이 아닌 합계 수치를 나타내고 있습니다. 따라서 Ctrl 을 누른 상태에서 마우스 왼쪽 버튼을 누르고 행 선반에 있는 [합계(매출)] 필드를 [마크] 카드 위의 [레이블]로 드래그합니다.

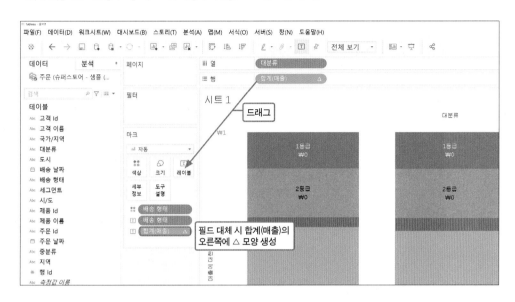

여기서 잠깐

Ctrl 을 누른 상태에서 값을 드래그하면 복사해 사용할 수 있습니다. '퀵 테이블 계산'과 같은 계산은 완료된 값을 옮길 때 유용합니다.

04 [마크] 카드 위의 [레이블]에 있는 [합계(매출)]의 추가 메뉴[▼]를 클릭한 후 [서식...]을 선택합니다.

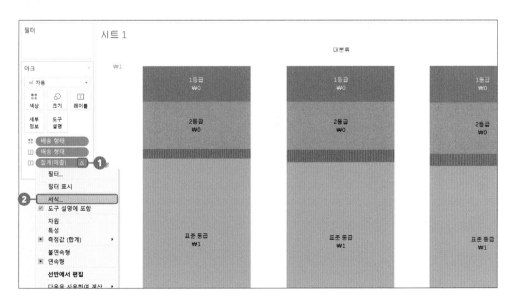

05 사이드 바에서 [패널] 탭을 선택한 후 기본값의 숫자 표시 형식을 [백분율]로 변경합니다. 패널 숫자의 형식을 백분율로 변경하면 차트의 숫자가 원화가 아닌 비율로 변경됩니다.

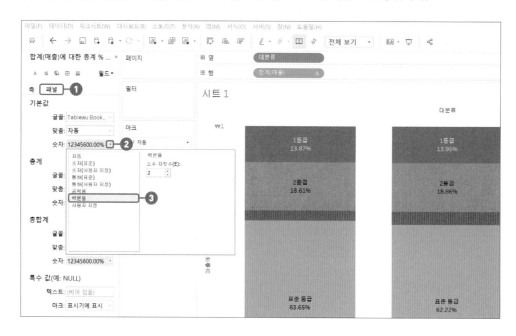

06 이번에는 사이드 바에서 [축] 탭을 선택한 후 배율의 숫자 표시 형식을 [백분율]로 변경합니다. 축 숫자 형식 백분율을 변경할 때 Y축(행)의 숫자가 원화가 아닌 비율로 변경된다는 것을 알 수 있습니다.

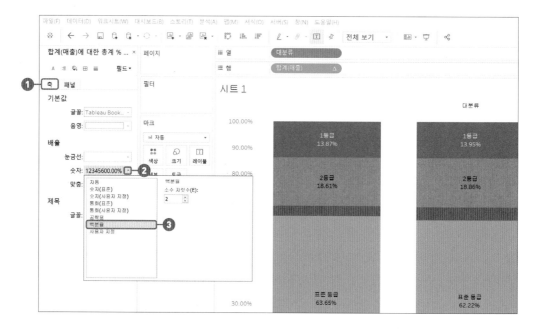

07 비율 막대 차트가 완성됐습니다.

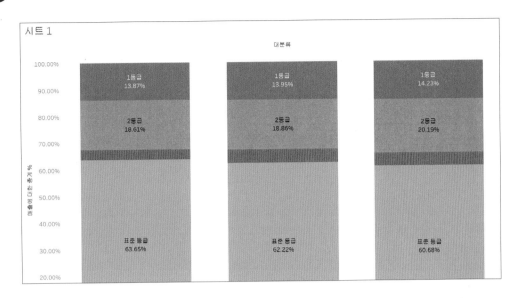

Use Cases

막대 차트는 기본적인 차트인 만큼 다양한 데이터 분석에 활용할 수 있습니다. 다음은 비율 막대 차트를 응용해 넷플릭스 데이터를 분석한 대시보드입니다.

대시보드 위쪽에서 모든 나라를 기준으로 영화와 TV쇼 콘텐츠 시청 비율, 아래쪽에서 각 나라별 영화나 TV쇼 시청 비율을 확인할 수 있습니다. 전 세계적으로 영화 관람의 비중이 TV쇼보다 높으며 특히 인도는 영화 시청 비율이 약 92.3%로, 다른 국가에 비해 상대적으로 높다는 것을 막대 차트를 통해 확인할 수 있습니다.

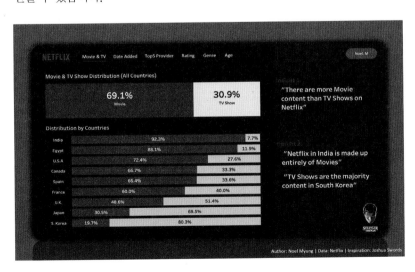

3

라인/막대 이중 축 차트

라인/막대 이중 축 차트(Dual Axis Chart)는 막대·라인 차트를 함께 표현하는 시각화 방법입니다. '이중 축' 기능을 통해 축을 하나로 합쳐 각각의 차트 정보를 하나의 화면에서 동시에 확인할 수 있습니다.

★ Main Concept

라인/막대 이중 축 차트는 막대 차트와 라인 차트를 활용해 서로 다른 2가지 정보를 하나의 축으로 확인할 수 있기 때문에 지표 비교, 연동 시 유용하게 활용할 수 있습니다.

다음 예시는 서로 연관된 데이터인 매출과 수익률을 함께 보여 주는 대시보드입니다. Y축(행)을 통해 월별 매출과 수익률의 추이를 확인할 수 있습니다. 9월 매출은 전달에 비해 줄었지만 수익률은 큰 폭으로 증가했고, 11월 매출은 역대 최고치를 기록했지만 9월에 비해 수익률이 낮아진 모습을 확인할 수 있습니다. 이와 같이 2가지의 연관된 정보를 막대와 라인을 통해 동시에 표현하면, 새로운 인사이트를 습득하거나 올바른 의사결정을 내리는 데 도움이 됩니다.

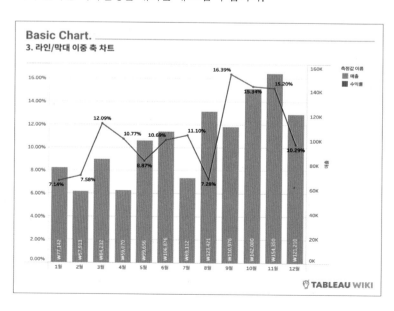

Data

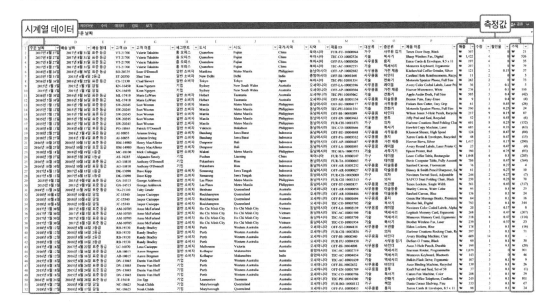

라인/막대 이중 축 차트를 만드는 실습을 진행할 때는 '슈퍼스토어 – 샘플(old)' 파일의 [주문] 시트를 활용하겠습니다. 라인/막대 이중 축 차트를 구성하기 위해서는 반드시 시계열 데이터가 필요합니다. [주문] 시트에는 주문 내역이 시간 순으로 정리된 시계열 데이터인 [주문 날짜] 데이터가 포함돼 있습니다. 날짜 데이터인 [주문 날짜] 필드를 열 선반, 측정값 [매출] 필드와 [수익] 필드를 행 선반으로 드래그한 후 이중 축 기능을 활용하면 라인/막대 이중 축 차트를 구현할 수 있습니다.

'슈퍼스토어 – 샘플(old)' 파일이 아닌 다른 데이터를 활용하더라도 데이터상에 시계열 데이터와 2개의 측정값 필드가 존재한다면 라인/막대 이중 축 차트를 구성할 수 있습니다.

라인/막대 이중 축 차트 데이터 구성 예시

시각화 예시	시계열 데이터(열)	측정값 1	측정값 2
일 단위 매출과 수익	주문 날짜(일)	매출	수익률
일 단위 확진자 수와 사망률	날짜(일)	확진자 수	사망률
제품 판매 수량 대비 반품 수량	제품명	판매 수량	반품 수량
부서별 목표 대비 실적	부서명	목표	실적
본부 단위 예산 대비 비용 내역	본부명	예산	비용

01 사이드 바에 있는 [주문 날짜] 필드를 열 선반으로 드래그합니다.

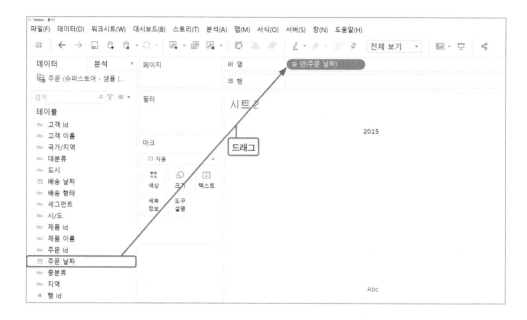

02 열 선반에 있는 [년(주문 날짜)] 필드의 추가 메뉴[▼]를 클릭한 후 불연속형의 [월]을 선택합니다.

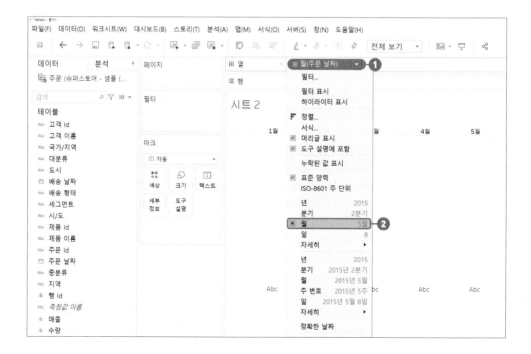

03 사이드 바의 빈 공간을 마우스 오른쪽 버튼으로 클릭한 후 [계산된 필드 만들기...]를 클릭하고 다음과 같은 수식을 입력해 [수익률] 필드를 생성합니다.

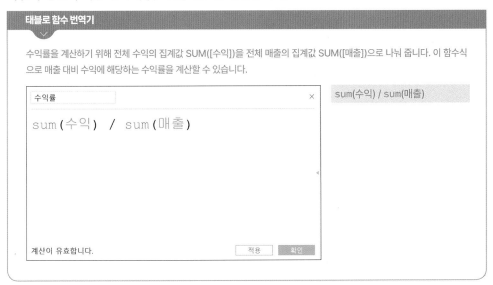

04 앞에서 생성한 [수익률] 필드와 [매출] 필드를 각각 행 선반으로 드래그합니다.

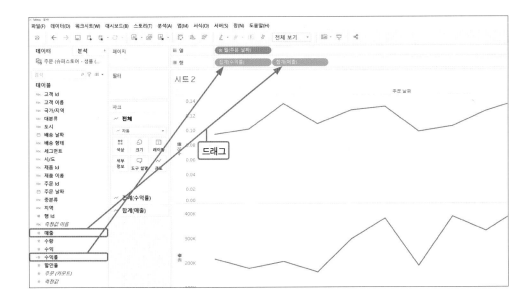

05 [매출] 필드의 Y축을 마우스 오른쪽으로 클릭한 후 [이중 축]을 선택합니다.

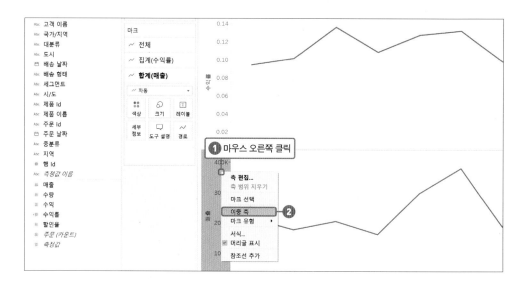

> **여기서 잠깐**
>
> 이중 축은 하나의 차트에서 여러 측정값을 한 번에 비교할 때 사용할 수 있는 기능입니다. 각 측정값을 개별 차트로 만들어 표현할 수도 있지만, 이중 축을 사용하면 서로 다른 차트를 합쳐 하나의 차트로 표현할 수 있습니다.

06 [집계(수익률)]의 [마크] 카드를 선택한 후 마크 유형을 [자동]에서 [라인]으로 변경합니다.

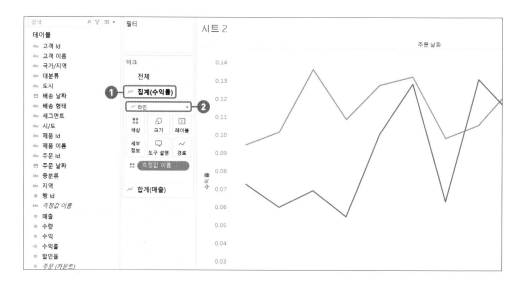

> **여기서 잠깐**
>
> 태블로에서 자동으로 라인 차트를 구현하게 되지만, 마크 유형을 [라인]으로 변경해 마크 유형을 직접 지정하면 향후 변경 또는 수정 사항이 있을 때 마크 유형이 자동으로 다른 형식으로 변경되는 것을 방지할 수 있습니다.

07 [수익률] 필드를 [집계(수익률)]의 [마크] 카드 위에 있는 [레이블]로 드래그합니다.

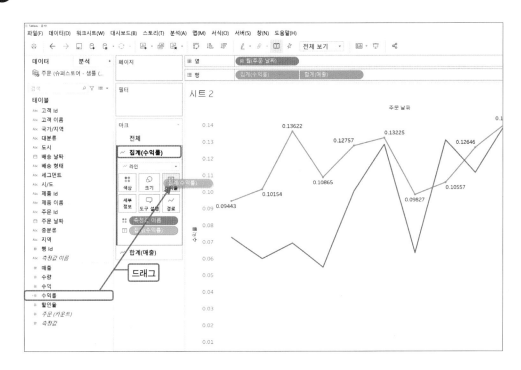

08 [마크] 카드의 [레이블]에 있는 [집계(수익률)] 필드의 추가 메뉴[▼]를 클릭한 후 [서식…]을 클릭합니다.

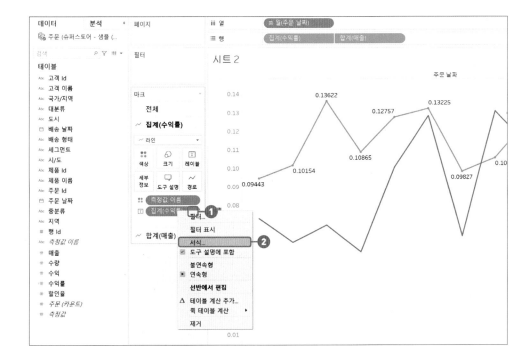

09 이후 [패널] 탭을 선택해 표시 형식을 [백분율]로 변경합니다.

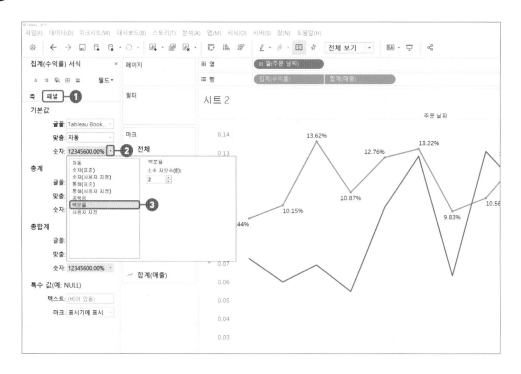

10 [합계(매출)]의 [마크] 카드를 선택한 후 마크 유형을 [막대]로 변경합니다.

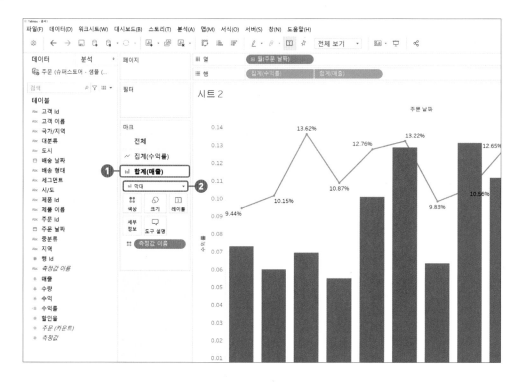

⑪ [매출] 필드를 [합계(매출)]의 [마크] 카드 위에 있는 [레이블]로 드래그합니다.

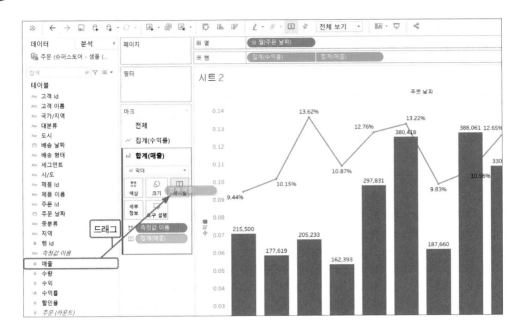

⑫ [합계(매출)]의 [마크] 카드에서 [레이블]을 클릭한 후 [맞춤]을 선택해 다음과 같이 레이블 정렬을 변경합니다.

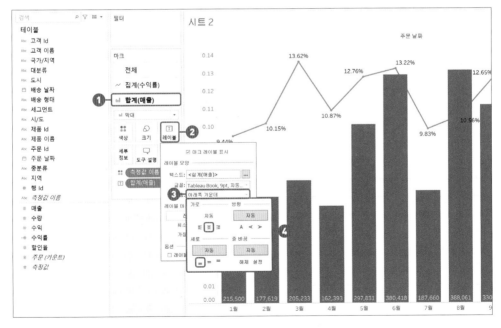

- 가로: 가운데
- 세로: 아래쪽

⑬ [합계(매출)]의 [마크] 카드 위에 있는 [레이블]의 [합계(매출)]의 추가 메뉴[▼]를 클릭한 후 [서식...]을 클릭합니다. 이후 [패널] 탭을 선택해 표시 형식을 [통화(표준)]으로 변경합니다.

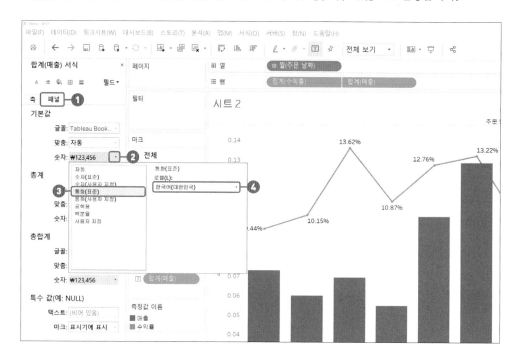

⑭ 수익률 Y축을 마우스 오른쪽 버튼으로 클릭한 후 [맨 앞으로 마크 이동]을 선택합니다.

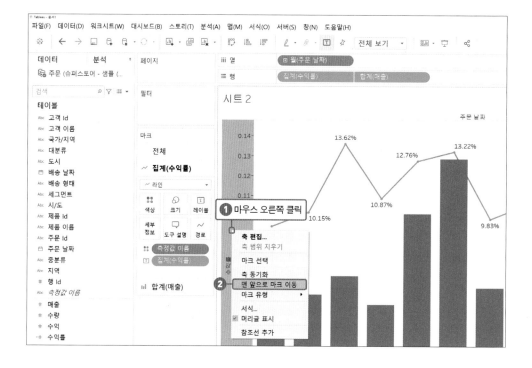

15 수익률 Y축을 마우스 오른쪽 버튼으로 클릭한 후 [서식...]을 클릭합니다. 이후 [축] 탭을 선택해 배율의 표시 형식을 [백분율]로 변경합니다.

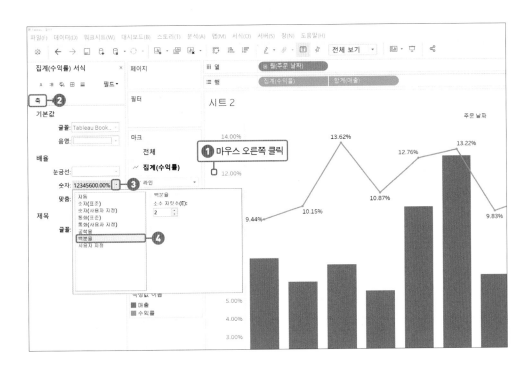

16 라인/막대 이중 축 차트가 완성됐습니다.

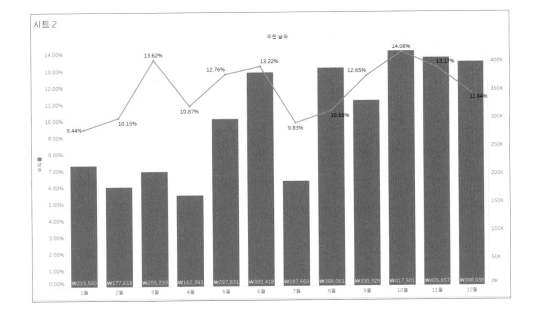

다음 예시는 그룹사 매출을 표현한 대시보드로, 라인/막대 차트를 통해 연관된 데이터를 동시에 확인할 수 있습니다.

대시보드 아래의 왼쪽을 보면 라인/막대 이중 축 차트를 통해 영업 이익과 영업 이익률을 함께 파악할 수 있습니다. 막대의 높낮이를 통해 4월 이익이 전달에 비해 하락했지만, 라인을 통해 영업 이익률이 전달에 비해 증가한 것을 알 수 있습니다. 이를 통해 비록 이익은 하락했지만, 수익성이 전반적으로 개선됐다는 것을 알 수 있습니다.

이와 같이 라인/막대 이중 축 차트는 2가지 연관된 데이터를 함께 표현하고 해석해 새로운 인사이트를 도출하거나 의사결정을 할 때 유용합니다.

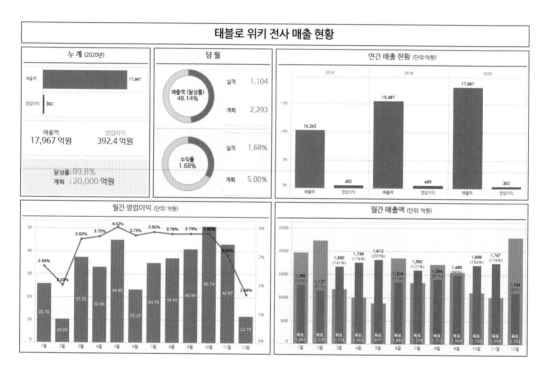

트리맵 차트

트리맵 차트(Tree Map Chart)는 데이터를 중첩된 사각형 모양으로 표현할 때 사용합니다. 막대 차트보다 한 화면에 더 많은 정보를 사각형 형식으로 표현할 수 있으며 사각형의 크기를 통해 측정하고 싶은 값을 항목별로 비교할 수 있다는 장점이 있습니다.

 Main Concept

트리맵 차트는 하나의 차원과 측정값으로도 만들 수 있는 간단한 차트입니다. 차원값에 따라 트리맵의 구조와 영역이 결정됩니다. 또한 측정값의 크기에 따라 트리맵의 영역별 차이를 크기와 색상을 통해 확인할 수 있습니다. 이를 통해 각 사각형의 영역과 색상으로 데이터의 구성 비율 또는 비중을 살펴볼 수 있습니다.

트리맵 차트를 활용할 때는 다음 2가지 사항을 고려하는 것이 좋습니다.
첫째, 각 항목별 데이터의 차이가 커야 직관적인 시각화가 가능합니다. 만약 각 항목별 차이가 크지 않다면 그 차이를 직관적으로 표현하기 어렵습니다.
둘째, 5개 이상의 항목 데이터를 시각화할 때 더욱 유용합니다. 다음 그림과 같이 항목이 3개인 데이터를 비교할 때 트리맵 차트를 활용하면 각 항목별 차이가 직관적으로 표현되지 않을 수 있습니다.

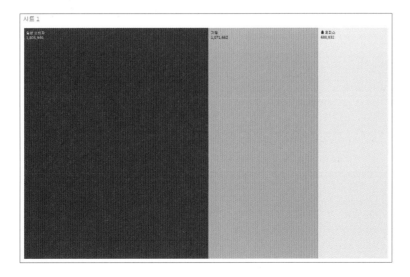

이러한 데이터의 경우, 라인/막대 차트를 활용하는 것이 오히려 더 효과적일 수 있습니다. 따라서 트리맵 차트는 하나의 화면에서 여러 항목별 데이터를 표현하거나 비교할 때 효과적으로 활용할 수 있습니다. 이번 실습에서는 고객에 따른 제품 대분류별 트리맵 차트를 시각화해 보겠습니다.

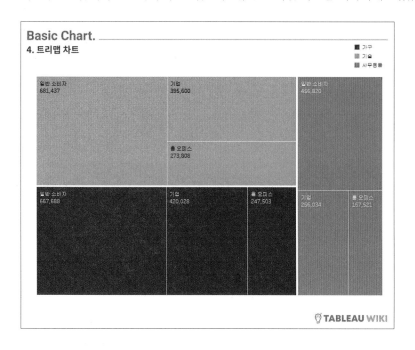

Data

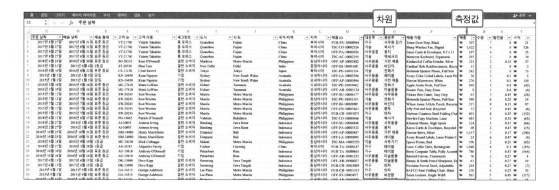

트리맵 차트를 구성하기 위해서는 1개의 차원 필드와 1개의 측정값 필드가 반드시 필요합니다. [주문] 시트에는 제품의 [대분류], [매출] 데이터가 포함돼 있습니다. 차원인 [대분류] 필드를 [마크] 카드 위의 [색상], 측정값인 [매출] 필드를 [마크] 카드 위의 [크기]로 드래그하면 대분류에 따른 매출을 트리맵 차트로 구성할 수 있습니다. 이때 [대분류]의 하위 범주인 [중분류] 필드를 추가해 [마크] 카드 위의 [색상]에 넣으면 트리맵 차트를 중분류 기준으로 좀 더 세분화해 표현할 수 있습니다.

'슈퍼스토어 – 샘플(old)' 파일이 아닌 다른 데이터를 활용하더라도 1개의 차원과 1개의 측정값이 포함돼 있으면 트리맵 차트를 쉽게 구성할 수 있습니다.

트리맵 차트 데이터 구성 예시

시각화 예시	레이블	색상	크기(측정값)
영업 사원별 성과 비교	영업 사원 이름	매출액	매출액
지하철역 승객 수 비교	지하철역	승객 수	승객 수
은행 지점별 대출 건수 비교	은행 지점	지역(시)	대출 건수
이커머스 사이트별 주문 건수 비교	이커머스 사이트	주문 건수	주문 건수
국가별 인구수 비교	국가명	인구수	인구수

Tutorial

01 1개 이상의 차원과 측정값이 선택된 상태라면 [표현 방식]에서 원클릭으로 트리맵 차트를 구현할 수 있습니다. Ctrl 을 누른 상태에서 [세그먼트]와 [매출] 필드를 선택한 후 오른쪽 위에 있는 [표현 방식]에서 트리맵 차트를 선택합니다.

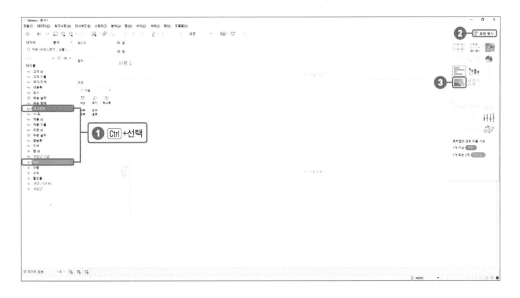

여기서 잠깐
Ctrl 을 누른 상태에서는 1개 이상의 필드를 다중 선택할 수 있습니다.

02 표현 방식을 통해 트리맵 차트를 선택하면 다음과 같이 차원인 [세그먼트] 필드를 기준으로 사각형의 영역이 정해지고 측정값인 [매출] 필드를 기준으로 사각형의 크기가 설정됩니다. [마크] 카드를 살펴보면 색상과 크기에 [합계(매출)] 필드가 적용돼 사각형의 크기가 결정된 것을 알 수 있습니다.

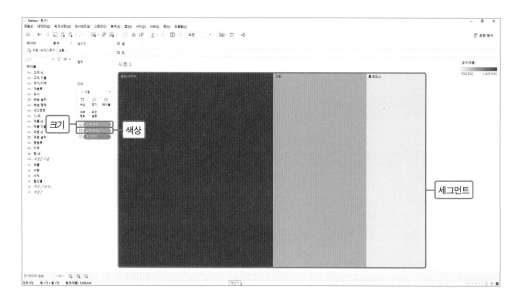

03 Ctrl을 누른 상태에서 사이드 바에 있는 [대분류], [중분류], [제품 이름] 필드를 선택합니다. 다중 선택한 필드 중 하나를 마우스 오른쪽 버튼으로 클릭한 후 [계층]을 선택하고 [계층 만들기...]를 선택합니다.

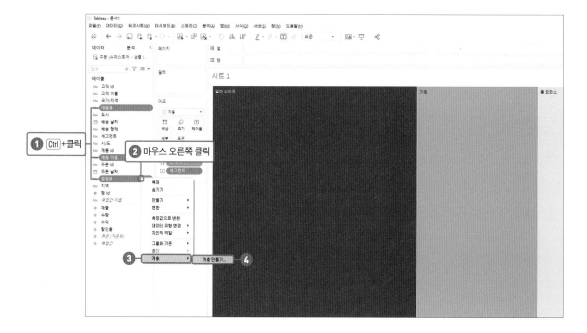

04 [계층 만들기] 대화상자에 다중 선택한 필드명이 표시됩니다. 블록으로 지정된 필드명 대신 '제품 분류'를 입력하고 [확인]을 클릭합니다.

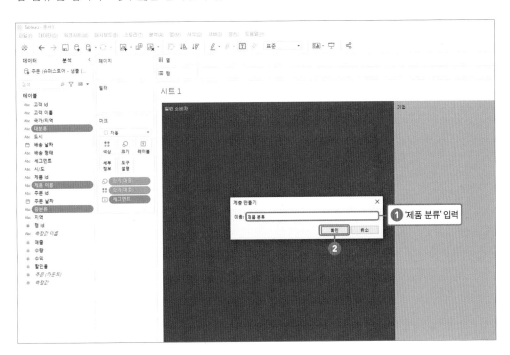

05 앞서 생성한 [제품 분류] 계층을 [마크] 카드 위의 [색상]으로 드래그하면 색상이 생성한 계층 중 가장 위쪽에 있는 대분류별로 구분됩니다.

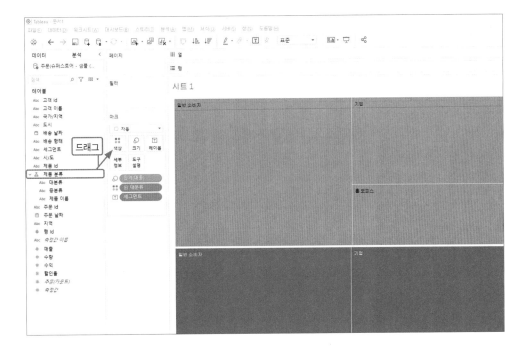

06 [마크] 카드에서 색상이 적용된 [대분류] 필드에는 [+]가 표시됩니다. [+]를 클릭하면 대분류에서 중분류별로 세그먼트가 세분화돼 나뉩니다.

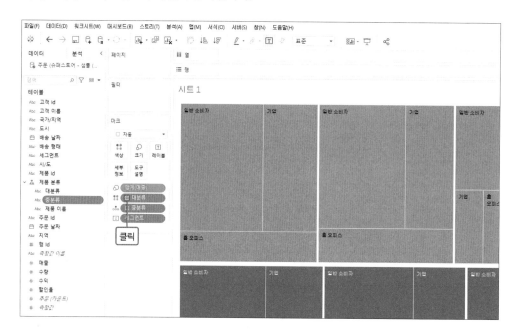

전문가의 조언 | 계층 순서에 따른 차트의 변화 ✓

뷰에 표시되는 차트가 위 이미지와 다르다면 사이드 바에 추가한 [제품 분류] 계층의 순서를 확인하세요. 대분류, 중분류, 제품 이름 순서로 정렬돼 있어야 위와 같은 차트를 만들 수 있습니다. 계층 순서를 변경하려면 사이드 바에서 순서를 변경할 필드를 위 또는 아래로 드래그하면 됩니다.

태블로에서는 계층 순서에 따라 세분화 순서가 달라지는 만큼, 계층을 구성할 때 순서를 중요하게 고려해야 합니다. 위의 제품별 계층 예시 이외에도 지도(시/도 - 구 - 동), 날짜(연도 - 분기 - 월 - 일) 또한 계층을 생성해 활용하는 경우가 많은데, 이때도 계층 순서를 잘 배치해야 합니다.

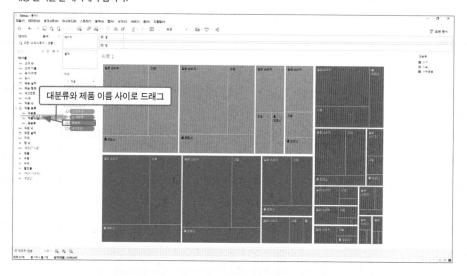

07 측정값 [매출] 필드를 [마크] 카드 위의 [레이블]로 드래그하면 트리맵 차트 내에서 제품 대분류, 중분류별 매출액이 나타납니다.

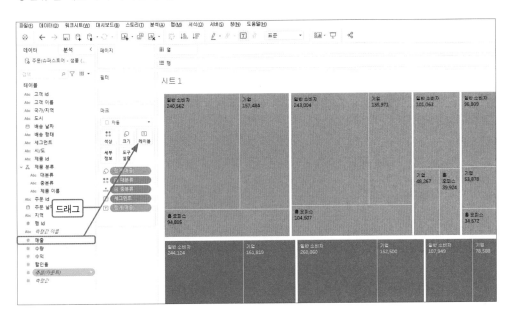

08 제품 대분류를 기준으로 트리맵 차트를 만들기 위해 세부 정보로 들어가 있는 [중분류] 필드를 마우스 왼쪽으로 선택한 상태에서 [마크] 카드 밖으로 드래그하면 해당 필드가 제거됩니다.

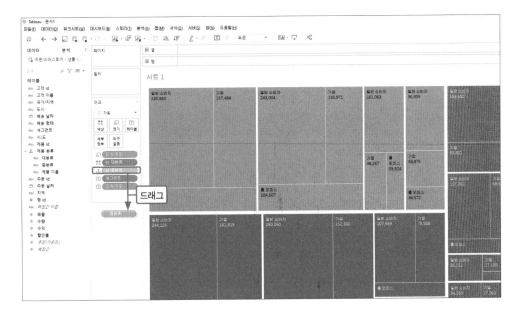

여기서 잠깐

[마크] 카드에 들어가 있는 필드를 선택한 후 [마크] 카드 밖으로 드래그 앤 드롭하면 해당 필드가 [마크] 카드에서 제거됩니다.

09 [마크] 카드에서 [색상]을 클릭한 후 [색상 편집...]을 클릭합니다. 이후 색상표 선택에서 [자동]이
아닌 [신호등]을 클릭합니다.

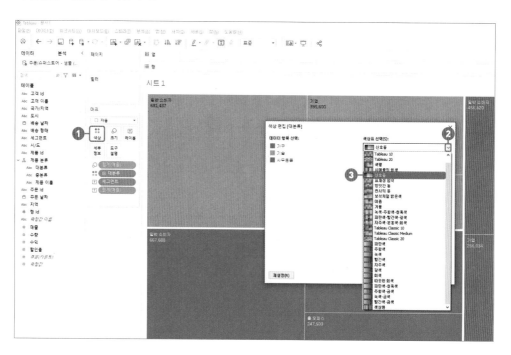

10 색상표의 아래쪽에 있는 [모양 할당]을 클릭하면 색상이 각 세그먼트별로 자동 할당됩니다.

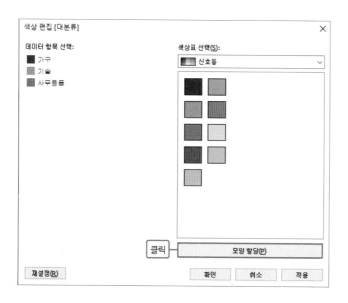

> **여기서 잠깐**
>
> [모양 할당] 이전으로 색상을 되돌리려면 [색상 편집] 대화상자의 왼쪽 아래에 있는 [재설정]을 클릭하면 됩니다.

11 다음과 같이 신호등 색상으로 제품 대분류별 세그먼트별 매출을 표현하는 트리맵 차트가 구현됐습니다.

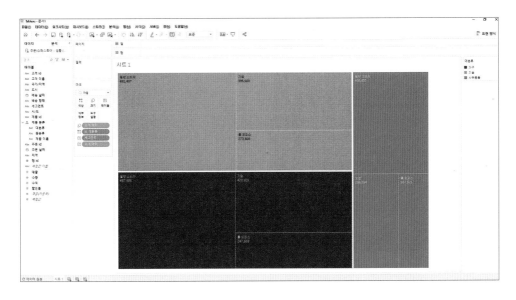

12 [마크] 카드 위의 [색상]을 클릭한 후 '불투명도'를 [100%]에서 [70%]로 변경하면 색상의 진하기를 조정할 수 있습니다.

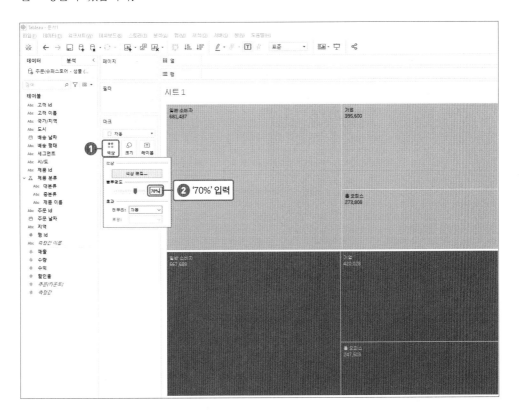

트리맵 차트는 중첩된 사각형의 영역을 통해 해당 데이터의 구성 비율 또는 비중 등을 한눈에 살펴볼 때 유용합니다.

다음 대시보드는 링크드인(LinkedIn)에서 'Entry-level 포지션'을 대상으로, 3년 이상의 경력을 요구하는 비율을 보여 줍니다. 2020년 기준으로 소프트웨어나 IT 서비스 영역에서는 3년 이상의 경력을 요구하는 오픈 포지션이 60%를 넘고 제조업에서는 50%에 육박하는 것을 쉽게 파악할 수 있습니다. 이렇게 각 사각형의 크기, 색상을 통해 각 비중과 그 추이를 시각적으로 표현할 수 있습니다.

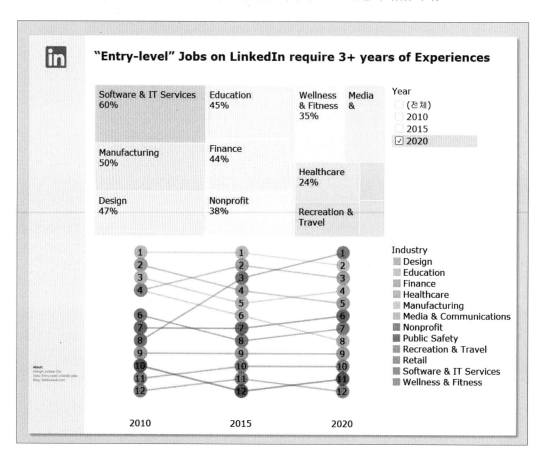

5

워드 클라우드

워드 클라우드(Word Cloud)는 텍스트 형식으로 시각화할 때 사용합니다. 데이터는 텍스트 형태로 표현되며 텍스트의 크기를 활용하므로 활용 빈도가 높거나 핵심 키워드를 파악하는 데 유용합니다.

 Main Concept

워드 클라우드는 텍스트 형식의 데이터를 시각화하거나 분석할 때 사용합니다. 차원을 텍스트로 표현하며 측정값을 통해 텍스트의 크기 또는 색상으로 수치를 표현해 비교할 수 있습니다.

워드 클라우드는 댓글 또는 게시글 분석 등에서 어떤 키워드가 많이 활용됐는지 분석할 때 사용합니다. 예를 들어 온라인 쇼핑 업계에서 각 구매자가 남긴 후기 데이터를 모아 워드 클라우드를 구성해 활용합니다. 워드 클라우드를 통한 후기 분석은 비즈니스 의사결정 또는 마케팅 전략 수정의 토대가 될 수 있습니다.

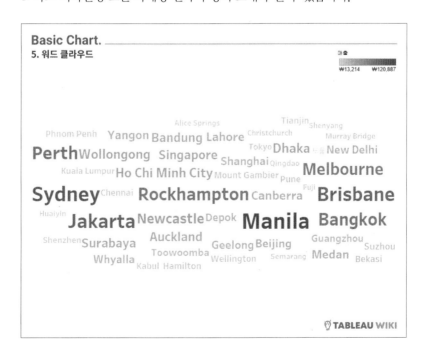

Basic Chart.
5. 워드 클라우드

Data

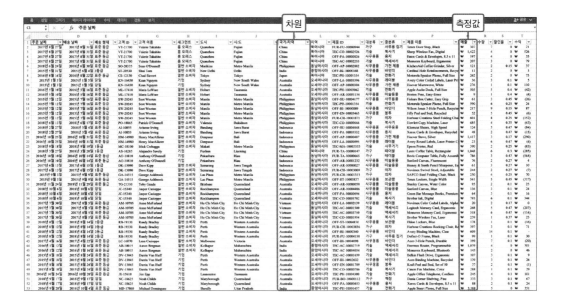

워크 클라우드를 구성하기 위해서는 텍스트 형식의 차원과 측정값이 반드시 필요합니다. [주문] 시트에는 고객이 주문한 지역을 나타내는 [국가/지역] 필드와 [매출] 필드가 포함돼 있습니다. 차원인 [국가/지역] 필드를 [마크] 카드 위의 [레이블], [매출] 필드를 [마크] 카드 위의 [크기]로 드래그하면 매출에 따라 텍스트 크기가 표현되는 워드 클라우드를 구현할 수 있습니다. 이때 [마크] 카드 위의 [색상]을 활용하면 각 국가별 매출 현황을 매출 크기에 맞춰 색상으로 표현할 수 있습니다.

'슈퍼스토어 – 샘플(old)' 파일이 아닌 다른 데이터를 활용하더라도 1개의 텍스트 차원과 1개의 측정값이 포함돼 있으면 워드 클라우드를 구성할 수 있습니다.

워드 클라우드 데이터 구성 예시

시각화 예시	텍스트	색상	크기
트윗 단어 수 비교	트윗 사용 단어	언급 수	언급 수
대통령 연설 주요 언급 단어	연설 언급 단어	단어 사용 수	단어 사용 수
설문조사 주요 언급 단어	설문조사 주요 언급 단어	단어 사용 수	단어 사용 수
쇼핑몰 댓글 주요 언급 단어	댓글 언급 단어	단어 사용 수	단어 사용 수
제품별 주문 건수 비교	제품명	주문 건수	주문 건수

01 [도시] 차원 필드를 [마크] 카드 위의 [레이블], 측정값 [매출] 필드를 [마크] 카드 위의 [크기]로
각각 드래그합니다.

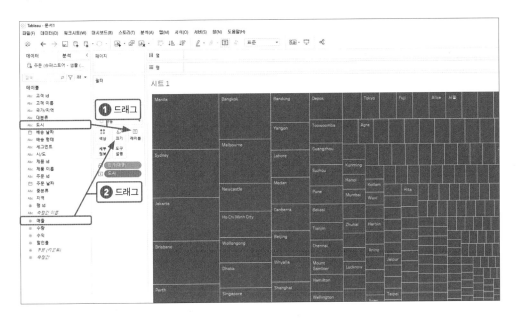

02 마크 유형의 기본 설정인 [자동]을 [텍스트]로 변경하면 다음과 같이 워드 클라우드 형태가 나타
납니다.

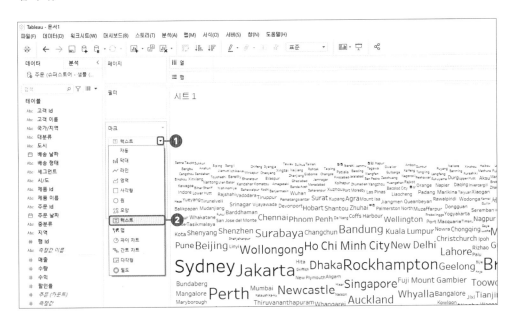

03 사이드 바에서 [매출] 필드를 [마크] 카드 위의 [색상]으로 드래그합니다.

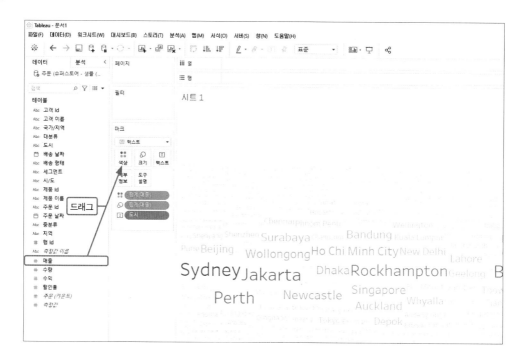

04 [마크] 카드에서 [색상]을 클릭한 후 [색상 편집...]을 선택하면 텍스트 색상을 변경할 수 있습니다. 색상표에서 '자주색'을 선택한 후 [확인]을 클릭합니다.

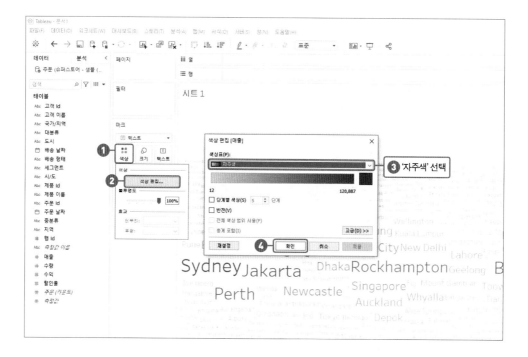

05 사이드 바에서 [도시] 필드를 필터 선반으로 드래그합니다.

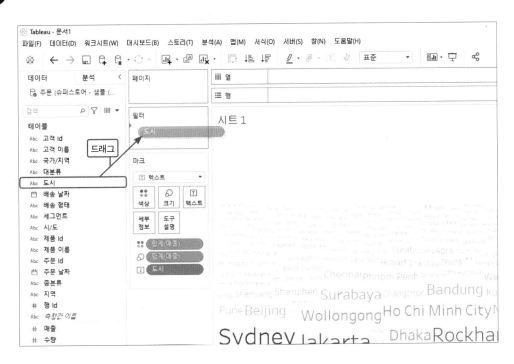

06 다음 그림과 같이 필터 [필터] 대화상자가 표시되면 [상위] 탭을 선택한 후 필드 기준을 상위 '50'
으로 변경하고 [확인]을 클릭합니다.

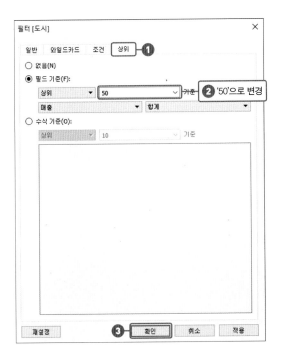

07 [마크] 카드에서 [텍스트]를 클릭한 후 [⋯]을 클릭합니다. [레이블 편집] 대화상자가 표시되면 텍스트로 입력돼 있는 '도시'를 드래그해 블록으로 지정한 후 서체를 'Tableau Bold'로 변경하고 [확인]을 클릭합니다.

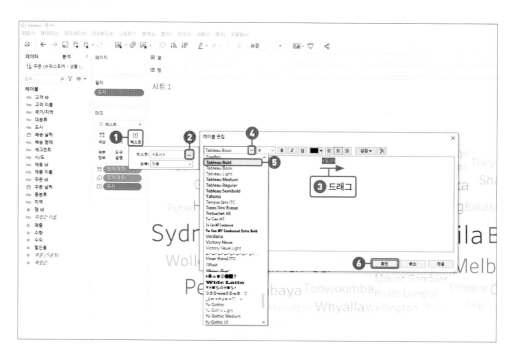

08 매출 상위 50개 도시를 기준으로 매출 크기에 따라 도시명이 표현된 워드 클라우드가 완성됐습니다.

▶ Use Cases

워드 클라우드는 텍스트 형태로 데이터를 시각화할 때 유용합니다. 다음 그림은 『해리포터 비밀의 방』 이라는 책에서 언급된 단어를 워드 클라우드 형식으로 표현한 대시보드입니다.

'The', 'a'와 같은 전치사 등을 제외한 후 가장 많이 언급된 상위 500개 단어를 추출해 표현했습니다. 빈도 횟수에 따라 그룹을 만들고 색상을 통해 가장 많이 언급된 단어가 더욱 선명하게 표현되도록 구현했습니다.

'Harry'라는 단어가 가장 많이 언급되고 이어서 'Ron', 'Hermione'이라는 단어가 가장 많이 언급됐다는 것을 왼쪽 아래 막대 그래프를 통해 확인할 수 있습니다. 또한 오른쪽 아래의 버블 차트를 통해 가장 많이 언급된 단어가 'Harry', 'Ron'이라는 것을 알 수 있습니다. 이와 같이 다른 차트를 보조적으로 활용하면 워드 클라우드 시각화를 더욱 효과적으로 표현할 수 있습니다.

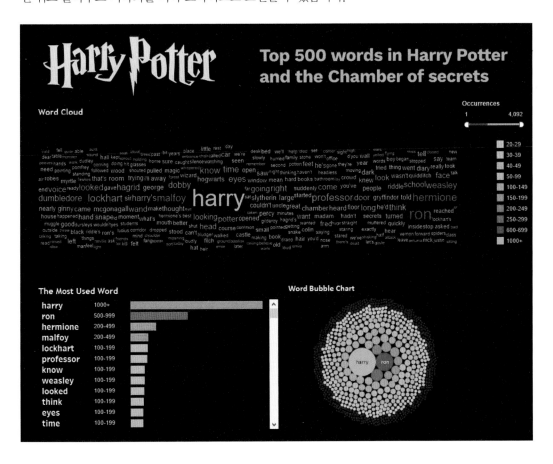

다음 예시는 와인 평점에 따라 국가명을 강조한 워드 클라우드의 예시입니다. 와인 평론가들이 영국 와인에 가장 높은 평점을 준 것을 다음 워드 클라우드를 통해 확인할 수 있습니다. 이와 같이 워드 클라우드를 활용하면 핵심 주요 텍스트를 직관적으로 파악할 수 있습니다.

영역 차트

영역 차트(Area Chart)는 라인과 축 사이 공간을 색상으로 채운 후 라인 차트를 기반으로 시각화한 것입니다. 시간의 흐름에 따른 데이터 누적값을 나타낼 때 유용합니다.

Main Concept

영역 차트는 시계열에 따른 누적 데이터가 어떻게 구성되고 있는지 보여 줄 때 효과적으로 활용할 수 있는 차트입니다. 시간의 흐름에 따라 데이터 값의 변화를 확인할 수 있는데, 색상을 활용해 그 영역의 비율 또는 비중을 표현할 수 있습니다.

예를 들어 영역 차트를 통해 시간의 추이에 따라 어느 제품군에서 가장 큰 매출 비중을 차지하는지 확인할 수 있습니다. 한편, 고객을 분석할 때 성별, 연령별, 지역별로 어느 항목에서 비중이 증감했는지도 확인할 수 있습니다.

다음 그림은 제품 대분류별 시간의 흐름에 따른 매출을 영역 차트로 표현한 예시입니다. 가구, 기술, 사무용품 분류별로 모두 매출이 증가하는 추세이며 가구나 기술의 비율이 사무용품에 비해 더 높다는 것을 알 수 있습니다.

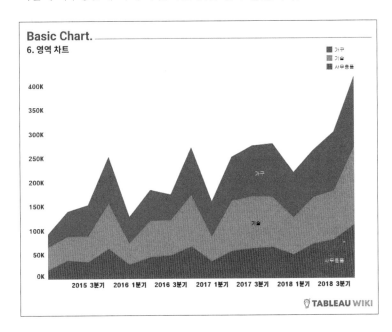

Data

영역 차트를 구성하기 위해서는 1개의 시계열 데이터, 1개의 차원과 측정값 필드가 반드시 필요합니다. [주문] 시트에는 주문 내역이 시간 순으로 정리된 시계열 데이터인 [주문 날짜] 데이터가 포함돼 있습니다. 날짜 데이터인 [주문 날짜] 필드를 열 선반, 측정값인 [매출] 필드를 행 선반, 제품 분류인 [대분류] 필드를 [마크] 카드 위의 [색상]으로 드래그하면 대분류에 따른 매출 영역 차트를 구성할 수 있습니다.

'슈퍼스토어 – 샘플(old)' 파일이 아닌 다른 데이터를 활용하더라도 1개의 시계열 데이터, 1개의 차원과 1개의 측정값이 데이터에 존재한다면 영역 차트를 쉽게 구성할 수 있습니다.

영역 차트 데이터 구성 예시

시각화 예시	시계열 데이터(열)	측정값(행)	색상
콘텐츠별 시청 수에 따른 영역 차트	날짜(월)	시청자 수	콘텐츠 유형
제품군 수익 구성 영역 차트	날짜(월)	수익	제품군
스마트폰 판매량 비교 영역 차트	날짜(월)	판매량	스마트폰 모델
월별 리조트 방문 고객 수 비교 영역 차트	날짜(월)	방문자 수	리조트명
공장 라인별 생산량 비교 영역 차트	날짜(월)	생산량	공장 라인명

01 사이드 바에서 Ctrl 을 이용해 [대분류], [주문 날짜], [매출] 필드를 다중 선택한 후 오른쪽 위의 [표현 방식]에서 [영역 차트]를 선택합니다.

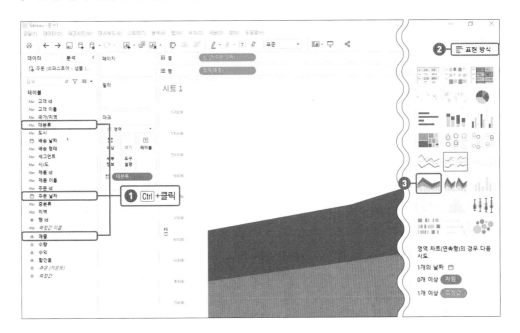

02 사이드 바에 있는 [대분류] 필드를 [마크] 카드 위의 [레이블]로 드래그합니다.

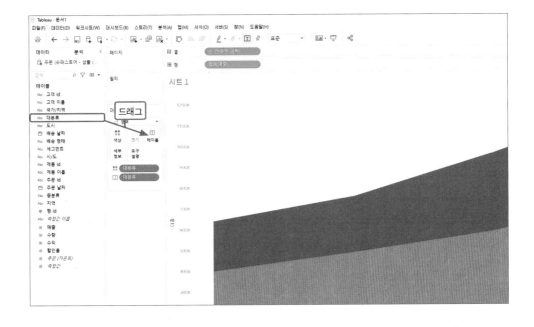

03 열 선반의 [년(주문 날짜)] 필드 앞에 있는 田를 클릭하면 주문 날짜의 기준이 '분기'로 변경됩니다.

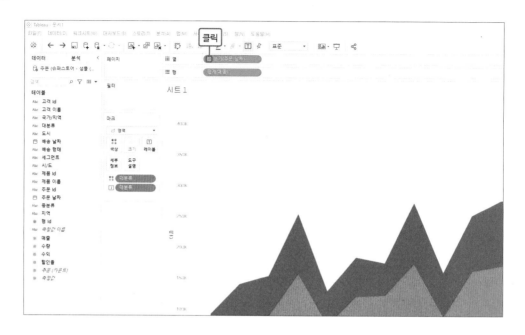

여기서 잠깐

날짜 형식의 데이터를 선반에 올려놓으면 田를 클릭할 때마다 데이터를 [월], [주], [일] 단위로 확장할 수 있습니다.

04 서식을 변경해 좀 더 깔끔하게 시각화해 보겠습니다. 워크시트 뷰의 빈 곳을 마우스 오른쪽으로 클릭한 후 [서식...]을 선택합니다.

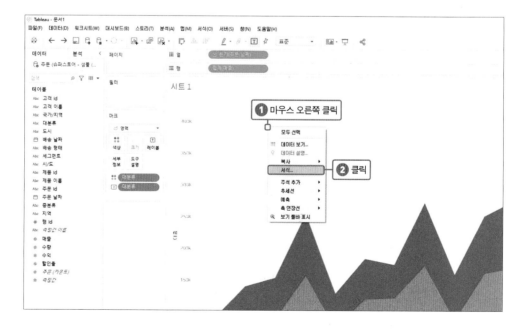

05 사이드 바에서 ≡을 선택한 후 라인 서식의 [행] 탭에서 '격자선'을 [없음]으로 변경합니다. 이를 통해 뷰 안의 격자선이 제거됩니다.

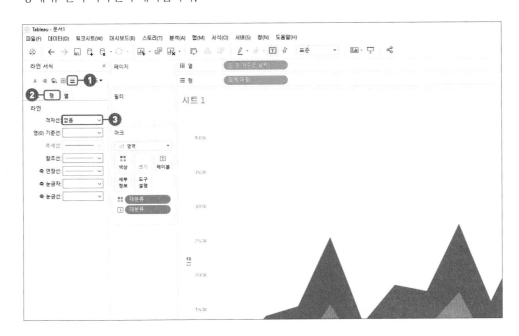

06 X축의 시작과 끝을 양끝에 맞춰 보겠습니다. 현재 데이터상 주문 날짜는 2015년 1월 1일부터 2018년 12월 31일까지의 데이터가 존재합니다. 축 범위가 기본 설정인 '자동'으로 선택됐을 경우, 다음 그림과 같이 X축의 시작점이 2014년 하반기로 맞춰지게 되는 상황입니다. 이를 변경하기 위해 뷰에서 X축을 마우스 오른쪽 버튼으로 클릭한 후 [축 편집...]을 선택합니다.

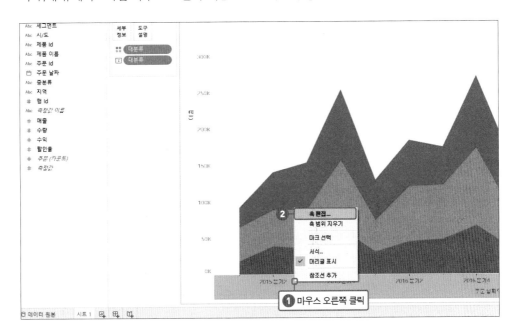

07 [축 편집] 대화상자가 표시되면 [범위] 항목에서 [고정]을 클릭한 후 그림과 같이 고정된 시작과 고정된 끝을 변경합니다.

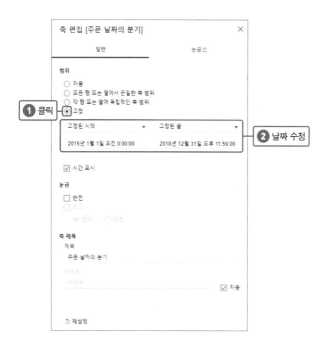

전문가의 조언　[축 편집] 대화상자에서 축 범위 변경하기 ✓

축 범위는 크게 4가지로 설정할 수 있습니다. 다음 4가지 방법 중 [고정]을 선택하면 축의 범위를 임의의 값으로 고정할 수 있습니다.

1. 자동: 시각화에 사용된 데이터의 범위를 기준으로 자동 조정

2. 모든 행 또는 모든 열에서 균일한 축 범위: 패널에 있는 데이터 최대 범위에 맞게 균일한 축 범위 설정

3. 각 행 또는 열에 독립적인 축 범위: 행 또는 열 선반 데이터에 맞춰 독립된 방식으로 축 범위 설정

4. 고정: 축의 시작과 끝을 임의의 값으로 설정합니다. 축의 한 쪽만 고정할 수 있으며 이 경우 다른 축은 자동, 균일, 독립 중 하나를 선택하게 됩니다.

08 뷰에서 X축을 마우스 오른쪽 버튼으로 클릭한 후 [서식...]을 선택합니다. [축] 탭에서 [배율] 항목의 [날짜]를 클릭해 [사용자 지정]을 선택합니다. [사용자 지정] 창이 나타나면 서식에 'yyyy q″분기″'를 입력합니다.

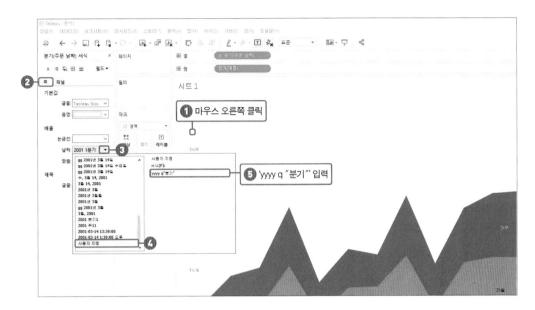

09 뷰에서 X축을 마우스 오른쪽 버튼으로 클릭한 후 [축 편집]을 선택합니다. 그런 다음 X축의 [축 편집] 대화상자에서 아래쪽의 '축 제목'에 입력돼 있는 '주문 날짜의 분기' 텍스트를 삭제합니다.

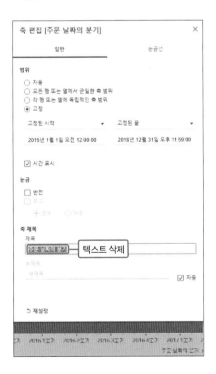

10 위 과정을 모두 마치면 2015년 1분기부터 2018년 4분기까지의 제품 대분류에 따른 매출이 영역 차트 형식으로 표현됩니다.

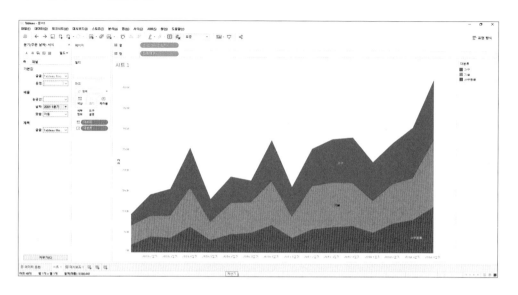

Use Cases

다음은 HR 가상 데이터를 기반으로 최근 10년간 미국의 성별 및 인종별 구성 비율을 영역 차트로 표현한 대시보드입니다.

전반적으로 변화의 폭이 크지는 않지만, 대시보드 오른쪽에 있는 여성의 경우, 2019년 대비 2020년 White 비율이 소폭 줄어들고 Black or African American 비율이 소폭 늘어나는 모습을 확인할 수 있습니다. 이와 같이 영역 차트는 시간의 흐름에 따라 비율의 변동성을 표현할 때 유용합니다.

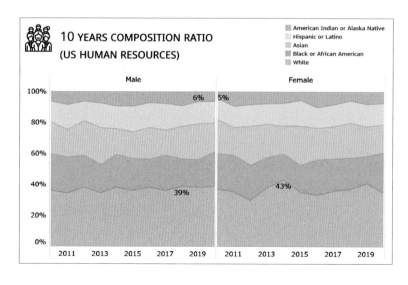

분산형 차트

분산형 차트(Scatter Chart)는 측정값 변수 간의 상관관계를 보여 주는 차트입니다. 각각의 데이터가 차트 안에 분산된 형태로 표현되며 데이터의 분포 또는 상관관계를 파악할 때 유용합니다.

 Main Concept

분산형 차트는 행·열 선반에 각각 1개 이상의 측정값을 활용해 해당 데이터가 어떻게 분포돼 있는지 파악할 수 있는 차트입니다. 이때 여러 마크 유형을 활용할 수 있는데, 색상과 크기를 활용해 데이터의 측정 가능한 세부 정보 또한 추가로 표현할 수 있습니다.

분산형 차트는 데이터의 분포 위치를 표현하거나 데이터 간 상관관계를 파악할 때 유용합니다. 먼저 분포를 표현하는 경우, 수익성과 매출이 높은 회원을 동시에 파악할 때 유용합니다. 또한 수익률 또는 반품률과 같이 대비되는 데이터를 동시에 파악해 영업 사원의 정확한 실적을 파악하는 경우에도 활용됩니다.

한편 상관관계를 표현하는 경우, 개인의 소득 수준과 비만율의 관계를 표현할 수 있습니다. 또한 부모의 신체 키와 자녀의 신체 키 사이의 관계를 표현할 수도 있습니다. 이와 같이 분산형 차트는 두 데이터의 상관관계를 시각적으로 보여 주기 때문에 연구 목적으로도 많이 활용됩니다.

다음 분산형 차트는 도시를 기준으로 4가지 데이터를 시각화한 모습입니다. 오른쪽 위의 시드니는 오른쪽 아래의 마닐라에 비해 할인율이 높지 않지만, 수익이 상대적으로 높다는 것을 알 수 있습니다. 반면, 마닐라는 시드니에 비해 할인율과 매출이 높게 측정됐지만, 원의 위치가 Y축의 0 기준선 아래에 위치하므로 수익이 적자라는 것을 알 수 있습니다.

Basic Chart.
7. 분산형 차트

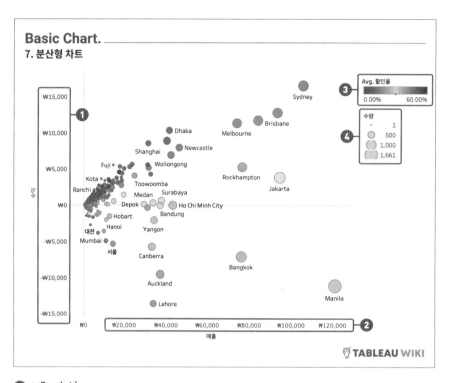

1. **Y축**: 수익
2. **X축**: 매출
3. **버블의 색상**: 평균 할인율
4. **버블의 크기**: 수량

Data

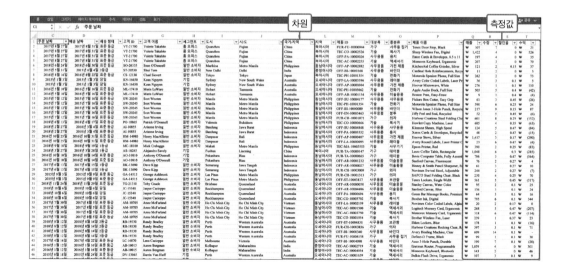

분산형 차트를 구성하기 위해서는 1개의 차원 필드와 2개의 측정값 필드가 반드시 필요합니다. [주문] 시트에는 각 주문 단위로 측정값 [매출] 필드와 측정값 [수익] 필드, 주문 위치 국가가 정리돼 있는 [국가/지역] 차원 필드 데이터가 포함돼 있습니다. 측정값 [매출] 필드를 열 선반, [수익] 필드를 행 선반으로 가져온 후 데이터의 집계 단위를 결정하는 차원의 [국가/지역] 필드를 [마크] 카드 위의 [세부 정보]로 드래그하면 국가에 따른 매출과 수익을 나타내는 기본적인 분산형 차트를 구성할 수 있습니다.

'슈퍼스토어 – 샘플(old)' 파일이 아닌 다른 데이터를 활용하더라도 1개의 차원과 2개의 측정값이 포함돼 있으면 분산형 차트를 쉽게 구성할 수 있습니다.

분산형 차트 데이터 구성 예시

시각화 예시	측정값(열)	측정값(행)	차원(세부 정보)
온도에 따른 매출	온도(℃)	매출	날짜(일)
부모 키와 자녀 키 상관관계	부모 키	자녀 키	실험 참여자
아파트 가격과 재난 지원금 수령의 관계	지역(구) 아파트 평단가	지역(구) 재난 지원금 수령 비율	지역(구)
국가별 GDP와 평균 수명 관계	국가별 GDP	국가별 평균 수명	국가
영화별 관객수아 평점 상관관계	관객수	평점	영회 제목

Tutorial

01 [마크] 카드 위에 있는 마크 유형을 기본 설정인 [자동]에서 [원]으로 변경합니다.

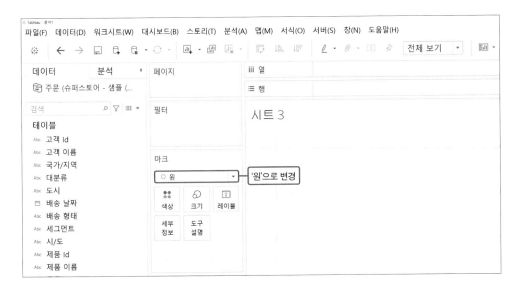

02 사이드 바에 있는 [매출] 필드를 열 선반, [수익] 필드를 행 선반으로 각각 드래그합니다.

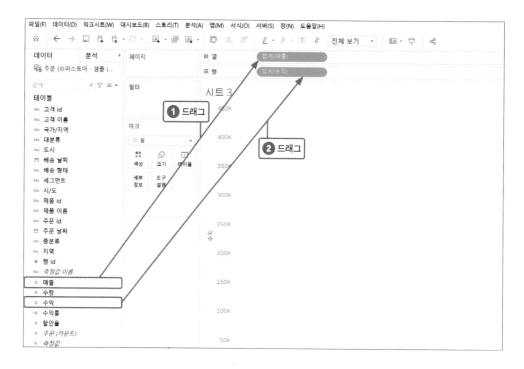

03 사이드 바에서 [도시] 필드를 [마크] 카드 위의 [세부 정보]로 드래그합니다. 이에 따라 집계 수준이 도시 기준으로 변경돼 각 원이 도시별 측정값을 보여 주게 됩니다.

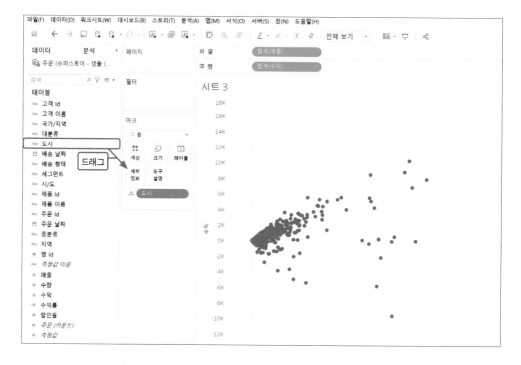

04 사이드 바에서 [할인율] 필드를 [마크] 카드 위의 [색상]으로 드래그합니다. 이에 따라 원의 색상이 할인율의 크기에 따라 변하게 됩니다.

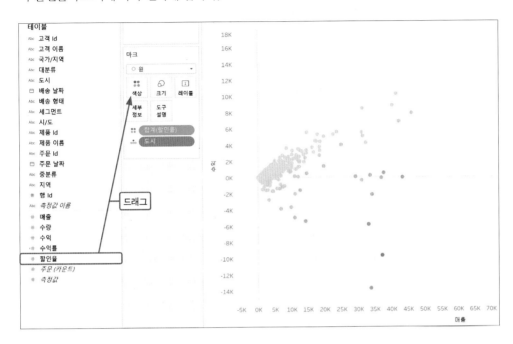

05 마크에 있는 [합계(할인율)]의 추가 메뉴[▼]를 클릭한 후 [측정값(평균)]을 클릭하고 [평균]을 선택합니다. 집계 방식을 평균으로 변경해 할인율의 총합이 아닌 각 도시에 적용된 평균 할인율을 표시합니다.

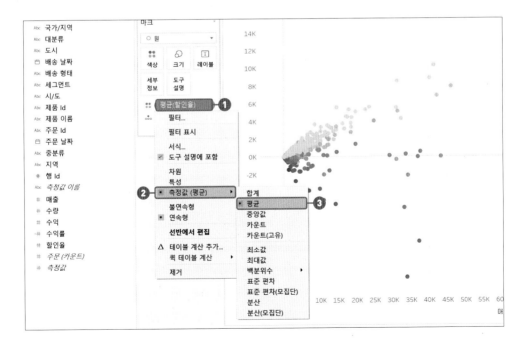

06 마크에 있는 [평균(할인율)]의 추가 메뉴[▼]를 클릭한 후 [서식...]을 클릭합니다.

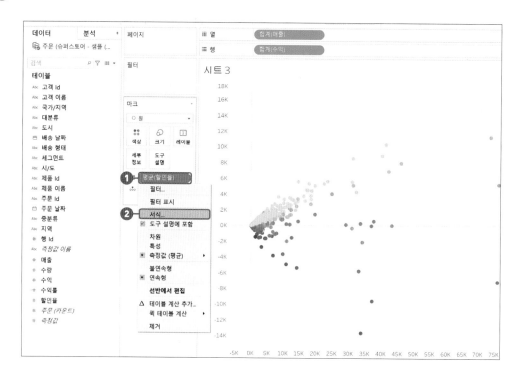

07 [패널] 탭을 선택한 후 기본값의 숫자 표시 형식을 [백분율]로 변경합니다.

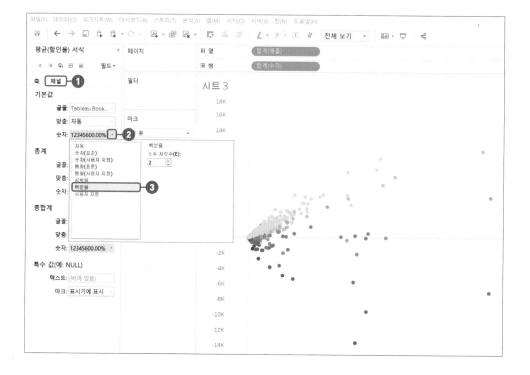

08 [마크] 카드 위의 [색상]을 클릭한 후 [색상 편집...]을 클릭하고 [색상표]를 선택해 색상을 변경합니다. 다음과 같이 '빨간색 – 파란색 – 흰색 다중'을 선택한 후 [확인]을 클릭합니다. 할인율에 따라 각각의 원 색상이 변경된 것을 알 수 있습니다.

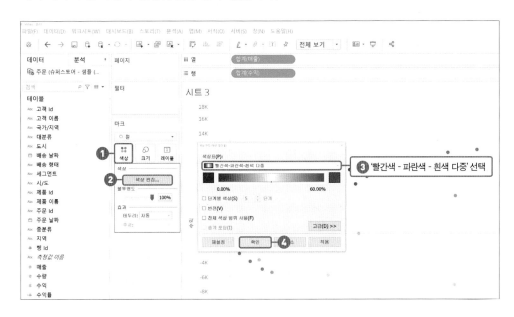

09 [마크] 카드 위의 [색상]을 선택한 후 다음 그림과 같이 [불투명도]와 [테두리]를 클릭해 변경합니다.

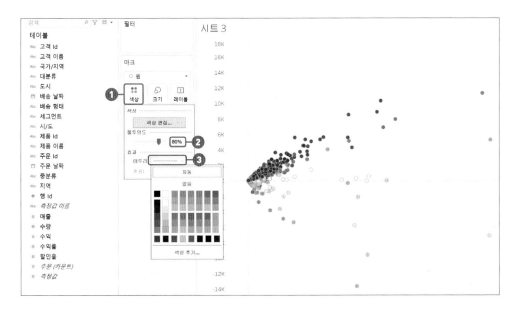

- 불투명도: 80%
- 테두리: 회색

❿ 사이드 바에 있는 [수량] 필드를 [마크] 카드 위의 [크기]로 드래그합니다.

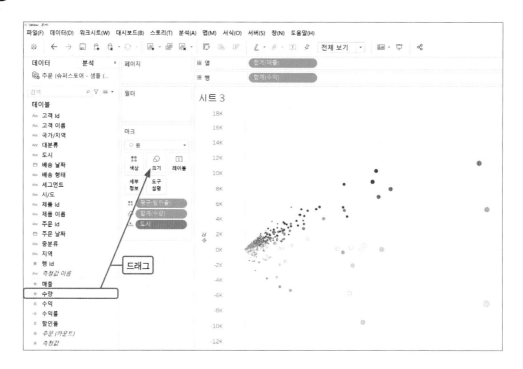

⓫ [도시] 필드를 [마크] 카드 위의 [레이블]로 드래그하면 분산형 차트 내의 원에 도시 이름이 표현됩니다.

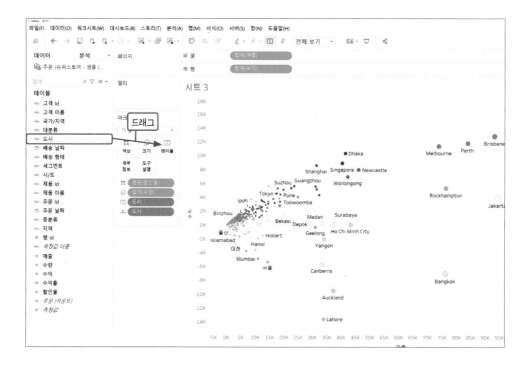

12 뷰에서 X축(열)과 Y축(행)을 마우스 오른쪽 버튼으로 클릭한 후 [서식...]을 클릭합니다. 이후 [축] 탭에서 '배율'에 있는 [숫자] 표시 형식을 '원화'로 변경합니다.

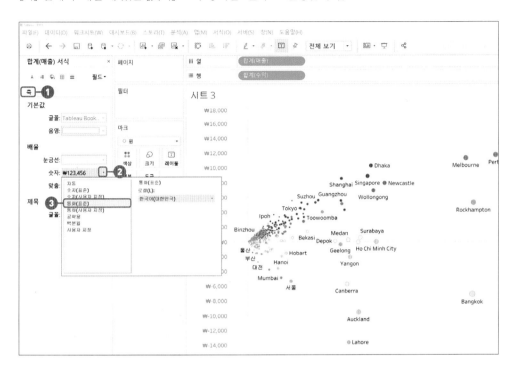

13 도시별 4가지의 측정값이 표현된 분산형 차트가 완성됐습니다.

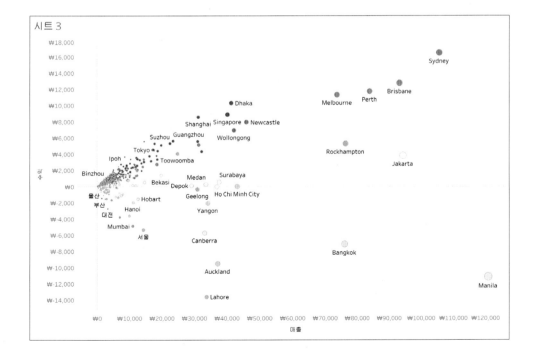

다음은 분산형 차트를 활용해 재난 지원금의 비율과 아파트 평단가를 시각화한 대시보드입니다. 이를 통해 재난 지원금이 높아질수록 아파트 평단가가 낮아지는 음의 상관관계를 확인할 수 있습니다. 분산형 차트는 이와 같이 데이터의 상관관계를 표현할 수 있으므로 전혀 다른 2가지 측정값에서 새로운 관계성을 발견하는 데 유용합니다.

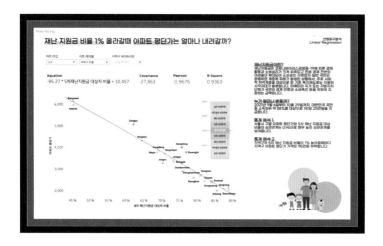

다음은 물류 데이터를 활용한 분산형 차트 예시입니다. 16번 창고에서 시간당 처리 화물 수에 비해 화물당 비용이 높게 측정되고 있는 것을 알 수 있습니다. 이와 같이 분산형 차트는 이상치 데이터를 확인해 문제를 파악하고 이를 빠르게 조치하는 데도 유용합니다.

히트맵 차트

히트맵 차트(Heatmap Chart)는 테이블 형식의 차트에서 수치의 높낮이를 색상으로 구분해 표현할 수 있습니다. 히트맵 차트를 활용하면 데이터 안에서 평균에서 크게 벗어나는 이상치 데이터를 시각적으로 쉽게 파악할 수 있습니다.

★ Main Concept

히트맵 차트는 테이블 형식으로 데이터 수치상의 차이를 색상으로 표현할 수 있는 차트입니다. 상대적인 차이를 확인할 때와 더불어 기준치 또는 평균에서 크게 벗어나는 데이터를 식별할 때 유용하게 활용할 수 있습니다.

히트맵 차트는 다양한 상황에서 활용될 수 있습니다. 대표적인 예로, 리테일 업계에서 X축에는 시간(1시, 2시, 3시, …, 22시, 23시, 24시), Y축에는 요일(월, 화, 수, …)을 넣어 요일별, 시간대별 방문 횟수 또는 매출 등을 파악할 때 활용됩니다.

다음 히트맵 차트 예시는 1년간의 매출을 요일별로 구분한 것입니다. 11월 수요일에 가장 많은 매출이 발생했고 금요일과 토요일에는 매월 비슷한 수준으로 매출이 낮다는 것을 색상을 통해 알 수 있습니다.

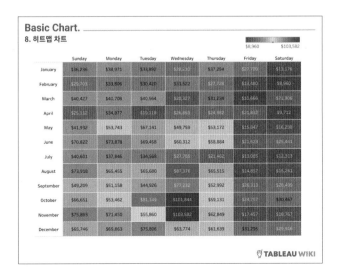

시계열 데이터   측정값

히트맵 차트를 구성하기 위해서는 2개의 차원 필드와 1개의 측정값 필드가 반드시 필요합니다. [주문] 시트에는 주문 내역이 날짜 단위로 정리된 시계열 데이터인 [주문 날짜] 데이터가 포함돼 있습니다. 날짜 데이터인 [주문 날짜] 필드를 요일 기준으로 열 선반, [주문 날짜] 필드를 연도 기준으로 행 선반, 측정값인 [매출] 필드를 [마크] 카드 위의 [색상]과 [텍스트]로 드래그하면 연도와 요일에 따른 매출을 파악하는 히트맵 차트를 구성할 수 있습니다.

'슈퍼스토어 – 샘플(old)' 파일이 아닌 다른 데이터를 활용하더라도 2개의 차원과 1개의 측정값이 포함돼 있으면 히트맵 차트를 쉽게 구성할 수 있습니다.

히트맵 차트 데이터 구성 예시

시각화 예시	차원(열)	차원(행)	측정값(색상/레이블)
월과 요일에 따른 매출	날짜(월)	날짜(요일)	매출액
연도와 연령에 따른 고객 수	날짜(연)	연령	고객 수
국가와 브랜드에 따른 주문 건수	국가	브랜드	주문 건수
거주 지역과 직업에 따른 평균 소득	거주 지역	직업	평균 소득
창고 적체 현상 확인	창고명	제품명	제품 재고 수

01 [마크] 카드에서 마크 유형을 [자동]에서 [사각형]으로 변경합니다.

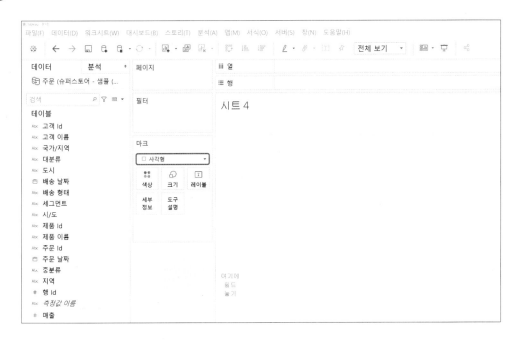

02 사이드 바에 있는 [주문 날짜] 필드를 열 선반으로 드래그합니다.

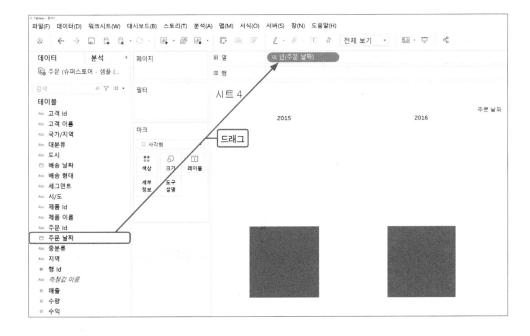

03 열 선반에 있는 [년(주문 날짜)]의 추가 메뉴[▼]를 클릭한 후 '불연속형'의 [자세히]를 클릭하고
[요일]을 선택합니다.

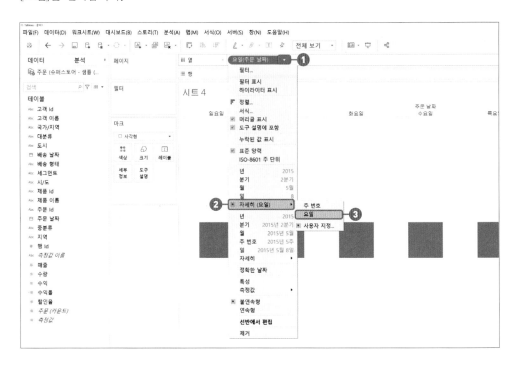

04 사이드 바에 있는 [주문 날짜] 필드를 행 선반으로 드래그합니다.

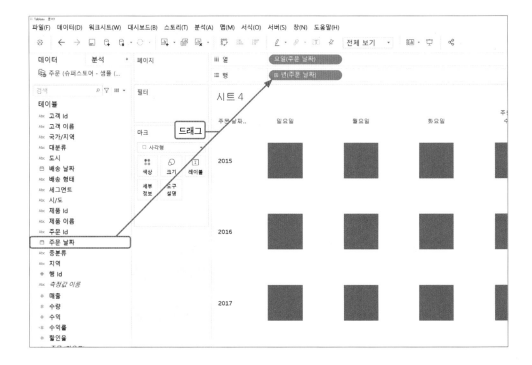

05 행 선반에 있는 [년(주문 날짜)]의 추가 메뉴[▼]를 클릭한 후 '불연속형'의 [월]을 선택합니다.

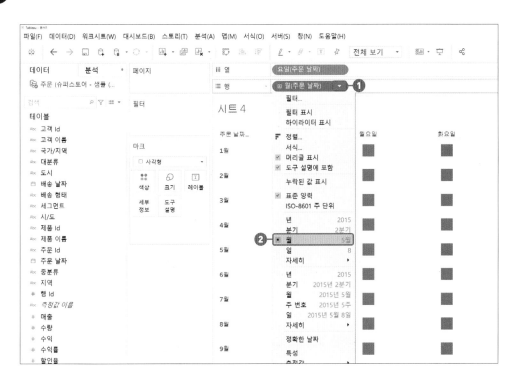

06 [매출] 필드를 [마크] 카드 위의 [색상]으로 드래그합니다.

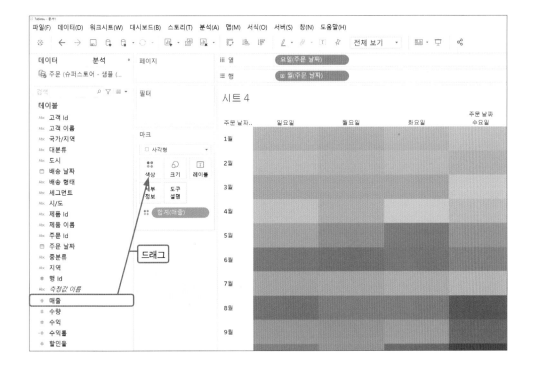

07 이후 [색상]을 클릭한 후 [색상 편집...]을 선택하고 [빨간색 − 파란색 − 흰색 다중]을 선택합니다.

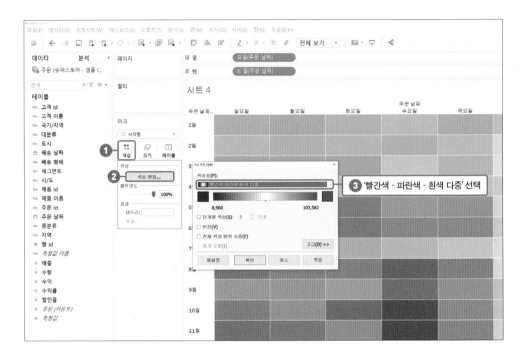

08 데이터를 구분하기 위해 [마크] 카드 위의 [색상]을 클릭한 후 테두리 영역에서 흰색 테두리를 지정합니다. 이로 인해 각 사각형의 경계를 명확하게 구분할 수 있습니다.

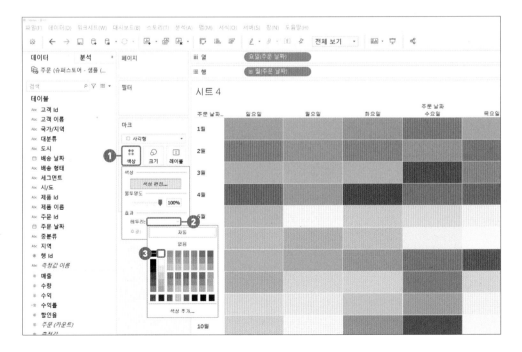

09 [매출] 필드를 [마크] 카드 위의 [레이블]로 드래그합니다.

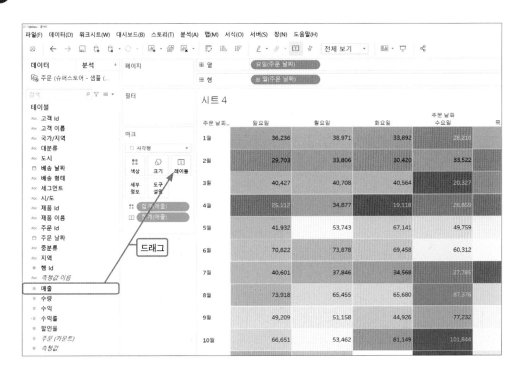

10 [마크] 카드 위의 [레이블]에 있는 [합계(매출)] 필드의 추가 메뉴[▼]를 클릭해 [서식…]을 클릭하고 패널의 숫자 표시 형식을 '원화'로 변경합니다.

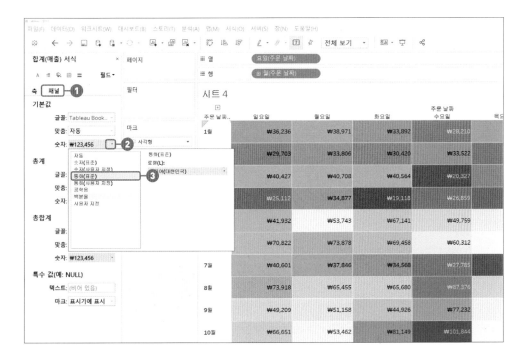

11 [마크] 카드 위의 [레이블]을 클릭한 후 다음 그림과 같이 가로와 세로 정렬을 설정합니다.

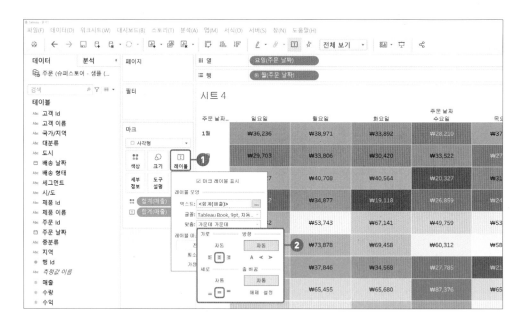

- 가로: 가운데
- 세로: 가운데

12 요일과 월에 따른 매출의 크기를 색상으로 표현한 히트맵 차트가 완성됐습니다.

시트 4

주문 날짜..	일요일	월요일	화요일	주문 날짜 수요일	목요일	금요일	토요일
1월	₩36,236	₩38,971	₩33,892	₩28,210	₩37,294	₩27,720	₩13,176
2월	₩29,703	₩33,806	₩30,420	₩33,522	₩27,728	₩13,480	₩8,960
3월	₩40,427	₩40,708	₩40,564	₩20,327	₩31,234	₩10,666	₩21,306
4월	₩25,112	₩34,877	₩19,118	₩26,859	₩24,882	₩21,832	₩9,712
5월	₩41,932	₩53,743	₩67,141	₩49,759	₩53,172	₩15,847	₩16,238
6월	₩70,822	₩73,878	₩69,458	₩60,312	₩58,884	₩21,623	₩25,441
7월	₩40,601	₩37,846	₩34,568	₩27,785	₩21,462	₩13,085	₩12,313
8월	₩73,918	₩65,455	₩65,680	₩87,376	₩65,515	₩14,857	₩15,261
9월	₩49,209	₩51,158	₩44,926	₩77,232	₩52,992	₩26,313	₩28,499
10월	₩66,651	₩53,462	₩81,149	₩101,844	₩59,131	₩24,797	₩30,467
11월	₩75,893	₩71,450	₩55,860	₩103,582	₩62,849	₩17,457	₩18,767
12월	₩65,746	₩69,863	₩75,806	₩63,774	₩61,639	₩31,295	₩29,916

태블로는 연, 분기, 월, 일뿐 아니라 주 번호, 요일, 연도 월, 연도 월 일, ISO 형식 등과 같이 다양한 형식으로 데이터를 집계할 수 있습니다. ISO-8601 달력은 일반 그레고리안 달력과 달리, 날짜 관련 국제 표준 달력으로, 매 분기마다 일정한 주 수와 매주마다 일정한 일 수를 유지하므로 금융 날짜를 계산할 때 흔히 사용합니다.

- 주 번호: 1 ~ 52주까지의 1년 주 번호를 나타냅니다(그레고리안 달력).
- 요일: 월, 화, 수, 목, 금, 토, 일까지의 요일을 나타냅니다(그레고리안 달력).
- 연도, 월: 2021년 1월, 2021년 2월, …의 형식으로 연도와 월까지 나타냅니다(그레고리안 달력).
- ISO 연도: ISO 연도의 날짜는 1월 1일에 가장 가까운 월요일부터 시작됩니다(ISO 달력).
- ISO 분기: ISO 분기의 처음 1분기부터 3분기는 13주로 설정되며 마지막 4분기는 연도의 시작에 따라 13주 또는 14주가 될 수 있습니다(ISO 달력).
- ISO 주: 일반 달력은 두 해에 걸치는 주가 없지만, ISO 주는 연말에 해당하는 주를 정확하게 7일로 계산해 두 해에 걸쳐 주가 설정될 수 있습니다(ISO 달력).
- 그레고리안 일반 달력(주 설정): 12월 31일이 지나면 다음해의 주를 시작합니다.
- ISO 달력(주설정): 1주를 모두 마친 후 다음해의 주를 시작합니다.

▲ 그레고리안 형식 예시

▲ ISO 형식 예시

히트맵 차트는 데이터 값에 따른 상대적인 차이를 색상으로 구분해 표현합니다. 다음 리테일 대시보드 (Retail Dashboard)는 판매 현황을 2가지 방식으로 나타내고 있습니다. 요일과 시간을 기준으로 구성된 히트맵 차트, 요일, 월별 달력 형식으로 구성된 히트맵 차트로 표현돼 있습니다. 다음 두 차트를 보면 일요일 8시와 둘째 주 주말에 가장 많은 매출이 발생하는 것을 알 수 있습니다.

이와 같이 히트맵 차트를 통해 실제적인 소비자의 구매 패턴을 날짜, 요일과 시간을 바탕으로 파악할 수 있습니다.

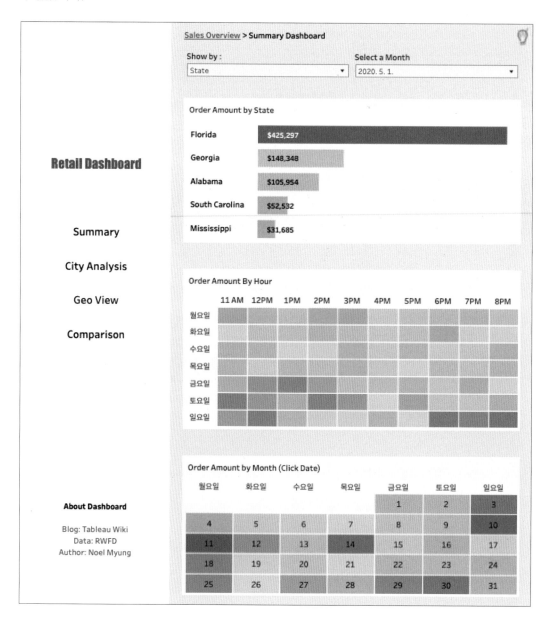

다음 예시는 각 나라별 넷플릭스의 연령별 콘텐츠를 나타낸 차트입니다. 스페인과 멕시코는 다른 나라에 비해 청소년 관람 불가 콘텐츠가 압도적으로 많은 것을 알 수 있습니다. 반면, 인도는 10대 청소년 콘텐츠가 전체 절반 이상을 차지하는 모습을 보여 주고 있습니다. 이처럼 히트맵 차트를 활용하면 온라인상의 데이터를 기반으로 소비자의 행동 패턴을 파악하거나 이해할 수 있습니다.

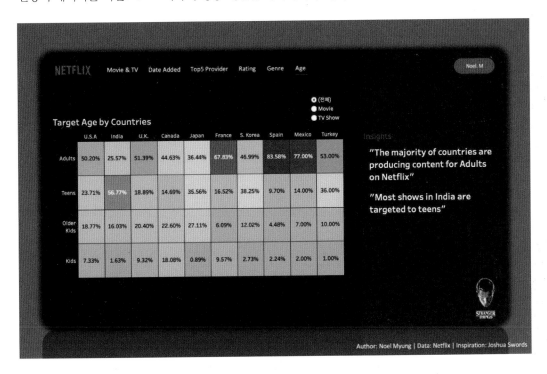

PART

03

INTERMEDIATE CHAPTER

3부에서는 기본편에서 다룬 차트를 기반으로 중급 수준의 차트인 도넛 차트, 피라미드 막대 차트 및 양방향 막대 차트, 테이블 차트, 전년 대비 비교 차트, 폭포 차트, 덤벨 차트, 맵 차트, 게이지 차트, 방사형 차트 등 총 9가지 차트에 대해 알아보겠습니다. 중급편에서 다룰 차트에는 태블로에서 기본적으로 제공하는 차트 형식도 있지만, 그렇지 않은 차트 형식도 있습니다. 이런 경우 여러 계산된 필드와 매개 변수를 직접 생성하면 태블로의 작동 원리를 더욱 깊이 알게 되고 다양한 방식으로 응용, 확장할 수 있는 방법도 알게 될 것입니다. 한 걸음 더 나아가 어떤 유형의 차트로 시각화해야만 메시지를 더욱 효과적으로 전달할 수 있는지에 대한 인사이트도 얻을 수 있습니다.

CHAPTER

도넛 차트

도넛 모양의 차트를 본 적이 있나요? 파이 차트를 응용한 도넛 차트(Donut Chart)는 각 비율과 비중을 시각화해 분석할 때 유용한 차트입니다.

Main Concept

도넛 차트는 파이 차트의 가운데에 구멍이 뚫린 도넛과 같은 모양의 차트를 말합니다. 서로 다른 2개의 파이 차트를 '이중 축' 기능을 활용해 만들 수 있으며, 도넛 차트는 파이 차트와 달리, 공백 부분에 추가 내용 또는 세부 정보를 함께 전달할 수 있다는 장점이 있습니다.

다만, 다음 도넛 차트의 사례에서 알 수 있듯이 비교하고자 하는 카테고리가 지나치게 많을 경우, 정보 전달력이 떨어질 수 있습니다. 따라서 5개 이하의 카테고리와 항목을 비교할 때 주로 많이 사용합니다.

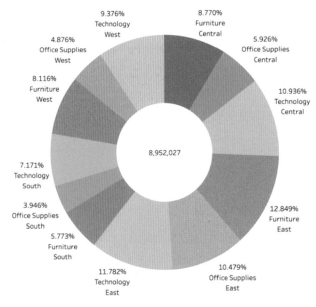

▲ 카테고리가 많아 정보 전달력이 떨어지는 도넛 차트

다음 도넛 차트는 각 지역별 매출 점유율을 시각화한 것으로, 도넛 차트를 적절히 활용한 예시입니다. 비교 항목이 2개라서 비중 차이가 명확히 드러나기 때문입니다. 이와 같이 도넛 차트는 각 제품군이나 카테고리의 비중, 성비 등 차트의 총합이 100%가 되는 각종 비율을 나타낼 때 유용합니다.

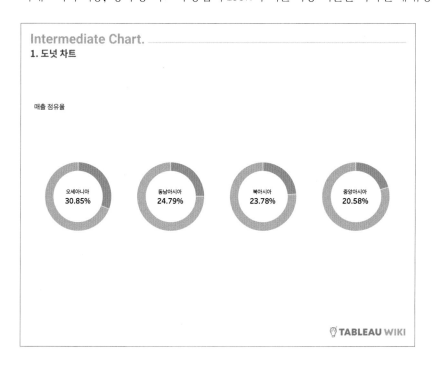

Data

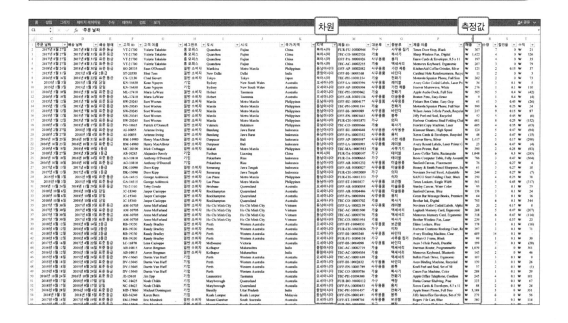

도넛 차트를 구성하기 위해서는 차원과 측정값이 각각 1개 이상씩 필요합니다. 각 지역별 매출 점유율을 표현하기 위해 먼저 [주문] 시트에서 차원값인 [지역] 필드를 열 선반으로 드래그합니다. 이후 측정값인 [매출] 필드를 [마크] 카드 위의 [각도], [측정값 이름] 필드를 [색상]으로 드래그하면 지역에 따른 매출 비율을 표현할 수 있습니다.

'슈퍼스토어 - 샘플(old)' 파일이 아닌 다른 데이터를 활용하더라도 1개 이상의 차원과 측정값 데이터가 존재한다면, 도넛 차트를 쉽게 구성할 수 있습니다.

도넛 차트 데이터 구성 예시

시각화 예시	차원(색상)	측정값(각도)
사업부별 매출 비중 도넛 차트	사업부	매출
성별에 따른 수익률 비중 도넛 차트	성별	수익률
가구 제품별 구매 비중 도넛 차트	가구 제품명	구매자 수
제품별 반품률 비중 도넛 차트	상위 5개 제품명	반품률
아시아 국가별 백신 접종률 도넛 차트	아시아 국가명	백신 접종률

Tutorial

01 각 지역별 매출 점유율을 표현하기 위해 사이드 바에 있는 [지역] 필드를 열 선반으로 드래그합니다.

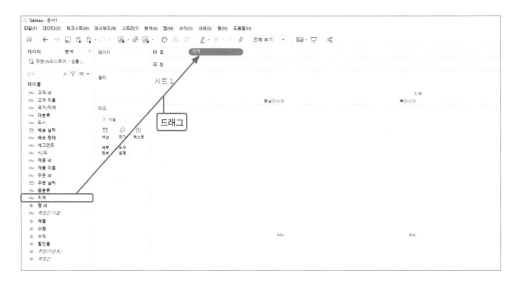

02 행 선반을 더블클릭해 임의의 값 '0'을 2번 입력합니다. '0'을 입력하는 이유는 2개의 차트를 구성하기 위한 것입니다.

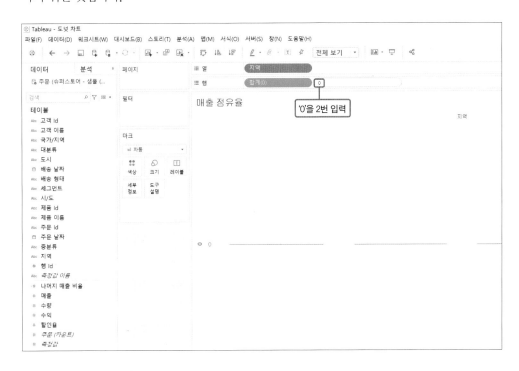

03 첫 번째 [합계(0)]의 [마크] 카드에서 마크 유형을 [자동]에서 [파이 차트]로 변경합니다.

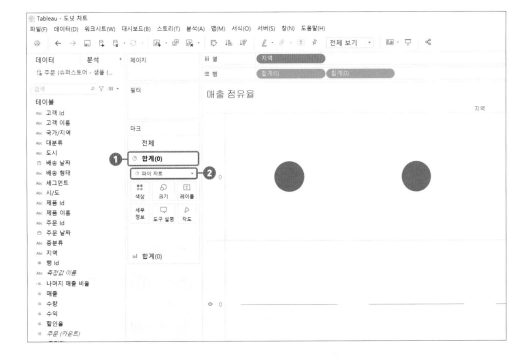

04 두 번째 [합계(0)]의 [마크] 카드에서 마크 유형을 [자동]에서 [원]으로 변경합니다.

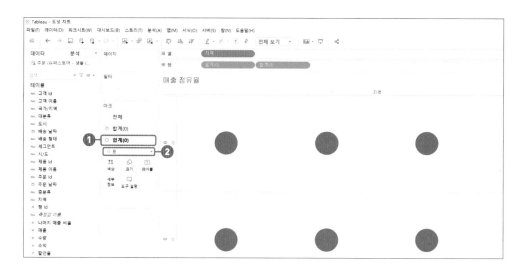

05 특정 지역 매출을 제외한 값의 비율을 측정하기 위해 다음과 같은 수식으로 계산된 필드를 새로 생성합니다.

$1 - (SUM(매출) / TOTAL(SUM(매출)))$

태블로 함수 번역기

TOTAL(Expression) 함수는 지정된 식의 총계를 반환합니다. SUM(매출)은 해당값의 합계를 반환하는 데 비해 TOTAL(SUM(매출))은 모든 총계를 반환합니다.

오른쪽 그림을 보면, 제품 대분류, 중분류별 SUM(매출), TOTAL(SUM(매출)) 값을 확인할 수 있습니다. [TOTAL(SUM(매출))] 필드는 '테이블(아래로)을 기준으로' 모든 합계를 반환하는 것으로, 각 분류별 매출이 모두 포함된 값을 반환합니다.
[나머지 매출 비율] 필드는 각 지역에서 매출이 차지하는 비율과 더불어 매출을 제외한 값의 비율을 표현하기 위해 생성합니다.

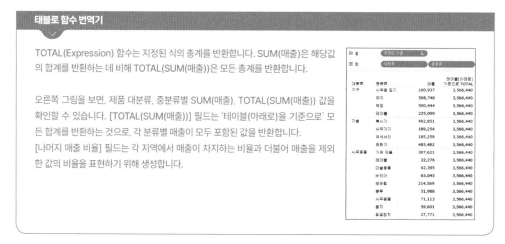

06 파이 차트로 표현한 합계(0)의 [마크] 카드에서 [측정값 이름] 필드를 [마크] 카드 위의 [색상], [측정값] 필드를 [각도]로 드래그합니다.

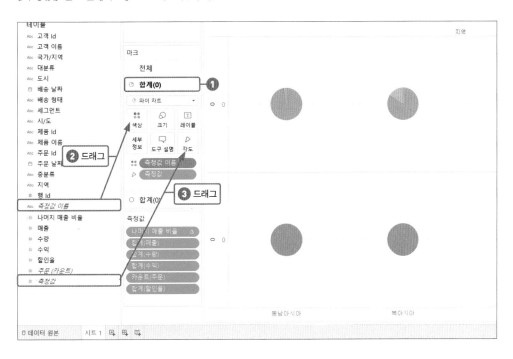

07 [측정값 이름] 필드를 필터 선반으로 드래그한 후 [필터] 대화상자에서 [나머지 매출 비율]과 [매출]을 선택합니다.

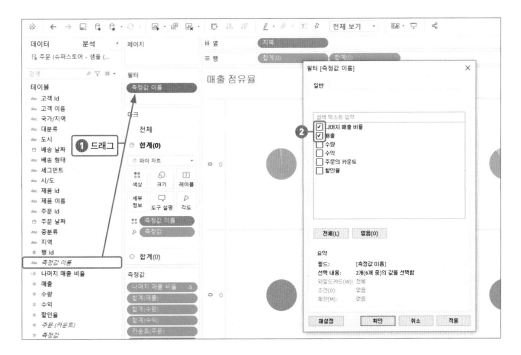

08 '측정값' 영역에 있는 [합계(매출)] 필드를 마우스 오른쪽 버튼으로 클릭한 후 [퀵 테이블 계산]을 클릭하고 [구성 비율]을 선택합니다.

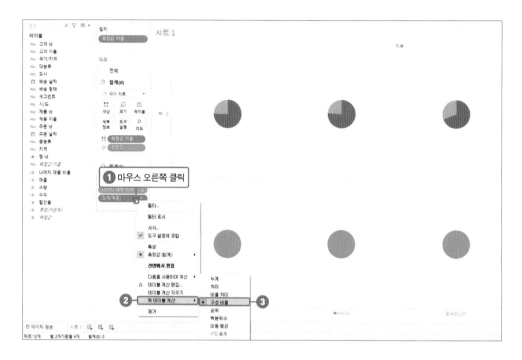

09 '파이 차트'로 표현된 합계(0)의 [마크] 카드에서 [마크] 카드 위의 색상 선반을 클릭해 [색상 편집...]을 클릭합니다. 다음 그림과 같이 '나머지 매출 비율'을 회색 계열로 변경합니다.

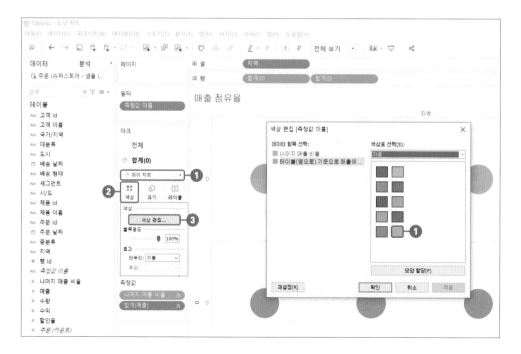

10 '원 차트'로 표현된 합계(0)의 [마크] 카드에서 Y축을 마우스 오른쪽 버튼으로 클릭한 후 [이중축]을 선택합니다.

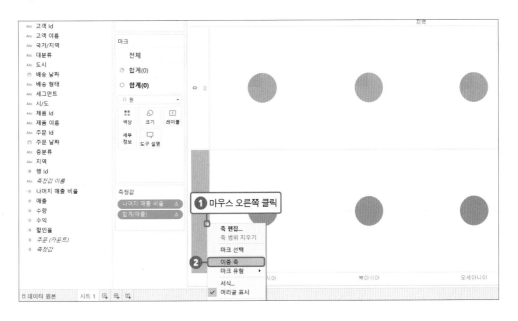

여기서 잠깐

이중 축과 관련된 내용은 94쪽을 참고하세요.

11 전체 [마크] 카드에서 [마크] 카드 위의 [크기]를 클릭한 후 크기를 조절하는 바를 오른쪽으로 드래그해 차트의 크기를 크게 합니다.

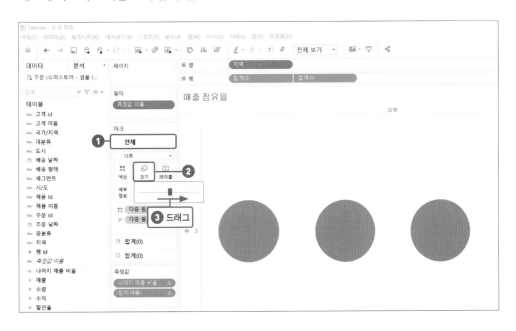

12 '원 차트'로 표현된 합계(0)의 [마크] 카드에서 [마크] 카드 위의 [크기]를 클릭한 후 크기를 조절
하는 바를 왼쪽으로 드래그해 차트의 크기를 줄입니다.

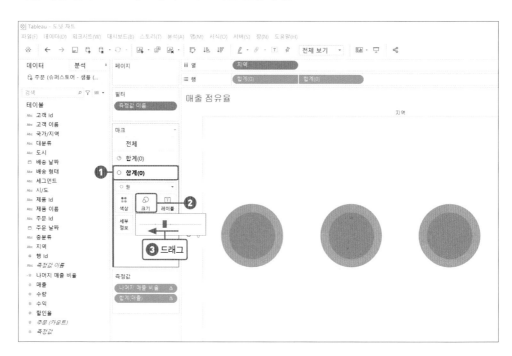

13 [마크] 카드 위의 [색상]을 클릭한 후 색상을 [흰색]으로 변경합니다. 다음 그림과 같이 파이 차트
에서 가운데 구멍이 뚫린 도넛 모양으로 변경된 것을 알 수 있습니다.

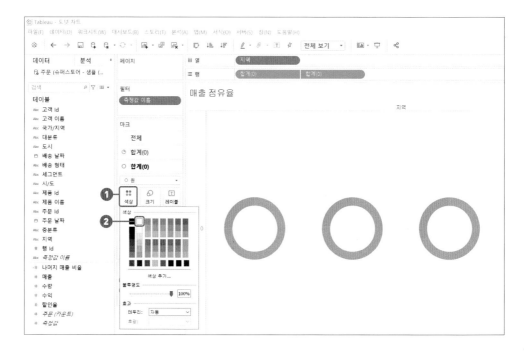

14 측정값 영역에 있는 [합계(매출)] 필드를 Ctrl을 누른 상태에서 마우스 왼쪽 버튼으로 드래그해 [마크] 카드 위의 [레이블]로 가져옵니다.

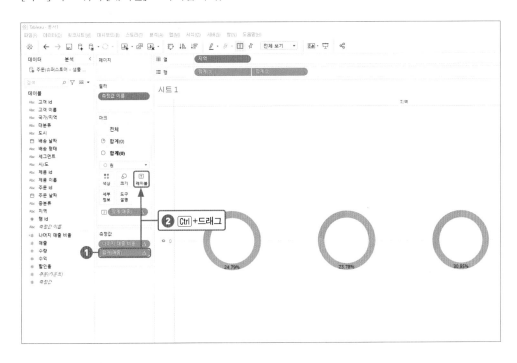

15 Ctrl을 누른 상태에서 열 선반 위에 있는 [지역] 필드를 [마크] 카드 위의 [레이블]로 드래그합니다.

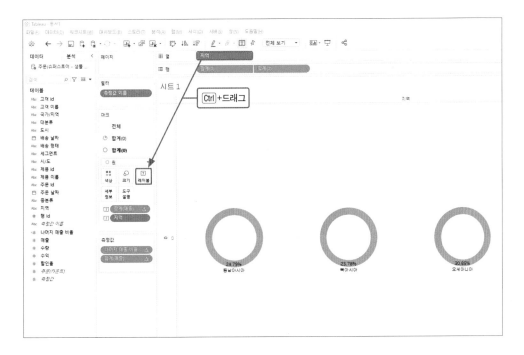

16 파이 차트로 표현된 합계(0) 마크에서 [마크] 카드 위의 [색상]을 클릭한 후 테두리를 [흰색]으로 변경합니다. 이에 따라 비율 사이의 경계를 좀 더 선명하게 표현할 수 있습니다.

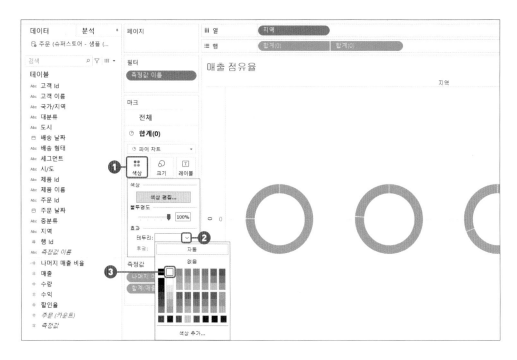

17 [마크] 카드 위의 [텍스트]에 있는 [합계(매출)] 필드를 마우스 오른쪽 버튼으로 클릭한 후 [서식...]을 클릭합니다.

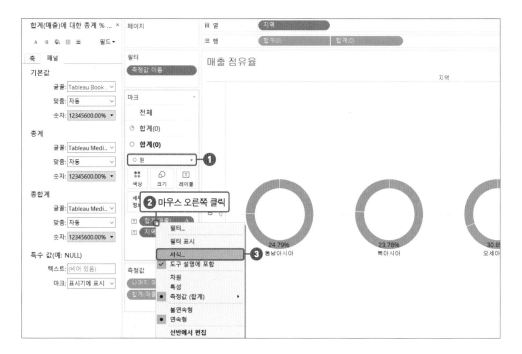

18 [패널] 탭의 기본값에서 숫자 형식을 [백분율] 형식으로 변경한 후 소수점 두 자릿수까지 표현합니다.

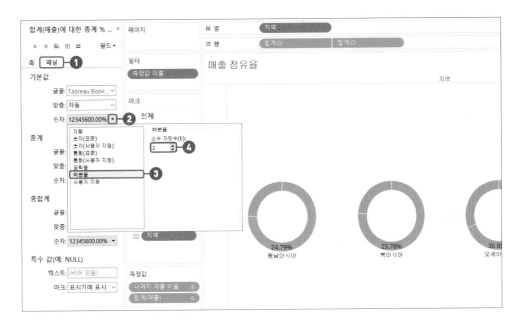

19 원 차트로 표현된 합계(0) 마크에서 [마크] 카드 위의 [레이블]을 클릭한 후 다음과 같이 맞춤을 설정합니다.

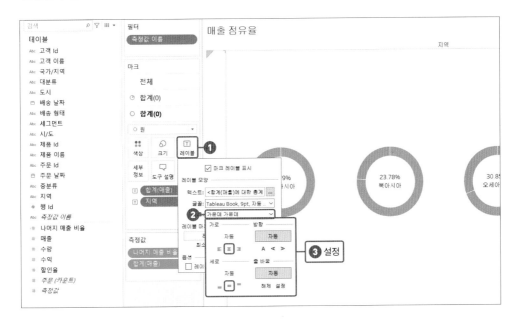

- 가로: 가운데 정렬
- 세로: 가운데 정렬

20 [마크] 카드 위의 [레이블]을 클릭한 후 텍스트의 오른쪽에 있는 ⋯을 클릭합니다. 그런 다음 [레이블 편집] 대화상자에서 [지역] 필드를 드래그하고 [합계(매출)에 대한 총계 %] 텍스트의 첫 줄에 오도록 위치를 변경합니다. 이어서 굵게(Bold) 처리한 후 글씨의 크기를 '12'로 변경합니다.

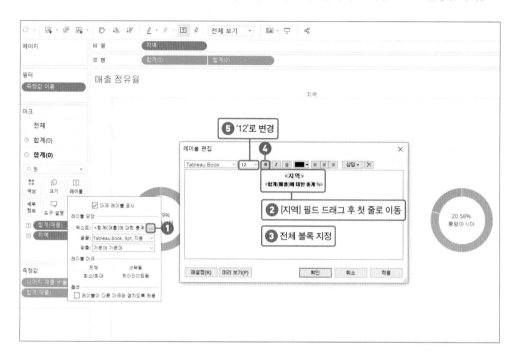

21 [분석] 메뉴에서 [테이블 레이아웃]을 클릭한 후 [고급]을 선택합니다.

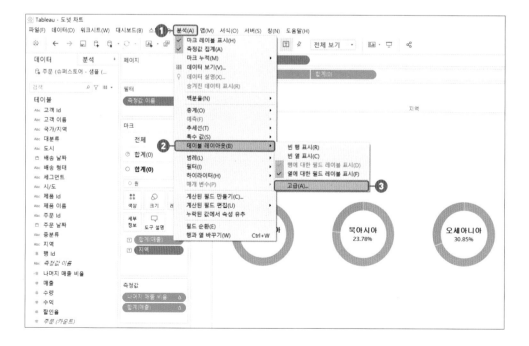

22 [테이블 옵션] 대화상자에서 [세로축이 있을 때 보기 하단에 가장 안쪽 수준 표시]를 선택 해제합니다. 이를 통해 지역 정보가 워크시트의 아래쪽이 아닌 위쪽에 위치하게 됩니다.

23 왼쪽에 있는 Y축을 마우스 오른쪽 버튼으로 클릭한 후 [머리글 표시]의 체크 표시를 해제합니다.

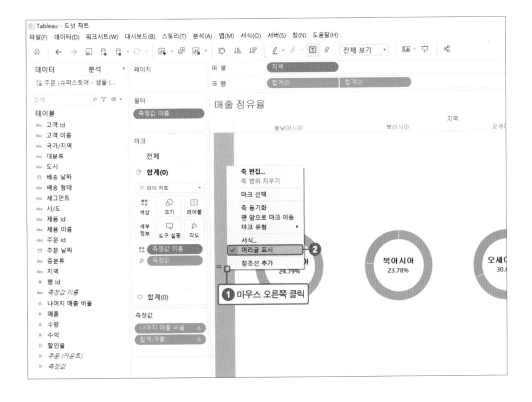

24 워크시트의 빈 공간을 마우스 오른쪽 버튼으로 클릭해 [서식…]을 선택합니다. 이후 [라인 서식]의 [시트]와 [행] 탭에서 [격자선]과 [영(0) 기준선]을 [없음]으로 변경합니다. [격자선]과 [영(0) 기준선]은 도넛 차트 시각화에 필요한 요소가 아니므로 점선 모양으로 희미하게 존재하던 선을 없앱니다.

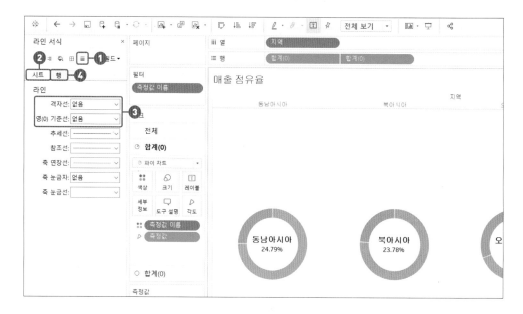

25 [테두리 서식]에 있는 [시트] 탭에서 [행 구분선]과 [열 구분선]의 [패널]과 [머리글]을 모두 [없음]으로 변경합니다.

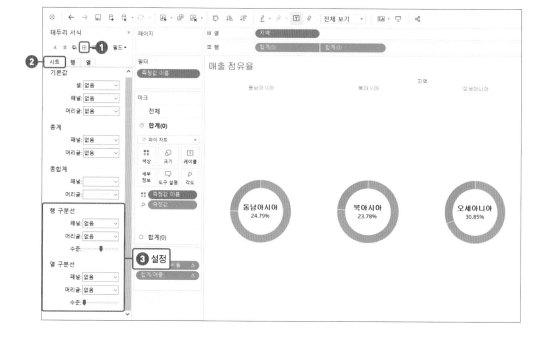

26 각 지역별 매출 점유율을 표현하는 도넛 차트가 완성됐습니다.

도넛 차트는 비율 차이 또는 비중을 파악하는 데 매우 유용합니다. 'PLASTIC WASTE' 대시보드에서는 봉지형 플라스틱 쓰레기와 딱딱한 플라스틱 쓰레기의 생산 비율을 도넛 차트를 통해 각 회사별로 확인할 수 있습니다. 2개의 비교군을 서로 다른 색상으로 구분해 비율과 차이를 쉽게 한눈에 파악할 수 있습니다. 또한 도넛 차트 안에 회사 이름과 비중을 표시해 차트가 지니고 있는 정보를 정확하게 파악할 수도 있습니다.

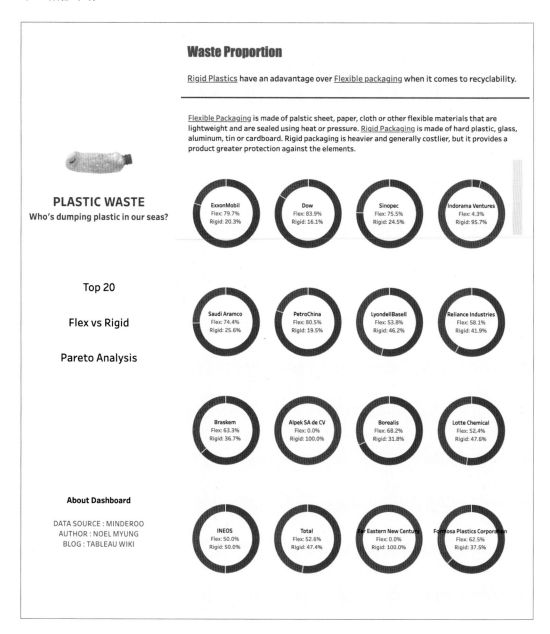

다음은 창고 운용 결과를 볼 수 있는 대시보드로, 창고 주요 지표 현황을 도넛 차트로 표현했습니다. 각 창고별 주문 건수 비율, 화물 수 비율, 총 무게 비율, 선적 지연 비율 등을 도넛 차트를 통해 파악한 후 이에 따른 리스크를 판단할 수 있습니다.

2

피라미드 막대 차트와
양방향 막대 차트

2가지 대상을 비교할 때 어떤 시각화가 가장 효과적일까요? 다양한 차트와 시각화 방식 중 피라미드 막대 차트 (Pyramid Bar Chart)와 양방향 막대 차트(Diverging Bar Chart)는 2가지 대상을 비교할 때 효과적으로 활용할 수 있는 차트 중 하나입니다.

 Main Concept

피라미드 막대 차트와 양방향 막대 차트는 '좌우 대칭형 차트'라고도 불리며, 세로 축을 공유하면서 가로 축은 서로 반대 방향으로 뻗어나가는 차트를 말합니다. 성별에 따른 차이와 같이 2가지 대상을 동일한 기준으로 비교 분석할 때 유용합니다.

이때 차원의 항목이 왼쪽에 위치하면 '피라미드 막대 차트', 중앙에 위치하면 '양방향 막대 차트'입니다. 시각적인 차이만 있을 뿐, 2가지 차트의 기능적인 차이는 없습니다. 이번 실습에서는 이 2가지 방법과 함께 태블로 대시보드 형식으로 구현하는 방법을 알아보겠습니다.

다음 예시는 동남아시아와 북아시아의 매출을 비교하는 '피라미드 막대 차트'와 '양방향 막대 차트'입니다. 두 지역의 전반적인 매출의 구성은 비슷하지만, 양방향 막대 차트의 크기를 통해 전화기 부분에서 동남아시아가 북아시아보다 매출이 높은 것을 알 수 있습니다.

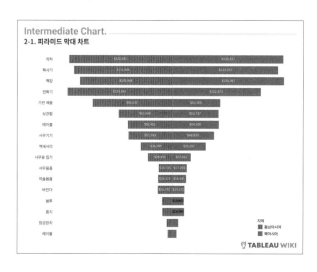

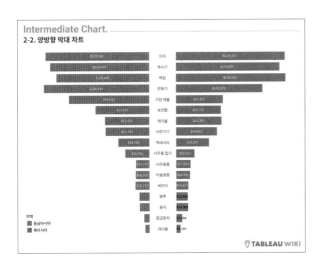

Intermediate Chart.
2-2. 양방향 막대 차트

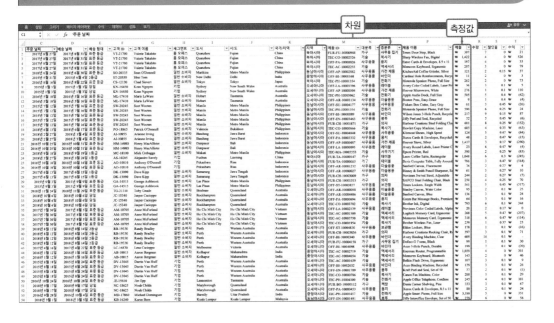

Data

피라미드 막대 차트와 양방향 막대 차트를 구성하기 위해서는 2개의 차원과 1개의 측정값이 반드시 필요합니다. [주문] 시트에는 제품 분류 중 하나인 [중분류] 필드, 지리적 역할 데이터인 [지역] 필드, 측정값 [매출] 필드가 포함돼 있습니다. 차원인 [중분류] 필드를 행 선반으로 드래그하고 [지역] 필드를 동남아시아와 북아시아로 필터링한 후 [지역] 필드를 [마크] 카드 위의 [색상]에 올려놓으면 지역별 제품 분류에 따른 매출을 구성할 수 있습니다.

'슈퍼스토어 – 샘플(old)' 파일이 아닌 다른 데이터를 활용하더라도 2개의 차원과 1개의 측정값이 포함돼 있으면 피라미드 막대 차트와 양방향 막대 차트를 쉽게 구성할 수 있습니다. 이때 1개의 차원은 성별과 같이 2가지 범주만 지니고 있는 데이터를 활용하며 왼쪽과 오른쪽 방향으로 뻗어 나가는 막대 차트를 만들 수 있습니다.

피라미드 막대 차트와 양방향 막대 차트 데이터 구성 예시

시각화 예시	차원(열)	차원(색상)	측정값(행)
연령과 성별에 따른 지출 금액 차트	연령	성별	지출 금액
국가별 성별에 따른 평균 수명 차트	국가명	성별	평균 수명
연도별 성별에 따른 출생아 수 차트	연도	성별	출생아 수
지역에 따른 설문 응답 수 차트	설문지 질문	지역(2개: 서울, 부산)	설문 응답 수
이동 수단에 따른 지역 사고 발생 차트	지역	이동 수단(2개: 자동차,오토바이)	사고 수

▶ Tutorial - 피라미드 막대 차트

01 사이드 바에서 [지역] 필드를 필터 선반으로 드래그하면 [필터[지역]] 대화상자가 표시됩니다. 이 대화상자에서 [동남아시아]와 [북아시아]를 선택하면 두 지역의 데이터만 필터링해 사용할 수 있습니다.

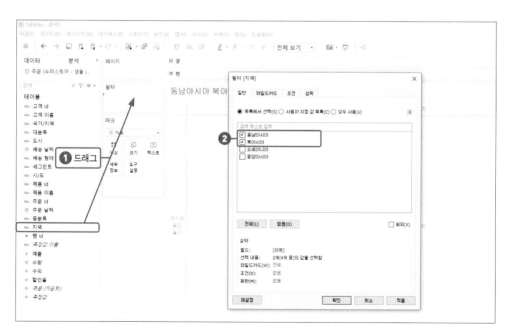

02 사이드 바의 빈 공간을 마우스 오른쪽 버튼으로 클릭한 후 [계산된 필드 만들기...]를 클릭해 다음과 같은 수식으로 [양방향_매출] 필드를 생성합니다.

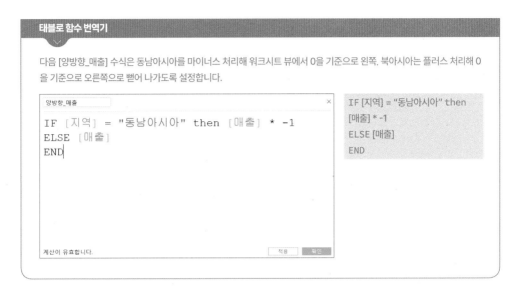

태블로 함수 번역기

다음 [양방향_매출] 수식은 동남아시아를 마이너스 처리해 워크시트 뷰에서 0을 기준으로 왼쪽, 북아시아는 플러스 처리해 0을 기준으로 오른쪽으로 뻗어 나가도록 설정합니다.

양방향_매출

```
IF [지역] = "동남아시아" then [매출] * -1
ELSE [매출]
END
```

IF [지역] = "동남아시아" then
[매출] * -1
ELSE [매출]
END

계산이 유효합니다.   적용   확인

03 앞에서 생성한 [양방향_매출] 필드를 열 선반, [중분류] 필드를 행 선반으로 드래그합니다. [중분류]에 따른 매출이 워크시트 뷰에 표현됩니다.

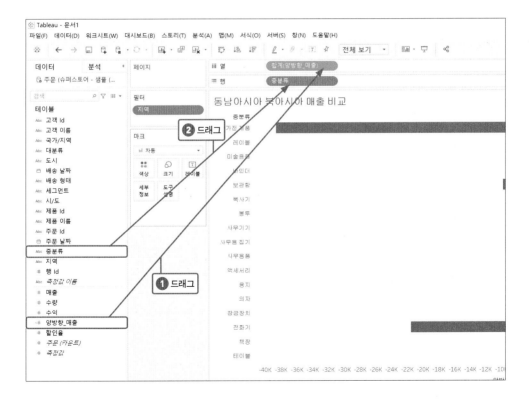

04 사이드 바에서 [지역] 필드를 [마크] 카드 위의 [색상]으로 드래그합니다. '동남아시아'와 '북아시아' 매출이 양쪽으로 뻗어 나가는 모습을 각각 다른 색상으로 확인할 수 있습니다.

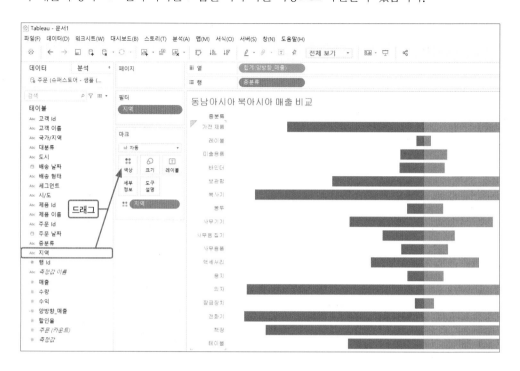

05 행 선반에 있는 [중분류]의 추가 메뉴[▼]를 클릭한 후 [정렬...]을 선택합니다.

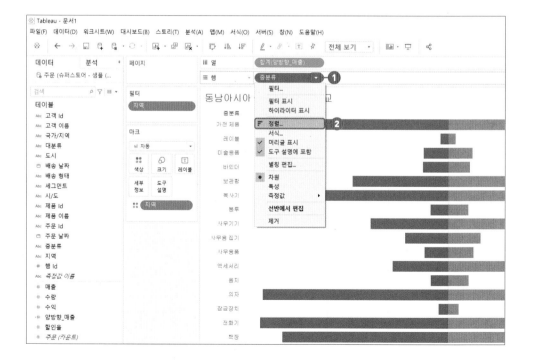

06 [중분류] 필드에 대한 [정렬] 대화상자가 표시됐을 때 '필드' 정렬 기준으로 정렬 순서는 [내림차순], 필드명은 [매출], 집계 방식은 [합계]를 선택하면 피라미드 모양처럼 매출 합계 기준으로 내림차순 정렬됩니다.

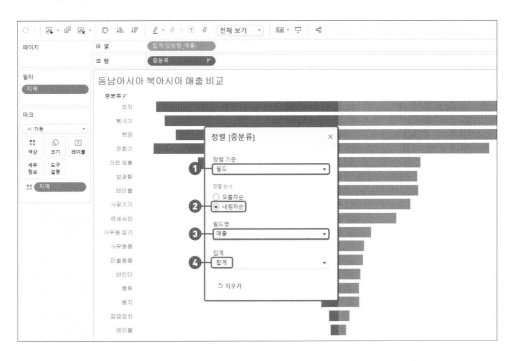

07 X축을 마우스 오른쪽 버튼으로 클릭한 후 [축 편집...]을 선택합니다.

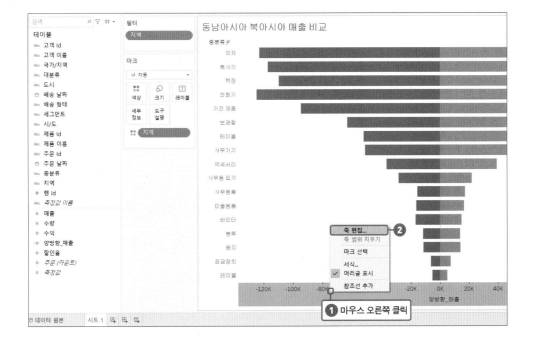

08 [축 편집] 대화상자가 표시되면 범위에서 [고정]을 클릭한 후 [고정된 시작]은 −140,000, [고정된 끝]은 140,000으로 변경합니다. 이는 매출의 최댓값보다 더 큰 값을 고정된 크기로 지정해 양쪽의 바가 동일한 기준으로 크기를 비교할 수 있도록 하기 위해서입니다.

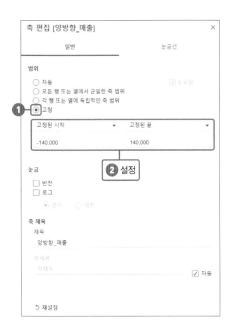

09 X축을 마우스 오른쪽 버튼으로 클릭한 후 [머리글 표시]의 체크 표시를 해제합니다. 그 이유는 X 축 정보를 보여 줄 필요도 없고 차트를 만들기 위해 생성된 마이너스 숫자 정보가 노출될 필요도 없기 때문입니다.

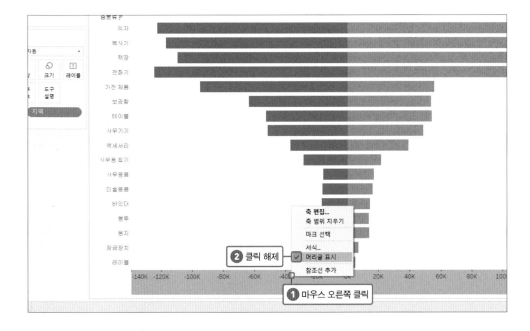

10 사이드 바에서 [매출] 필드를 [마크] 카드 위의 [레이블]로 드래그합니다. 그런 다음 [합계(매출)] 필드의 추가 메뉴[▼]를 클릭하고 [서식...]을 선택합니다.

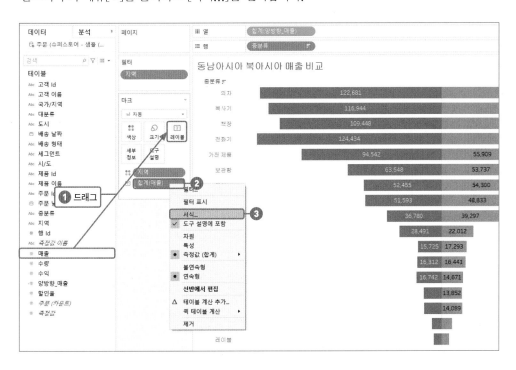

11 [패널] 탭에 있는 숫자 형식의 [통화(사용자 지정)]를 클릭해 '달러' 형식으로 변경합니다.

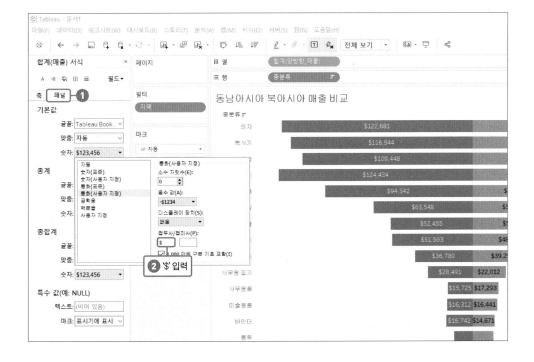

12 피라미드 막대 차트가 완성됐습니다.

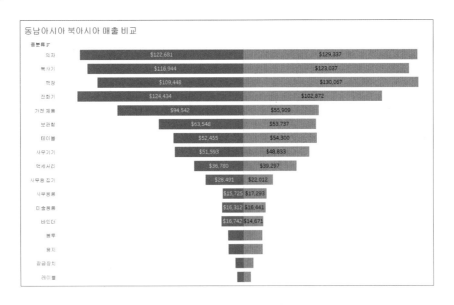

Tutorial - 양방향 막대 차트

양방향 막대 차트는 앞에서 완성한 피라미드 막대 차트의 완성본을 기준으로 만들겠습니다.

01 [피라미드 막대 차트] 워크시트 버튼을 마우스 오른쪽 버튼으로 클릭한 후 [복제]를 총 두 번 클릭해 2개의 복제된 피라미드 막대 차트 워크시트를 만듭니다.

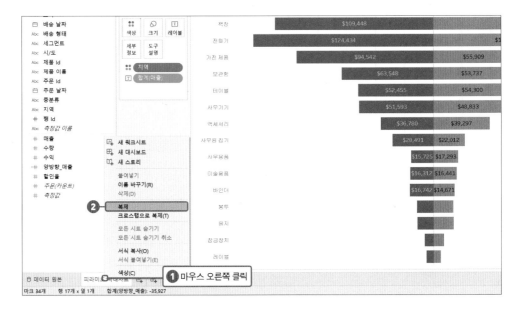

워크시트를 마우스 오른쪽 버튼으로 클릭한 후 [복제]를 클릭하면 해당 워크시트와 동일한 워크시트를 복제해 추가할 수 있습니다.

02 2개의 복제된 워크시트의 이름을 각각 '동남아시아'와 '북아시아'로 변경합니다.

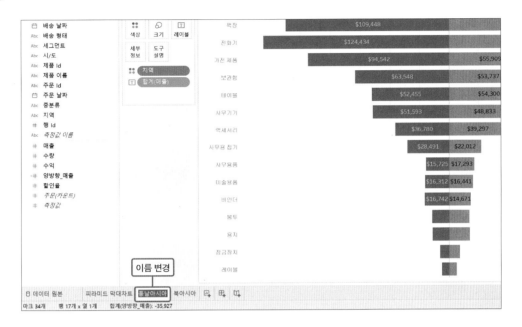

03 열 선반에 있는 [합계(양방향_매출)]의 추가 메뉴[▼]를 클릭한 후 [머리글 표시]를 클릭해 X축이 표현되도록 설정합니다.

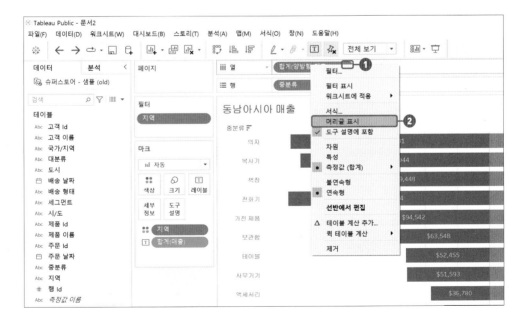

04 X축을 마우스 오른쪽 버튼으로 클릭한 후 [축 편집...]을 클릭합니다.

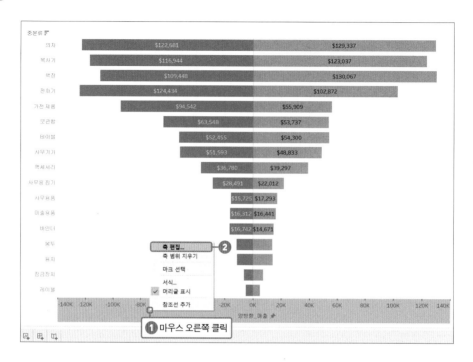

05 [축 편집] 대화상자가 표시됐을 때 범위에서 [고정]을 클릭한 후 [고정된 시작]은 −140,000, [고정된 끝]은 0으로 변경하면 '동남아시아'를 기준으로 왼쪽으로 뻗어 나가는 듯한 막대 차트가 생성됩니다.

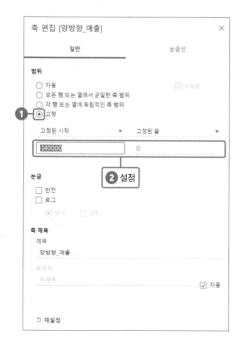

06 X축을 마우스 오른쪽 버튼으로 클릭한 후 [머리글 표시]의 체크 표시를 해제합니다. 막대 레이블에 정보를 표시했으므로 축의 범위를 보여 줄 필요가 없기 때문입니다.

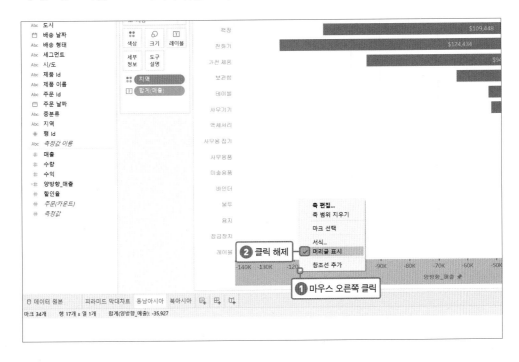

07 Y축을 마우스 오른쪽 버튼으로 클릭한 후 [머리글 표시]의 체크 표시를 해제합니다. 양방향 막대 차트를 생성하기 위해 [북아시아] 워크시트에서 중분류 머리글을 표시할 예정이기 때문입니다.

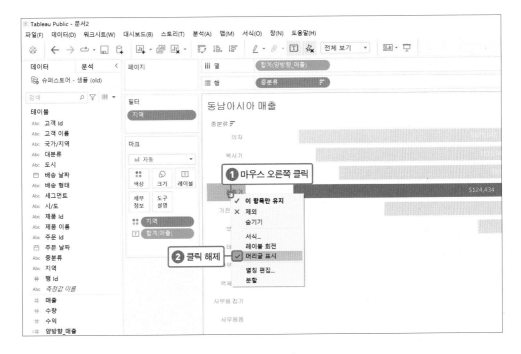

08 양방향 막대 차트의 왼쪽 부분인 동남아시아 막대 차트가 완성됐습니다.

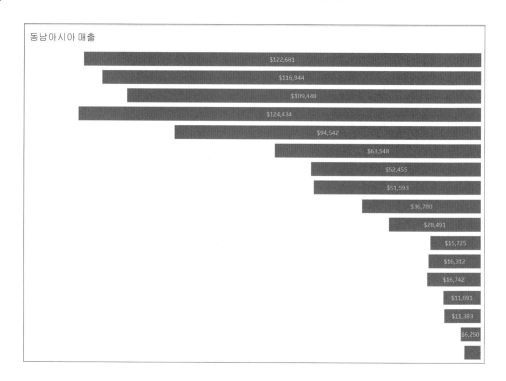

09 워크시트의 아래쪽에 있는 [북아시아] 워크시트를 클릭해 [북아시아] 시트로 이동하겠습니다. 열 선반에 있는 [합계(양방향_매출)] 필드의 추가 메뉴[▼]를 클릭한 후 [머리글 표시]를 클릭해 X축 의 정보를 나타냅니다.

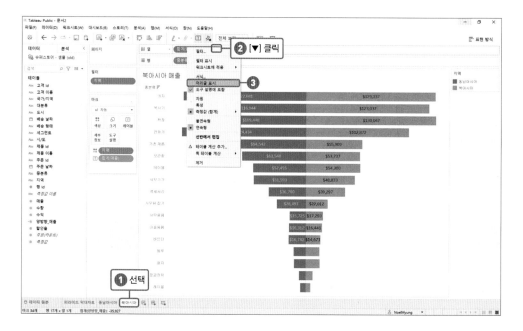

10 X축을 마우스 오른쪽 버튼으로 클릭한 후 [축 편집...]을 선택합니다.

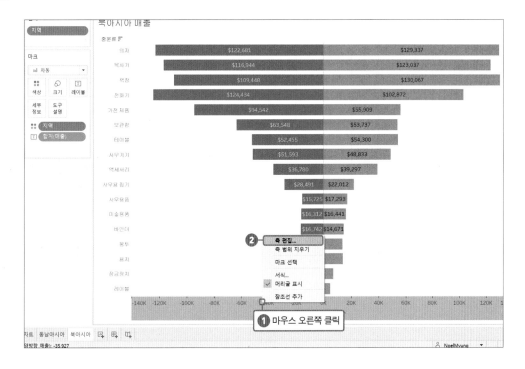

11 [축 편집] 대화상자의 범위에서 [고정]을 클릭한 후 [고정된 시작]은 0, [고정된 끝]은 140,000으로 변경하면 '북아시아'를 기준으로 오른쪽으로 뻗어 나가는 듯한 막대 차트가 생성됩니다.

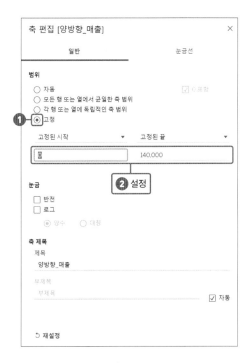

12 X축을 마우스 오른쪽 버튼으로 클릭한 후 [머리글 표시]의 체크 표시를 해제합니다. 레이블에 정보를 표시했으므로 축의 범위를 보여 주지 않아도 되기 때문입니다.

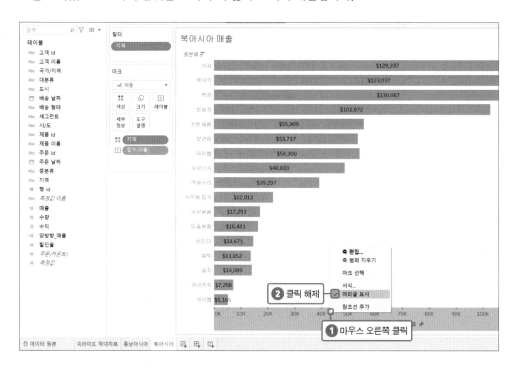

13 Y축을 마우스 오른쪽 버튼으로 클릭한 후 [서식...]을 선택합니다.

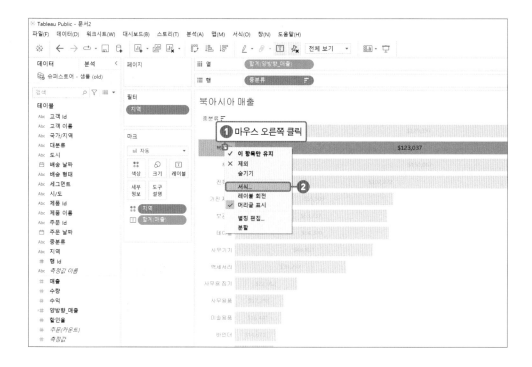

14 중분류 서식 [머리글] 탭의 [기본값] 항목에서 [맞춤] 가로 정렬을 [가운데 정렬]로 변경하면 Y축 중분류의 정보가 가운데 정렬로 변경돼 표현됩니다.

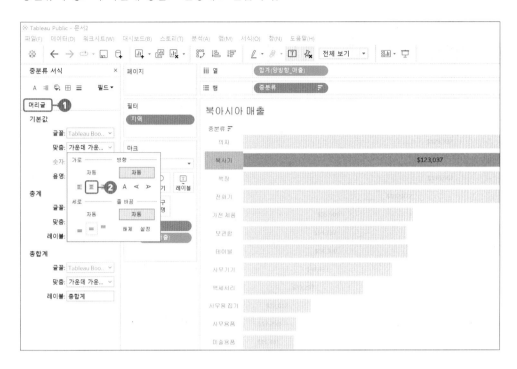

15 양방향 막대 차트의 오른쪽 부분인 북아시아 막대 차트가 완성됐습니다.

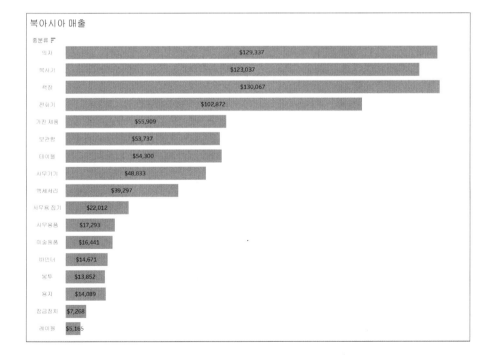

16 오른쪽 아래에 있는 대시보드 버튼🖽을 클릭해 [새 대시보드]를 생성합니다. [동남아시아]와 [북아시아] 워크시트가 대칭으로 표현될 수 있도록 대시보드 내에서 양방향 막대 차트를 완성해 보겠습니다.

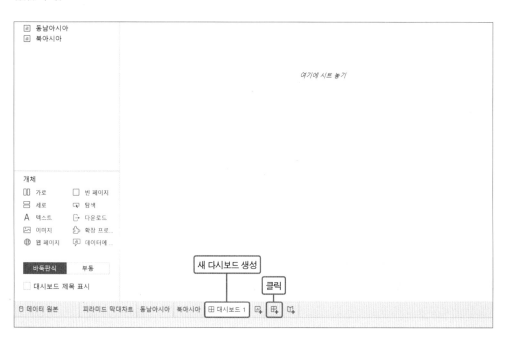

17 사이드 바에 있는 [크기] 영역의 추가 메뉴[▼]를 클릭해 [고정된 크기]와 [사용자 지정]을 선택한 후 [너비]는 '800px', [높이]는 '700px'로 변경합니다.

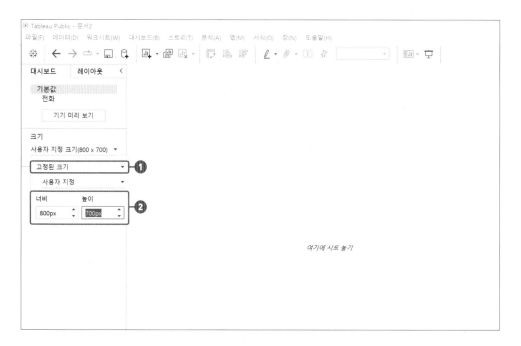

18 왼쪽 하단 대시보드 [개체]에서 마우스 왼쪽 버튼으로 [가로]를 클릭한 상태에서 [여기에 시트 놓기]로 드래그 앤 드롭합니다.

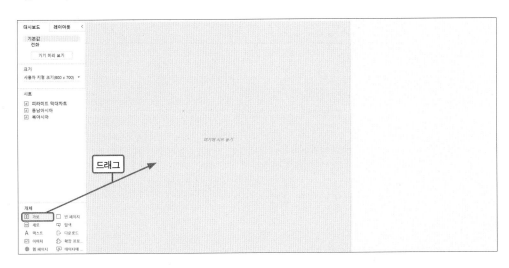

전문가의 조언   대시보드 개체(컨테이너)

개체 속성에 있는 가로와 세로 개체는 워크시트를 담을 수 있는 '컨테이너'입니다. 워크시트를 대시보드로 드래그하지 않고 컨테이너를 활용해 구성하면, 가로와 세로 비율이 다른 해상도 화면에서도 차트가 변형되지 않고 대시보드를 보여 줄 수 있습니다. 또한 컨테이너를 통해 뷰 안에서의 워크시트 너비 또는 높이를 조정할 수 있고 '항목 균등 분할' 기능을 활용해 워크시트의 크기를 대시보드 안에서 균등하게 만들 수도 있습니다.

19 왼쪽 [대시보드] 탭에 있는 [동남아시아] 워크시트를 왼쪽, [북아시아] 워크시트를 오른쪽으로 드래그합니다.

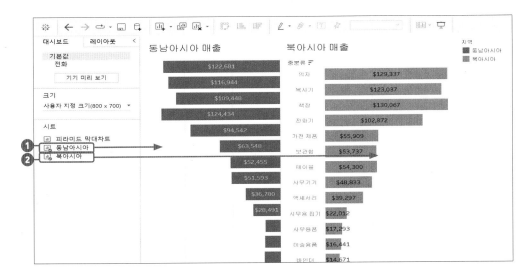

20 [북아시아] 워크시트의 위쪽에 있는 '중분류' 부분을 마우스 오른쪽 버튼으로 클릭한 후 [행에 대한 레이블 숨기기]를 클릭해 중분류 문구를 제거합니다.

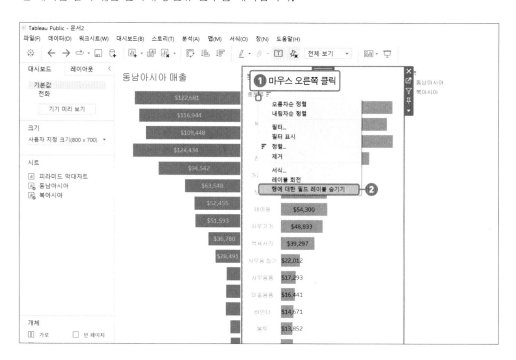

21 [동남아시아]와 [북아시아] 워크시트의 위쪽에 있는 제목 부분을 마우스 오른쪽 버튼으로 클릭한 후 [제목 숨기기]를 클릭해 제목을 제거합니다.

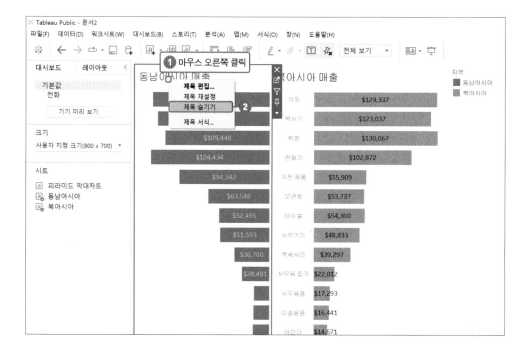

22 [북아시아] 워크시트를 클릭한 후 왼쪽 사이드 바의 위쪽에 있는 [레이아웃] 탭을 클릭합니다. 이후 [바깥쪽 여백]에서 위쪽, 다음쪽, 왼쪽, 오른쪽 모두 0으로 변경합니다. 이와 동일한 방법으로 [동남아시아] 시트의 바깥쪽 여백을 모두 0으로 변경하면 두 워크시트가 서로 맞닿은 듯한 방식으로 시각화할 수 있습니다.

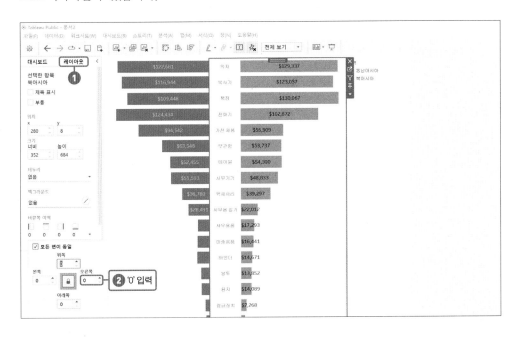

23 대시보드의 오른쪽에 있는 [색상 범례]의 추가 메뉴[▼]를 클릭한 후 [부동]을 클릭해 색상 범례를 차트 아래로 드래그해 이동합니다.

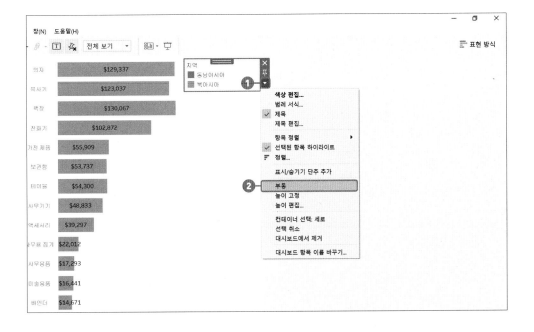

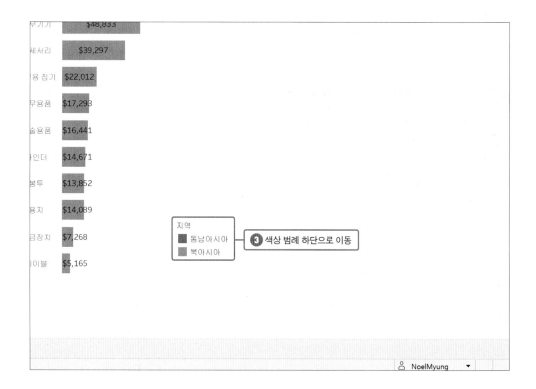

24 대시보드 제목을 설정하기 위해 대시보드 개체에서 [텍스트]를 클릭한 후 대시보드의 위쪽으로 드래그합니다.

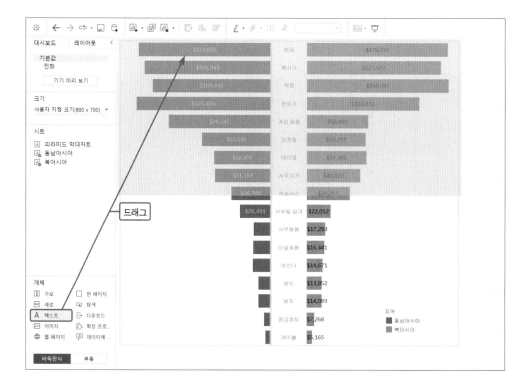

25 [텍스트 편집] 대화상자에서 제목을 '동남아시아 북아시아 양방향 막대 차트'로 변경합니다.

26 양방향 막대 차트가 완성됐습니다.

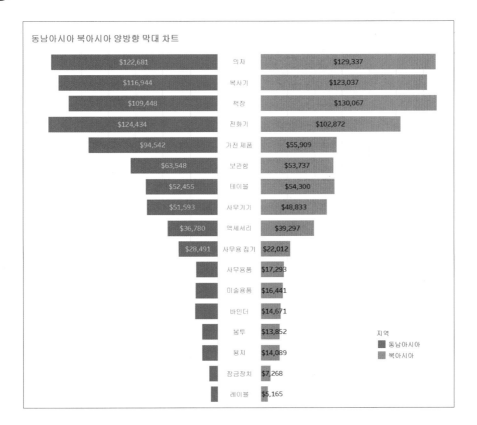

양방향 막대 차트를 활용하면, 동일한 기준을 지닌 2가지 비교 대상의 차이를 한눈에 파악할 수 있습니다. 이때 색상을 활용하면 차트의 가시성을 더욱 높일 수 있습니다.

다음 그림은 연도에 따른 출생아 수를 비교해 보여 주는 대시보드입니다. 양방향 막대 차트를 통해 연도에 따른 남아 여아 출생아 수 변화의 흐름을 시각적으로 확인할 수 있습니다.

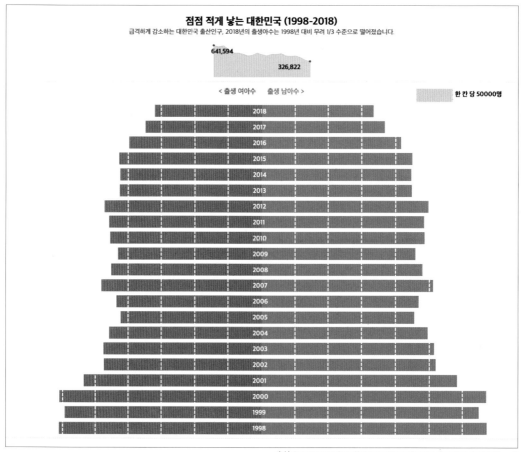

출처: Soyoung park(http://tableauwiki.com/create-diverging-chart-tableau/)

다음 그림은 영국 남녀 설문 통계를 기반으로 양방향 막대 차트를 활용한 대시보드의 또 다른 사례입니다. 각 설문 항목에 따라 발렌타인 데이(Valentine's Day)에 대한 남녀의 인식 차이를 양방향 막대 차트를 통해 알 수 있습니다.

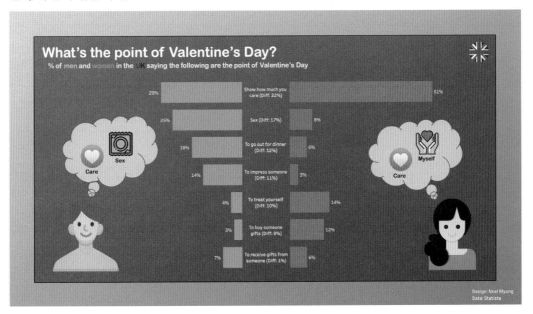

3

테이블 차트

테이블 모양의 데이터를 좀 더 보기 좋게 시각화하는 방법은 무엇일까요? 테이블 차트(Table Chart)는 테이블 안에 차트를 넣어 기존의 테이블 형식보다 가시성을 높여 주는 차트입니다.

 Main Concept

테이블 차트는 여러 수치 정보를 테이블 형식으로 넣을 수 있습니다. 엑셀 파일에서 행과 열로 구성된 테이블의 뷰와 비슷한 부분이 있지만, 테이블 형식 안에 차트와 수치를 동시에 확인할 수 있다는 장점이 있습니다.

다음 예시에서 '매출'은 막대 차트, '판매 수량'과 '수익률'은 텍스트 형식으로 표현했습니다. 테이블 차트에서는 막대 차트뿐 아니라 덤벨 차트, 파이 차트, 모양 등을 활용해 더욱 가시성이 높은 테이블 차트를 구성할 수 있습니다.

Intermediate Chart.
3. 테이블 차트

Total	대분류	종분류	동남아시아 매출	판매수량	수익률	북아시아 매출	판매수량	수익률	오세아니아 매출	판매수량	수익률	중앙아시아 매출	판매수량	수익률
Total	가구	사무용 집기	$28,491	195건	+5.09%	$22,012	128건	+24.92%	$28,517	186건	+13.54%	$21,917	135건	+24.29%
		의자	$122,681	270건	+2.63%	$129,337	209건	+20.50%	$170,284	312건	+8.83%	$86,437	173건	+19.00%
		책장	$109,448	162건	+6.12%	$130,067	143건	+19.73%	$144,836	191건	+9.24%	$116,093	122건	+18.51%
		테이블	$52,455	59건	-35.49%	$54,300	42건	-10.07%	$66,831	53건	-0.34%	$51,512	35건	+8.13%
	기술	복사기	$116,944	183건	+9.71%	$123,037	139건	+24.46%	$163,208	215건	+13.23%	$89,663	112건	+19.25%
		사무기기	$51,593	106건	+9.27%	$48,833	84건	+21.11%	$51,918	104건	+7.62%	$36,909	59건	+19.19%
		액세서리	$36,780	186건	-23.50%	$39,297	133건	+22.38%	$66,543	250건	+11.58%	$42,638	124건	+18.25%
		전화기	$124,434	194건	+10.81%	$102,072	128건	+22.63%	$126,334	215건	+17.00%	$129,843	149건	+17.47%
	사무용품	가전 제품	$94,542	108건	+11.17%	$55,909	68건	+23.00%	$101,550	107건	+12.25%	$55,619	55건	+11.27%
		레이블	$5,088	203건	-17.11%	$5,165	151건	+25.16%	$7,552	235건	+15.33%	$4,471	124건	+19.65%
		미술용품	$16,312	200건	-7.28%	$16,441	145건	+24.95%	$19,425	213건	+11.61%	$10,217	104건	+20.47%
		바인더	$16,742	269건	+14.31%	$14,671	201건	+19.81%	$19,823	303건	+13.76%	$11,807	185건	+21.81%
		보관함	$61,548	251건	+3.81%	$53,737	185건	+15.78%	$65,161	241건	+11.83%	$32,124	134건	+18.22%
		봉투	$11,691	182건	-14.04%	$13,852	136건	+24.70%	$15,658	192건	+8.06%	$10,786	110건	+20.03%
		사무용품	$15,725	203건	-25.65%	$17,293	156건	+19.34%	$24,088	226건	+9.49%	$14,007	120건	+18.19%
		용지	$11,383	169건	-16.33%	$14,089	147건	+21.48%	$19,608	229건	+13.73%	$14,521	128건	+20.26%
		잠금장치	$6,250	187건	-25.64%	$7,268	141건	+20.30%	$8,849	215건	+8.75%	$5,404	114건	+17.93%

TABLEAU WIKI

Data

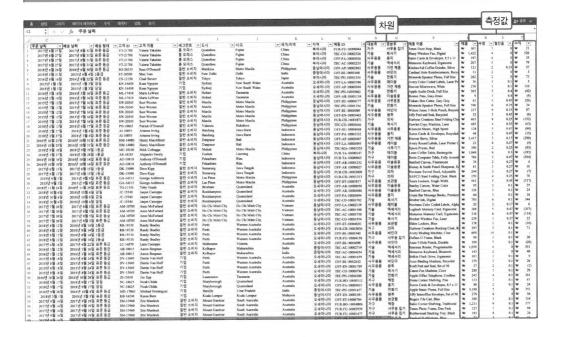

테이블 차트를 구성하기 위해서는 2개 이상의 차원과 측정값이 반드시 필요합니다. [주문] 시트에는 제품 분류인 [대분류]와 [중분류] 필드, 지리적 역할 데이터인 [지역] 필드 그리고 [매출], [수익률], [주문 건수]의 측정값 데이터가 포함돼 있습니다. 차원 데이터인 [대분류]와 [중분류] 필드를 행 선반, [지역]을 열 선반으로 드래그해 테이블 차트의 틀을 만듭니다. 그런 다음 [수익률], [주문 건수], [매출] 측정값 필드를 [마크] 카드 위의 [텍스트]로 드래그하면 기본적인 테이블 차트를 구성할 수 있습니다.

'슈퍼스토어 – 샘플(old)' 파일이 아닌 다른 데이터를 활용하더라도 2개 이상의 차원과 2개 이상의 측정 값이 포함돼 있으면 테이블 차트를 쉽게 구성할 수 있습니다.

테이블 차트 데이터 구성 예시

시각화 예시	차원(테이블 집계 기준)	측정값
리테일 업체 테이블 차트	지역, 대분류, 중분류	매출, 수익률, 판매 건수
제조업 회사 테이블 차트	국가, 공장명, 라인명	생산량, 불량률, 가동률
카드사 테이블 차트	지역, 부점, 팀명	대출 금액, 대출 건수, 평균 금리
콜센터 테이블 차트	콜센터명, 담당 고객사명	민원 수, 평균 응대 시간, 총 응대 시간
마케팅 테이블 차트	캠페인, 측정값의 이름	노출 수, 클릭 수, 전환율

실습에 앞서 차트 구성에 필요한 필드를 '계산된 필드 만들기'를 이용해 만들어 보겠습니다.

01 수익률: 수익의 전체 합계와 매출의 전체 합계를 나눠 매출 대비 수익률을 계산합니다.

02 Total: 행 데이터에 Total을 넣어 모든 데이터를 집계할 때 사용할 필드입니다.

03 제품 계층: 이번 예시에서 사용하는 제품의 계층은 Total – 대분류–중분류의 3단계입니다. 태블로에서 계층을 지정하면, 계층에 따라 집계의 드릴 다운(Drill Down)을 쉽게 수행할 수 있습니다. 다음과 같이 제품 계층을 [Total]을 이용해 생성한 후 [중분류]와 [대분류] 필드를 제품 계층으로 드래그합니다.

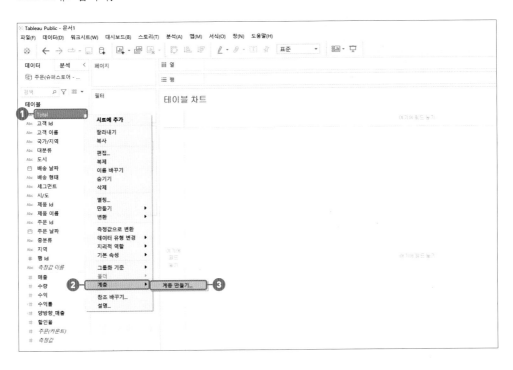

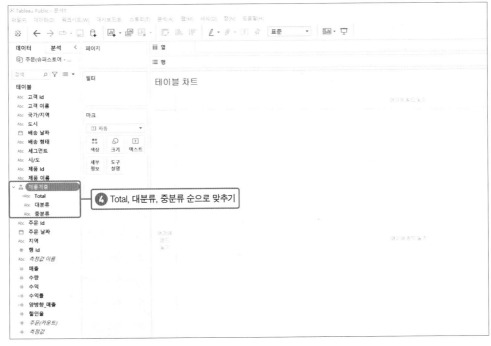

04 테이블 차트의 가시성을 높이기 위해 툴 바의 화면 보기를 [너비 맞추기]로 변경합니다.

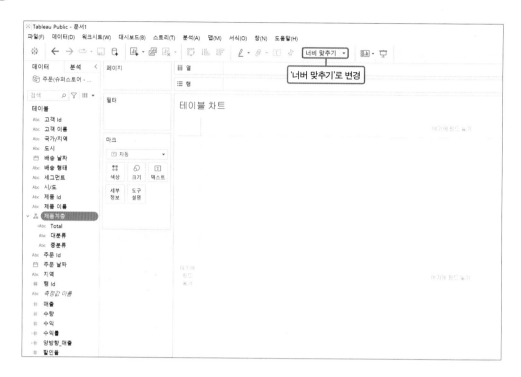

05 사이드 바에서 [지역] 필드를 열 선반으로 드래그합니다.

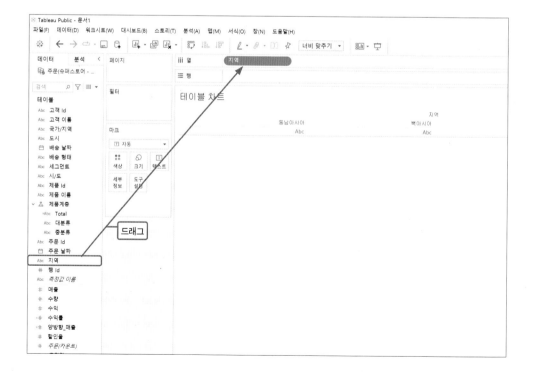

06 열 선반의 빈 공간을 더블클릭해 다음 그림과 같이 '0'을 두 번 입력합니다.

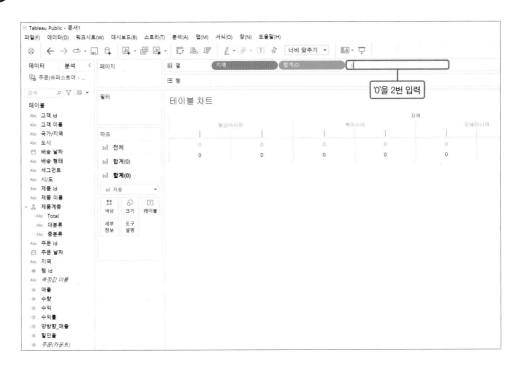

07 [합계(0)]를 마우스 오른쪽 버튼으로 클릭한 후 [이중 축]을 선택합니다. '0'을 두 번 입력해 이중 축을 만드는 이유는 막대 차트와 수치를 동시에 표현하기 위해서입니다.

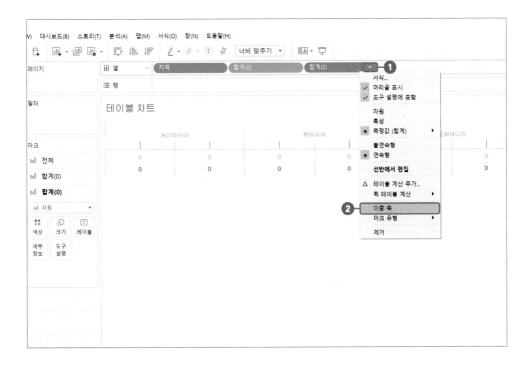

08 사이드 바에서 [측정값 이름] 필드를 열 선반으로 드래그합니다.

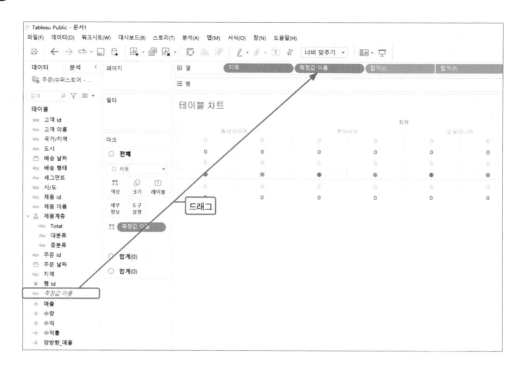

09 앞에서 생성한 [제품 계층] 필드를 행 선반으로 드래그합니다. 그런 다음 제품 계층으로 설정된 Total의 왼쪽에 있는 '+'를 클릭해 대분류, 중분류까지 제품 분류가 보이도록 설정합니다.

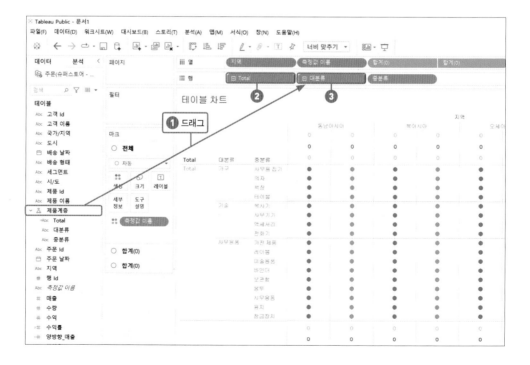

10 [마크] 카드에서 첫 번째 [합계(0)]를 클릭한 후 마크 유형을 [간트 차트]로 변경합니다. 현재는 [마크] 카드 위의 [크기]에 추가된 필드가 없으므로 막대가 일자 형식으로 보입니다.

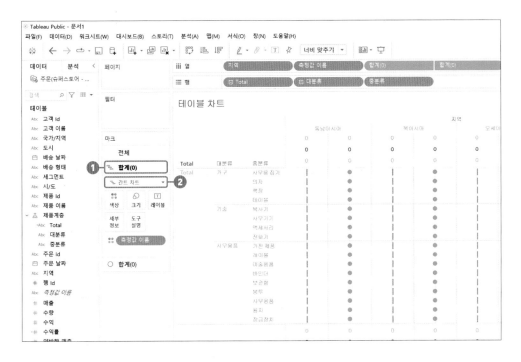

11 간트 차트로 표현된 [합계(0)] 마크에서 [매출] 필드를 [마크] 카드 위의 [크기]로 드래그합니다. 매출에 따라 막대의 크기가 변경되는 것을 알 수 있습니다.

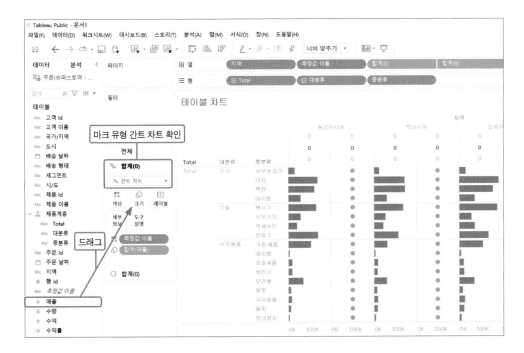

12 간트 차트로 표현된 [합계(0)] 마크에서 [매출] 필드를 [마크] 카드 위의 [레이블]로 드래그하면
각 중분류에 따른 매출이 레이블 형식으로 막대 위에 표시됩니다.

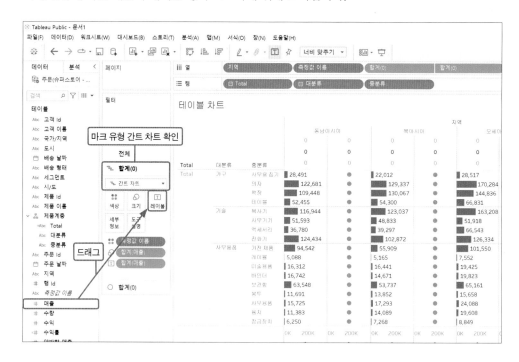

13 간트 차트로 표현된 [합계(0)] 마크에서 [마크] 카드 위의 [색상]에 있는 [측정값 이름] 필드를 [색
상]에서 제거합니다. 막대가 회색으로 변경된 것을 알 수 있습니다.

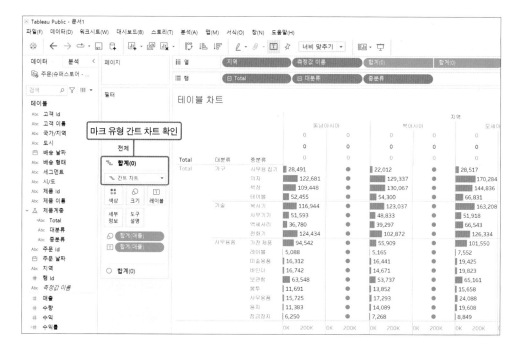

14 두 번째에 있는 [합계(0)]의 [마크] 카드에서 마크 유형을 [텍스트]로 변경합니다.

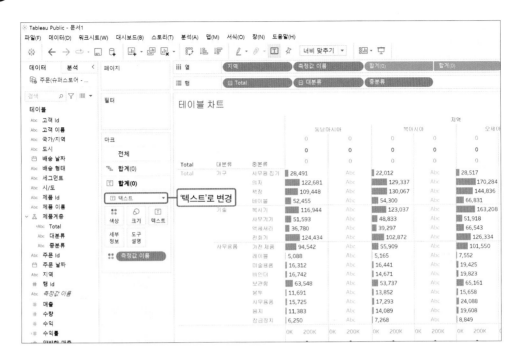

15 사이드 바에서 [측정값 이름] 필드를 필터 선반으로 드래그합니다. [필터] 대화상자가 표시되면 [수익률]과 [주문의 카운트]를 선택해 매출을 포함한 3개의 측정값 데이터만 워크시트 뷰에 표현 되도록 설정합니다.

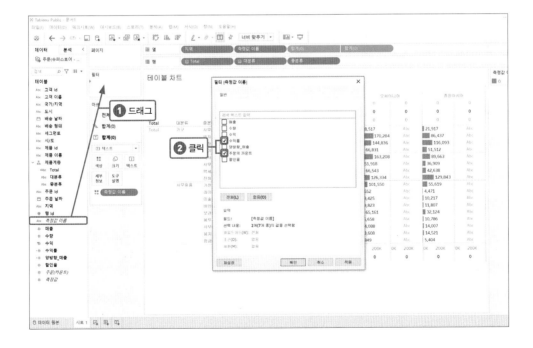

16 사이드 바에서 [측정값] 필드를 [마크] 카드 위의 [텍스트]로 드래그하면 필터로 설정했던 [수익률]과 [주문의 카운트] 필드 데이터가 테이블상에 표현됩니다.

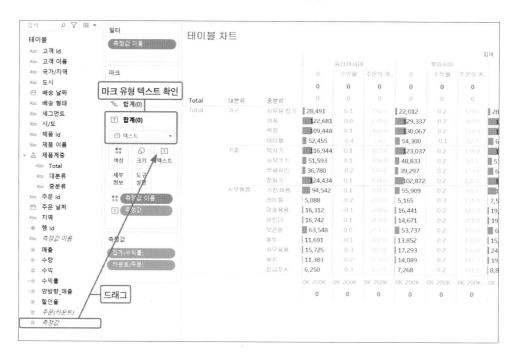

17 텍스트로 표현된 합계(0)의 [마크] 카드에서 마크 선반 위의 [색상]의 [측정값 이름] 필드를 제거하면 워크시트 테이블 안에 수익률과 주문의 카운트 숫자 색상이 검은색으로 변경됩니다.

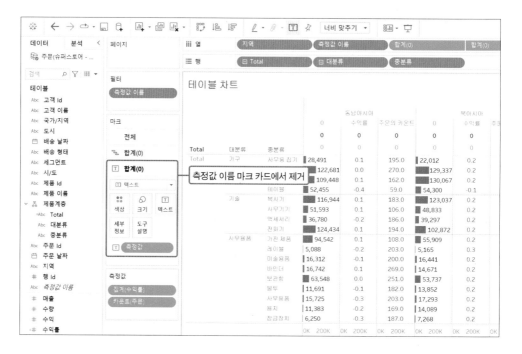

18 수익률 머리글의 아래쪽에 있는 0을 마우스 오른쪽 버튼으로 클릭한 후 [머리글 표시]의 체크 표시를 해제합니다.

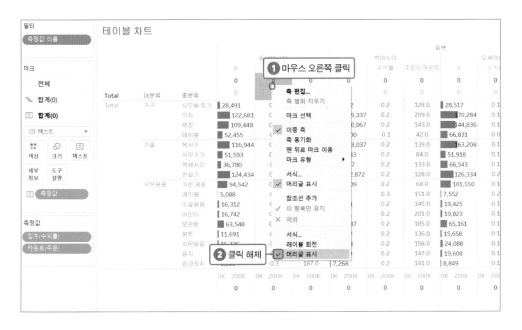

19 수익률의 왼쪽에 있는 0을 마우스 오른쪽 버튼으로 클릭한 후 [별칭 편집...]을 선택합니다.

여기서 잠깐

[별칭 편집...]을 활용하면 차트 안에서 표기되는 이름을 변경할 수 있습니다.

20 [별칭 편집] 대화상자에서 별칭을 '매출'로 변경하면, 매출 영역의 제목이 변경됩니다. 수익률의 오른쪽에 있는 [주문의 카운트]도 이와 같은 방식으로 [별칭 편집]을 클릭해 '주문 건수'로 변경합니다.

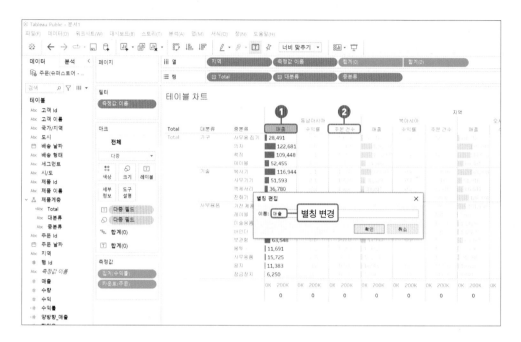

21 차트 안에 수치 정보가 이미 레이블로 지정돼 있으므로 차트 아래의 축을 마우스 오른쪽 버튼으로 클릭한 후 [머리글 표시]의 체크 표시를 해제합니다.

22 측정값 영역에 위치하고 있는 [수익률]과 [카운트(주문)] 필드를 각각 마우스 오른쪽 버튼으로 클릭한 후 [서식...]을 선택합니다. 수익률은 사용자 지정을 통해 '+0.00%; −0.00%'로 변경한 후 카운트(주문)은 접미사로 '건'이 표시될 수 있도록 변경합니다.

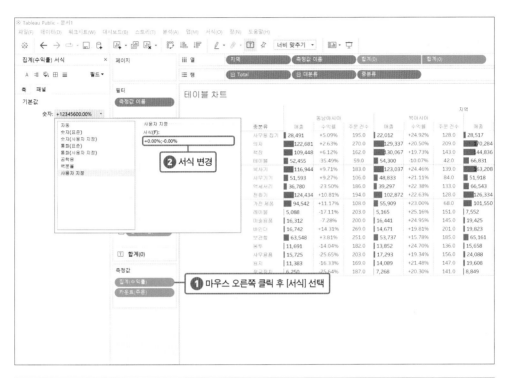

23 간트 차트로 표현된 합계(0)의 [마크] 카드에서 막대로 표현된 [매출] 필드의 색상을 회색으로 변경합니다.

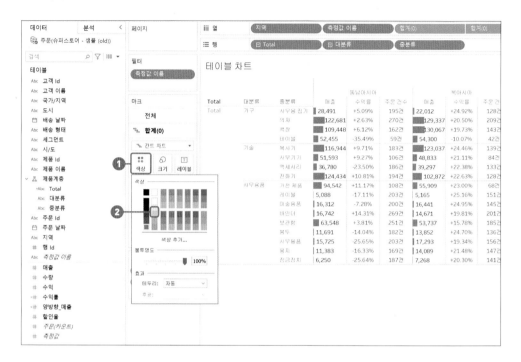

24 [합계(매출)] 레이블을 마우스 오른쪽 버튼으로 클릭한 후 [서식...]을 선택합니다. 다음과 같이 레이블을 '달러' 형식으로 변경합니다.

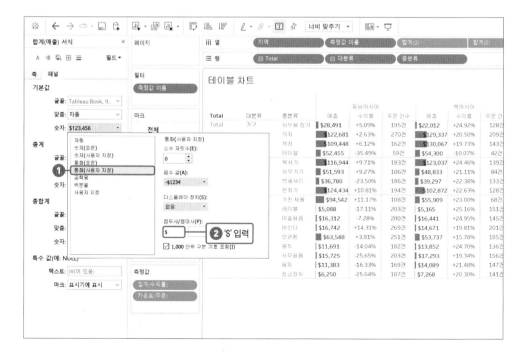

25 텍스트로 표현된 합계(0)의 [마크] 카드에서 [측정값] 필드를 [마크] 카드 위의 [색상]으로 드래그합니다.

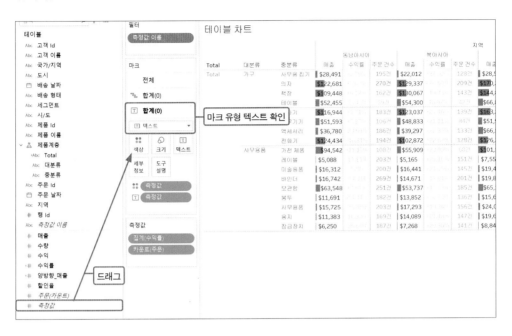

26 [마크] 카드 위의 [색상]을 클릭한 후 [색상 편집...]을 클릭합니다. [색상 편집] 대화상자가 나타나면 단계별 색상을 2단계로 변경합니다. 또한 [색상 편집] 대화상자에서 [고급]을 클릭해 [시작]은 −1, [끝]은 1, [가운데]는 0으로 설정합니다. 이에 따라 테이블 차트에서 매출의 증가는 파란색 계열, 매출의 감소는 붉은색 계열로 표현됩니다.

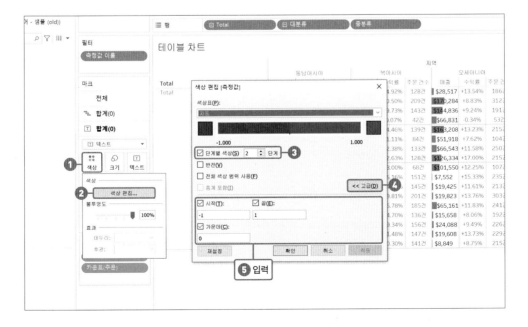

27 테이블 차트 공간에 마우스 오른쪽 버튼을 클릭한 후 [서식...]을 선택합니다.

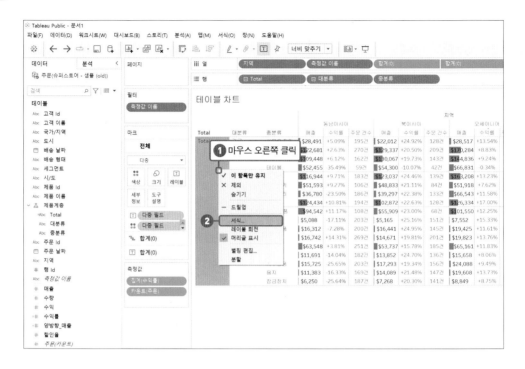

28 [라인 서식]의 [열] 탭에서 [격자선]을 [없음]으로 변경하면 테이블 차트 안에 있는 희미한 격자선을 모두 제거할 수 있습니다.

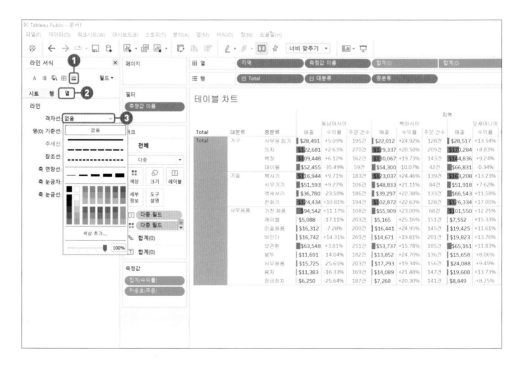

29 앞 과정을 모두 마치면 다음과 같은 모습의 차트가 완성됩니다. 행 선반의 + 버튼과 – 버튼을 클릭하면, 계층에 따라 집계가 변경돼 테이블 차트에 표현됩니다. 다음 그림은 테이블 차트에서 측정값의 집계 수준을 중분류까지 확장한 모습입니다.

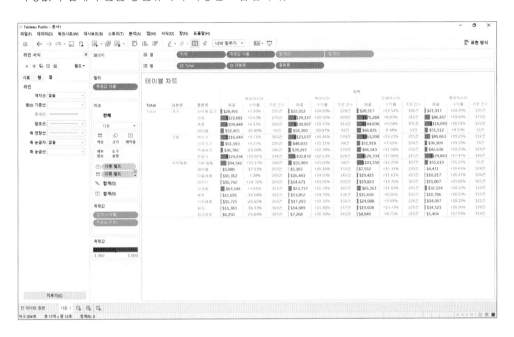

30 다음 그림은 테이블 차트에서 집계 수준을 대분류까지 확장한 모습입니다.

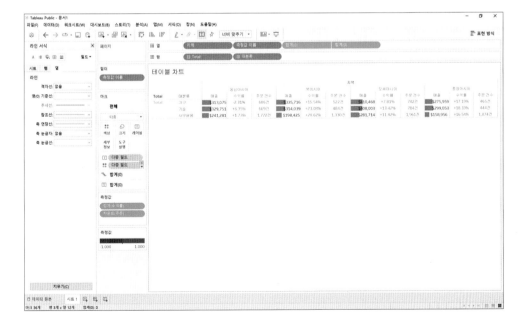

31 다음 그림은 테이블 차트에서 집계 수준을 전체 집계로 요약한 모습입니다.

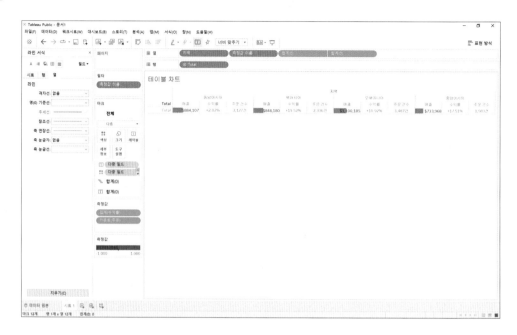

Use Cases

테이블 차트는 일반적으로 숫자 또는 텍스트만 있는 테이블에 비해 테이블 안에 막대 차트가 있어 수치를 좀 더 명확하게 비교할 수 있습니다.

다음 위 예시는 수익률 조정을 통한 수익 개선 시나리오를 대시보드로 표현한 것입니다. 테이블 차트를 통해 수익률이 % 단위로 증가할 때 제품마다 수익금이 어떻게 변경되는지를 기존 데이터와 비교하며 쉽게 확인할 수 있습니다. 시나리오 적용 예시는 태블로위키 블로그에서 확인할 수 있습니다.

다음 아래의 예시는 콜센터 이력을 테이블 차트로 표현한 것입니다. 테이블 차트를 응용해 'Sentiment'를 감정 이모티콘으로 처리했습니다. 각 콜의 감정 상태를 시각적으로 표현해 각 문의에 대한 감정을 시각적으로 파악할 수 있습니다. 이처럼 테이블 차트는 막대 차트뿐 아니라 이모티콘이나 아이콘 등을 활용해 변형할 수 있습니다.

	수익증가액	조정수익	기존수익율	조정수익율
가전 제품				
레이블	+30,762	72,891	13.7%	23.7%
미술용품	+2,228	4,694	11.1%	21.1%
바인더	+6,239	13,500	11.6%	21.6%
보관함	+6,304	16,910	16.8%	26.8%
복사기	+21,457	45,915	11.4%	21.4%
봉투	+49,285	129,585	16.3%	26.3%
사무기기	+5,199	10,401	10.0%	20.0%
사무용 집기	+18,925	45,055	13.8%	23.8%
사무용품	+10,094	26,217	16.0%	26.0%
액세서리	+7,111	11,254	5.8%	15.8%
용지	+18,526	34,165	8.4%	18.4%
의자	+5,960	12,761	11.4%	21.4%
잠금장치	+50,874	112,066	12.0%	22.0%
전화기	+2,777	4,394	5.8%	15.8%
책장	+48,348	129,235	16.7%	26.7%
테이블	+50,044	112,276	13.4%	23.4%
	+22,510	2,381	-8.9%	1.1%

수익율 개선 시나리오

클릭하여 모든 항목의 수익율을 조정하세요.

Data: 슈퍼스토어 - 주문
Design: Soyoung Park

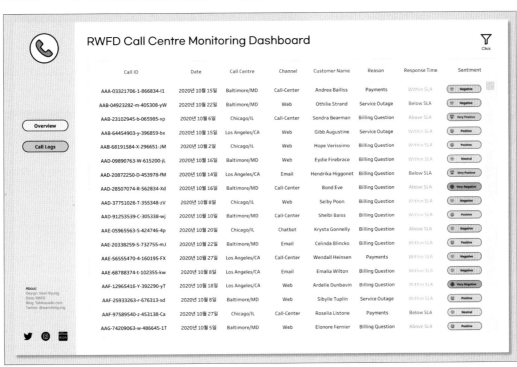

RWFD Call Centre Monitoring Dashboard

Call ID	Date	Call Centre	Channel	Customer Name	Reason	Response Time	Sentiment
AAA-03321706-1-866834-I1	2020년 10월 15일	Baltimore/MD	Call-Center	Andrea Bailiss	Payments	Within SLA	Negative
AAB-04923282-m-405308-yW	2020년 10월 22일	Baltimore/MD	Web	Othilie Strand	Service Outage	Below SLA	Negative
AAB-23102945-b-065985-xp	2020년 10월 6일	Chicago/IL	Call-Center	Sondra Bearman	Billing Question	Above SLA	Very Positive
AAB-64454903-y-396859-bx	2020년 10월 15일	Los Angeles/CA	Web	Gibb Augustine	Service Outage	Within SLA	Positive
AAB-68191584-X-296651-JM	2020년 10월 2일	Chicago/IL	Web	Hope Verissimo	Billing Question	Within SLA	Positive
AAD-09890763-W-615200-jL	2020년 10월 16일	Baltimore/MD	Web	Eydie Firebrace	Billing Question	Within SLA	Neutral
AAD-20872250-D-453978-fM	2020년 10월 14일	Los Angeles/CA	Email	Hendrika Higgonet	Billing Question	Below SLA	Very Positive
AAD-28507074-R-562834-Xd	2020년 10월 16일	Baltimore/MD	Call-Center	Bond Eve	Billing Question	Above SLA	Very Negative
AAD-37751026-T-355348-zV	2020년 10월 8일	Chicago/IL	Web	Selby Poon	Billing Question	Within SLA	Negative
AAD-91253539-C-305338-wj	2020년 10월 10일	Baltimore/MD	Call-Center	Shelbi Baiss	Billing Question	Within SLA	Positive
AAE-05965563-S-424746-4p	2020년 10월 20일	Chicago/IL	Chatbot	Krysta Gonnelly	Billing Question	Above SLA	Negative
AAE-20338259-S-732755-mJ	2020년 10월 22일	Baltimore/MD	Email	Celinda Blincko	Billing Question	Within SLA	Positive
AAE-56555470-4-160195-FX	2020년 10월 27일	Los Angeles/CA	Call-Center	Wendall Heinsen	Payments	Within SLA	Negative
AAE-68788374-t-102355-kw	2020년 10월 8일	Los Angeles/CA	Email	Emalia Wilton	Billing Question	Within SLA	Negative
AAF-12965416-Y-392290-yT	2020년 10월 18일	Los Angeles/CA	Web	Ardelle Dunbavin	Billing Question	Within SLA	Very Negative
AAF-25933263-r-676313-sd	2020년 10월 8일	Baltimore/MD	Web	Sibylle Tuplin	Service Outage	Within SLA	Positive
AAF-97589540-z-453138-Ca	2020년 10월 27일	Chicago/IL	Call-Center	Roselia Listone	Payments	Below SLA	Neutral
AAG-74209063-w-486645-1T	2020년 10월 5일	Baltimore/MD	Web	Elonore Fernier	Billing Question	Above SLA	Positive

Click

Overview

Call Logs

About:
Design: Noel Myung
Data: RWFD
Blog: Tableauwiki.com
Twitter: @wanslimyung

테이블 차트

4

전년 대비 비교 차트

비즈니스는 다양한 관점으로 분석할 수 있으며 과거 수치와의 비교는 가장 기본적이면서 자주 활용하는 방식입니다. 여러 방식 중 전년 대비 비교를 효과적으로 보여 주는 차트에 대해 알아보겠습니다.

★ Main Concept

비즈니스를 분석할 때 다양한 지표와 KPI들을 살펴보게 되지만, 특정 지표를 전년 대비 또는 전주 대비로 비교해 살펴보는 경우가 많습니다. 이는 비즈니스의 추세를 이해하고 비즈니스 성장에 도움이 되는 의사결정을 하기 위한 토대가 되기 마련이죠.

이때 다양한 방법 중 라인 차트를 활용하면 추세를 직관적으로 파악할 수 있습니다. 이번 실습에서는 특정 지표에 대해 전년 대비 비교 방법을 시각화해 비즈니스를 분석하는 방법에 대해 알아보겠습니다.

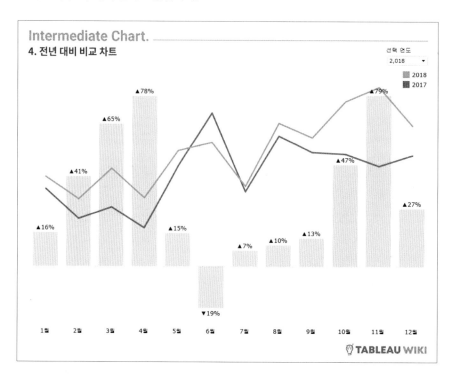

Data

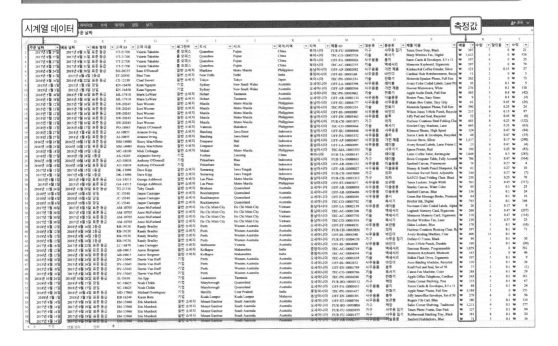

전년 대비 비교 차트를 구현하기 위해서는 날짜 데이터와 측정값이 필요합니다. [주문] 시트에서 날짜 데이터인 [주문 날짜] 필드와 측정값 [매출] 필드를 활용하면 각 기간별 매출을 표현할 수 있습니다. 이 때 '이중 축' 기능을 활용하면 라인 차트 모양의 매출 추이뿐 아니라 막대 차트 모양으로 매출 성장률을 표현할 수도 있습니다.

'슈퍼스토어 – 샘플(old)' 파일이 아닌 다른 데이터를 활용하더라도 날짜 데이터와 측정값 데이터가 존재한다면, 전년 대비 비교 차트를 쉽게 구성할 수 있습니다.

전년 대비 비교 데이터 구성 예시

시각화 예시	측정값	날짜 데이터
사업부별 수익률 비교 차트	수익률	연도
원가 비용 비교 차트	원가 비용	발주 날짜
스타벅스 음료 가격 비교 차트	음료 가격	주문 날짜
기간별 회원 가입 수 비교 차트	회원 가입 수	가입 날짜
지역별 신생아 수 비교 차트	신생아 수	출생 연도

01 마우스 오른쪽 버튼을 누른 상태에서 [주문 날짜] 필드를 열 선반으로 드래그합니다. [필드 놓기] 대화상자가 표시되면 파란색으로 표시된 불연속형의 [월(주문 날짜)]을 선택합니다.

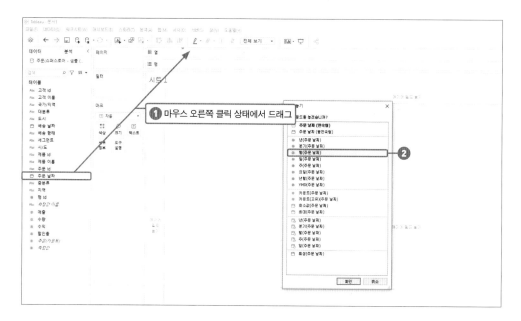

02 사이드 바에서 [매출] 필드를 행 선반으로 드래그합니다.

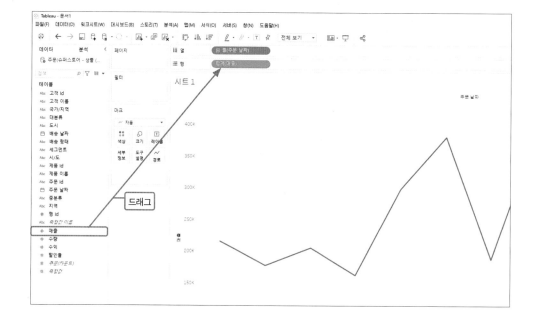

03 사이드 바에서 [주문 날짜] 필드를 [마크] 카드 위의 색상 선반으로 드래그합니다. 다음 그림과 같이 2015년부터 2018년까지 각각의 매출을 라인 차트로 확인할 수 있습니다.

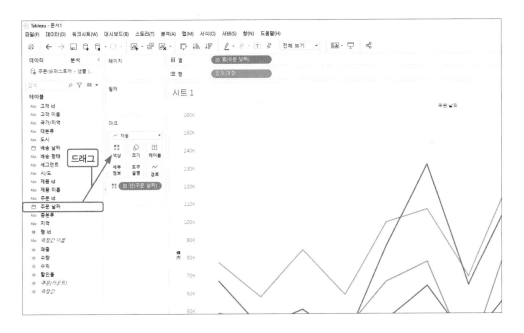

04 선택 연도와 직전 연도의 매출을 비교하기 위해서는 여러 매개 변수와 필드를 생성해야 합니다. 이는 하나의 워크시트 뷰 안에서 표현하기 위한 것과 동시에 선택 연도의 기준을 변경할 수 있도록 동적 매개 변수를 활용하기 위해서입니다.

먼저 사이드 바에 있는 추가 메뉴[▼]를 클릭한 후 [매개 변수 만들기...]를 클릭합니다.

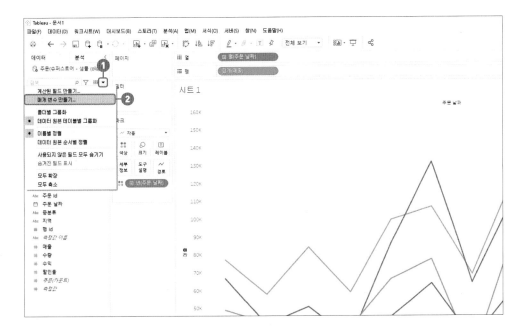

05 매개 변수명을 '선택 연도'라고 명명한 후 다음 조건에 맞게 입력하고 [확인]을 클릭합니다.

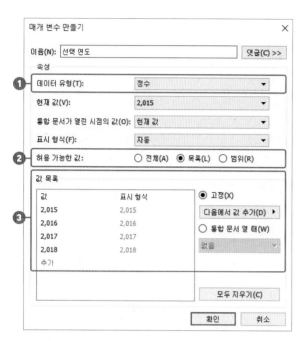

① **데이터 유형**: 정수

② **허용 가능한 값**: 목록

③ **값 목록**: 2,015 / 2,016 / 2,017 / 2,018

06 사이드 바의 빈 공간을 마우스 오른쪽 버튼으로 클릭한 후 [계산된 필드 만들기…]를 선택해 다음과 같이 [매출(선택 연도)] 필드를 생성합니다.

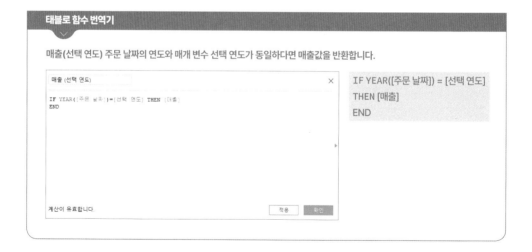

07 [매출(직전 연도)] 필드 생성은 앞에서 생성한 [매출(선택 연도)] 필드와 계산식이 거의 비슷합니다. 따라서 필드를 효율적으로 생성하기 위해 앞에서 생성한 [매출(선택 연도)] 필드 위에 마우스 오른쪽 버튼을 클릭한 후 [복제]를 선택합니다.

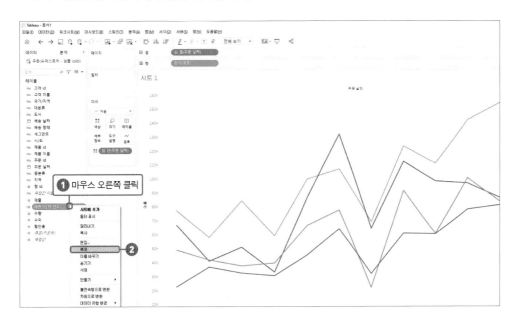

08 복제된 [매출(선택 연도)(복사본)] 필드를 마우스 오른쪽 버튼으로 클릭한 후 [편집]을 선택합니다. 다음과 같이 [계산된 필드 만들기] 대화상자가 표시되면 필드명을 '매출(직전 연도)'로 수정한 후 매개 변수의 [선택 연도]에서 −1을 추가합니다. 이에 따라 선택한 연도를 기준으로 1년 전 매출값을 불러오게 됩니다.

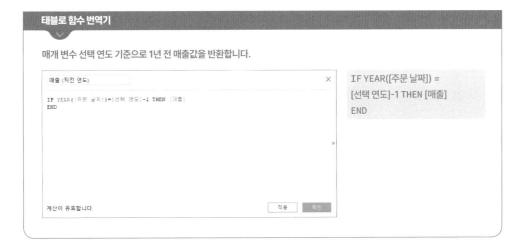

09 사이드 바의 빈 공간을 마우스 오른쪽 버튼으로 클릭한 후 [계산된 필드 만들기...]를 다시 선택합니다. 다음 수식을 기반으로 [선택 및 직전 연도] 필드를 새로 생성합니다. 이는 매개 변수의 [선택 연도]에서 선택된 연도와 직전 연도를 모두 가져오기 위해서입니다.

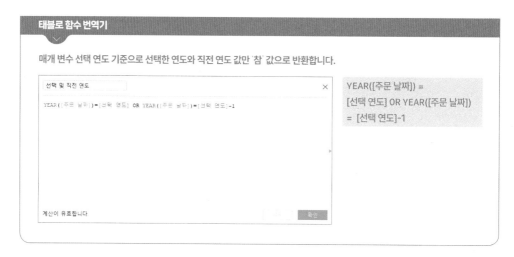

10 앞에서 생성한 [선택 및 직전 연도] 필드를 필터 선반으로 드래그한 후 [필터] 대화상자에서 [참]을 선택하고 [확인]을 클릭합니다.

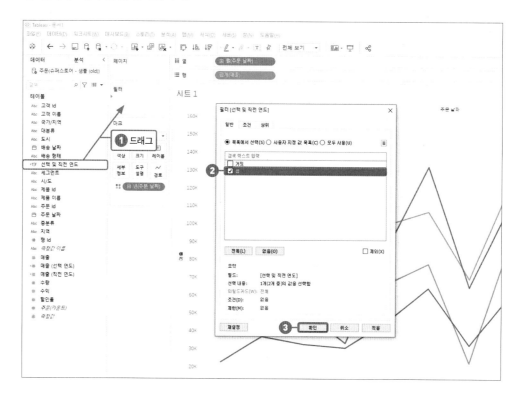

11 매개 변수의 [선택 연도] 필드를 마우스 오른쪽 버튼으로 클릭한 후 [매개 변수 표시]를 선택합니다.

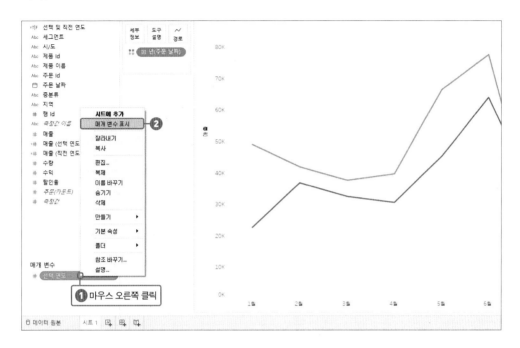

12 매개 변수에서 선택한 연도에 따라 해당 데이터가 워크시트 뷰 안에 표시됩니다. 만약 [2018년]을 선택하면, 다음 그림과 같이 2017년, 2018년 매출 데이터를 라인 차트로 확인할 수 있습니다.

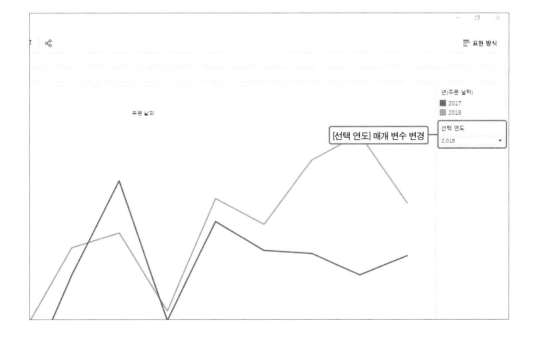

13 전년 대비 성장률을 함께 시각화하기 위해 [계산된 필드 만들기] 대화상자에서 [매출 성장률] 필드를 생성합니다.

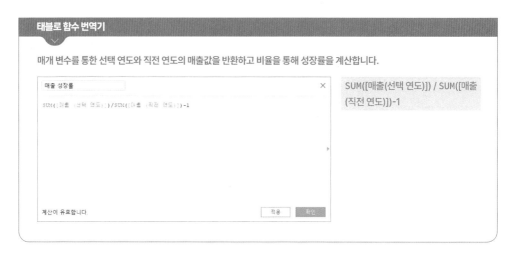

14 앞에서 생성한 [매출 성장률] 필드를 행 선반으로 드래그합니다. 오른쪽 아래에 '24 null' 표시가 나타나는 이유는 현재 24개의 데이터가 'null' 값으로 나타나 있기 때문입니다. [매출 성장률] 필드는 선택 연도의 매출을 직전 연도의 매출로 나눈 값으로, 현재 [마크] 카드 위의 [색상]에 [년(주문 날짜)] 필드가 들어가 있으므로 해당 데이터가 제대로 표현되지 못하고 있는 상황입니다. 따라서 [마크] 카드 위의 [색상]에 있는 [년(주문 날짜)] 필드를 [마크] 카드 밖으로 드래그해 제거해야 합니다.

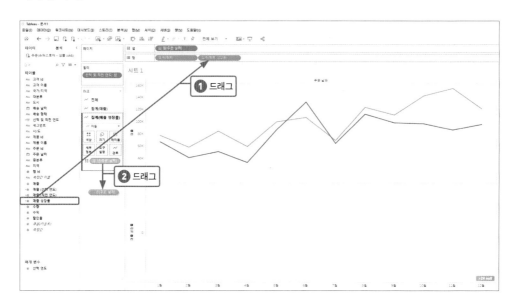

15 집계(매출 성장률) 카드에서 마크 유형을 [자동]에서 [막대]로 변경합니다.

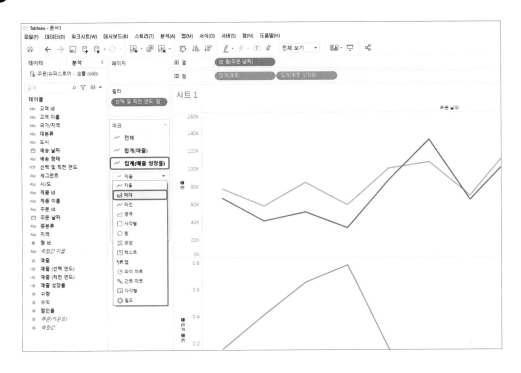

16 행 선반에 있는 [집계(매출 성장률)] 필드를 마우스 오른쪽 버튼으로 클릭한 후 [이중 축]을 선택합니다.

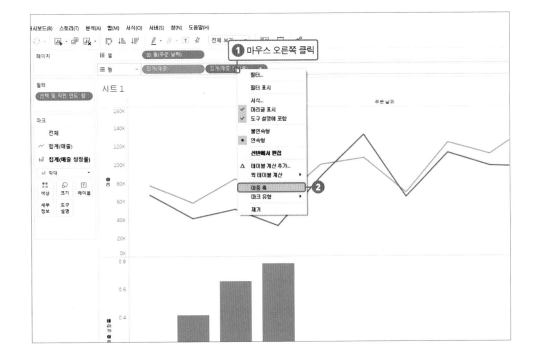

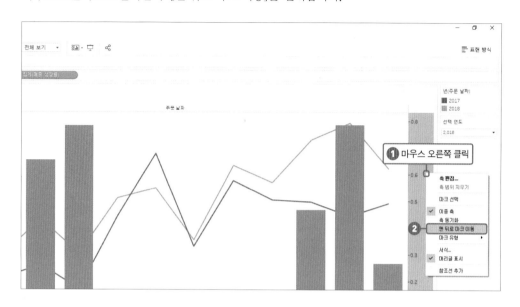

17 가시성을 높이기 위해 몇 가지 서식을 변경하겠습니다. 먼저 매출 성장률을 보여 주는 Y축 위를 마우스 오른쪽으로 클릭한 후 [맨 뒤로 마크 이동]을 선택합니다.

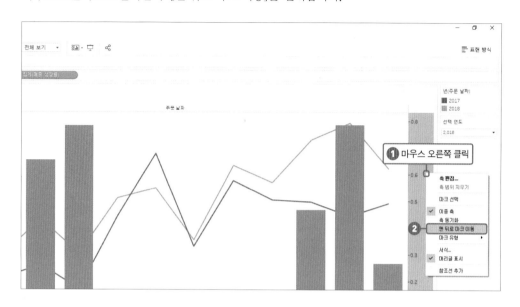

18 왼쪽에 있는 매출 Y축을 마우스 오른쪽 버튼으로 클릭한 후 [머리글 표시]의 체크 표시를 해제합니다.

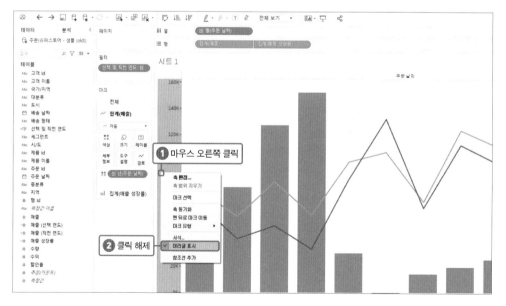

여기서 잠깐

만약 오른쪽에 있는 매출 성장률 Y축에서 [머리글 표시]의 체크 표시를 해제하면, 오른쪽 축만 사라지고 왼쪽 축은 그대로 유지됩니다. 따라서 같은 동작을 반복 진행해야 하는 번거로움이 있으므로 왼쪽에 있는 매출 Y축에서 [머리글 표시]의 체크 표시를 해제하는 것이 더욱 효율적입니다.

19 차트의 위쪽에 있는 '주문 날짜'를 마우스 오른쪽 버튼으로 클릭한 후 [열에 대한 필드 레이블 숨기기]를 선택합니다.

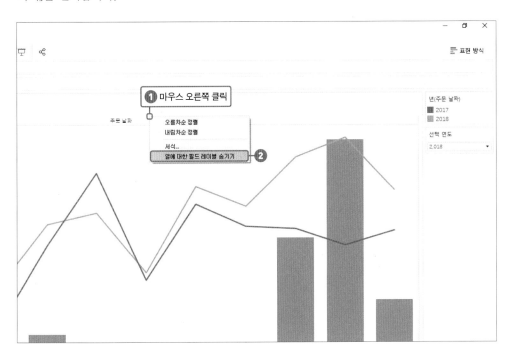

20 집계(매출 성장률) 카드에서 [매출 성장률] 필드를 드래그한 후 [마크] 카드 위의 [레이블]로 드래그하면 막대 차트 위에 각 월별 성장률이 표현됩니다.

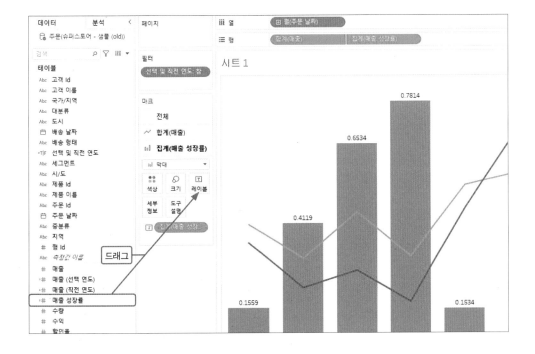

㉑ [마크] 카드 위의 [레이블]에 있는 [매출 성장률] 필드를 마우스 오른쪽 버튼으로 클릭한 후 [서식...]을 선택합니다.

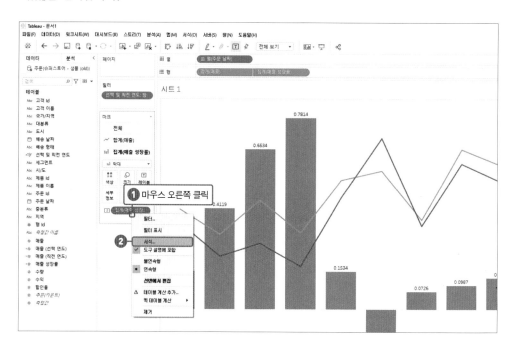

㉒ 왼쪽에 있는 [서식] 대화상자 [패널] 탭의 [기본값] 메뉴에서 [숫자] 형식을 [백분율] 형식으로 변경합니다. 이때 [사용자 지정]을 클릭해 '▲0%;▼0%' 형식으로 지정하면, 성장률을 더욱 깔끔하게 표현할 수 있습니다.

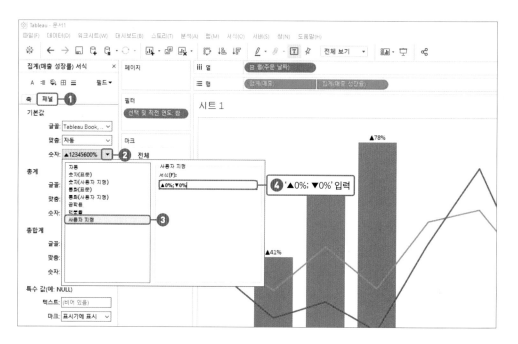

23 [라인] 서식의 [시트] 탭과 [행] 탭에서 [격자선]을 [없음]으로 변경하면, 다음과 같이 워크시트가 완성됩니다.

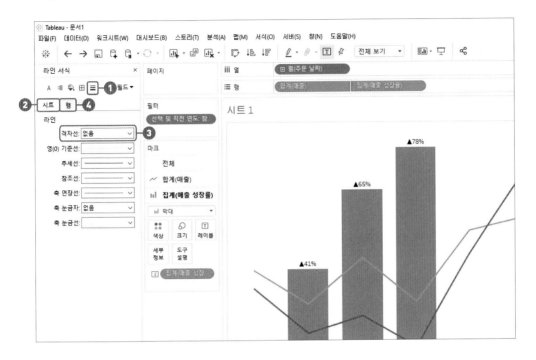

24 집계(매출 성장률) [마크] 카드에서 [마크] 카드 위의 [색상]을 클릭해 불투명도를 [30%]로 변경 하면 막대 차트의 색상도를 조절해 라인 차트의 가시성을 높일 수 있습니다.

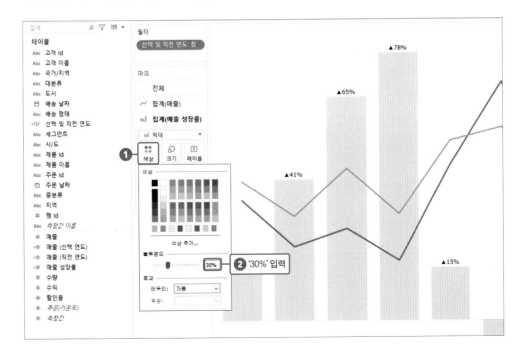

25 매개 변수의 [선택 연도] 카드에서 연도를 2017년으로 변경하면, 2016년, 2017년도 매출과 매출 성장률이 워크시트 뷰 안에 표현됩니다. 이처럼 선택 연도 기준을 변경할 수 있으며, 변경 기준에 따라 전년 대비 비교 및 분석도 할 수 있습니다.

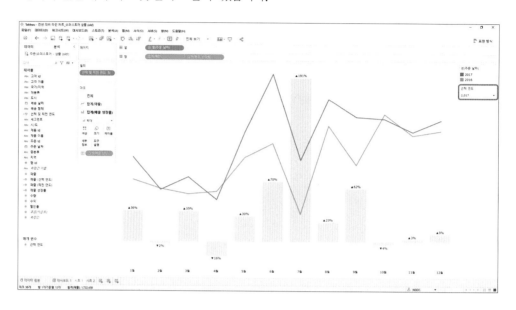

Use Cases

특정 기간 대비 비교 분석은 다양한 방식으로 활용할 수 있습니다.

다음 위 예시는 대시보드 위의 'Selected Year'에서 직접 연도를 선택해 매출, 수익, 수량을 확인할 수 있고 마크 계층 추가 기능으로 월별 트랜드를 라인 차트로 파악할 수 있도록 구성돼 있습니다. 대시보드 아래에서는 선택한 KPI에 대한 올해와 작년의 월별 트렌드를 비교할 수 있도록 이중축 기능을 활용한 막대 차트로 표현했습니다.

다음 아래 예시는 디지털 마케팅 지표를 시각화한 대시보드입니다. 여섯 가지 핵심 지표에 대한 전년 대비 비교를 월별 흐름으로 확인할 수 있습니다. 회색 계열 영역 차트로 표현된 전년 수치와 붉은색 계열의 라인 차트로 올해 수치와 전년과의 비교를 쉽게 진행할 수 있습니다.

2020 KPI Dashboard

January 1st to December 31st

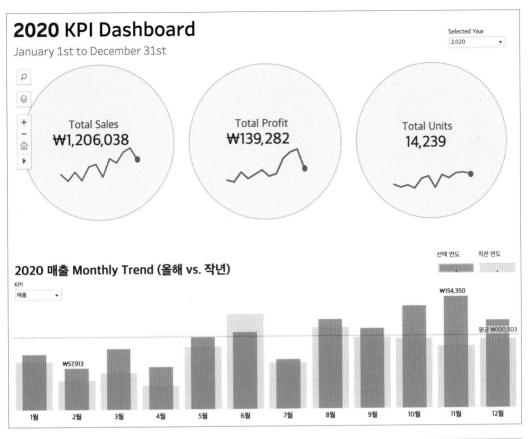

Total Sales
₩1,206,038

Total Profit
₩139,282

Total Units
14,239

2020 매출 Monthly Trend (올해 vs. 작년)

선택 연도   직전 연도

KPI
매출 ▼

₩154,350

평균 ₩100,503

₩57,913

1월 2월 3월 4월 5월 6월 7월 8월 9월 10월 11월 12월

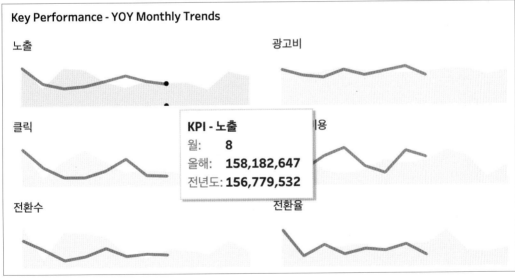

Key Performance - YOY Monthly Trends

노출

광고비

클릭

KPI - 노출
월: 8
올해: 158,182,647
전년도: 156,779,532

전환수

전환율

5

폭포 차트

회사의 수익 구조는 어떻게 구성돼 있을까요? 폭포 차트(Waterfall Chart)는 하나의 집계된 수치가 어떻게 구성돼 있는지를 폭포수 모양으로 보여 줍니다.

★ Main Concept

폭포 차트는 차트의 모양이 마치 폭포수와 같아서 붙여진 이름입니다. 폭포 차트를 통해 누적값의 비율과 세부 항목들을 막대 형태로 확인할 수 있습니다. 이때 색상을 활용하면 수치의 크고 작음을 좀 더 명확하게 비교할 수 있으며, 회사 매출 구성 또는 수익 구조 확인 시 유용합니다.

다음 예시를 보면, 왼쪽 영역에서는 총 매출액(3,566,400달러), 오른쪽 영역에서는 제품 대분류와 중분류에 따라 회사 매출이 어떻게 구성되는지를 확인할 수 있습니다. 다음의 막대 길이와 색상을 통해 17개의 제품 중분류 중 '의자'의 매출이 높은 것을 알 수 있습니다.

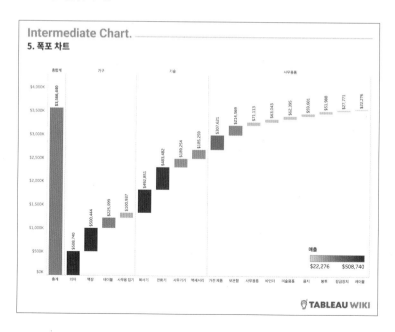

Data

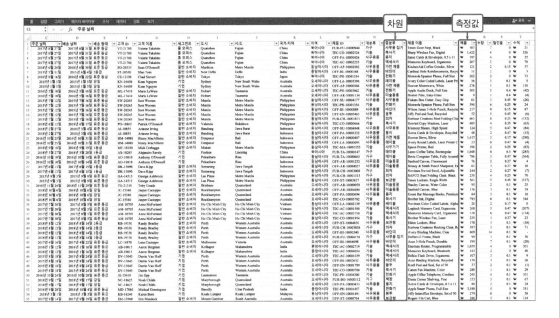

폭포 차트를 구성하기 위해서는 1개의 차원과 1개의 측정값이 반드시 필요합니다. [주문] 시트에는 제품 분류인 [중분류] 필드와 측정값인 [매출] 필드가 포함돼 있습니다. 간트 차트로 구성해 [중분류] 필드를 행 선반, [매출] 필드를 열 선반으로 드래그합니다. 이후 [매출] 필드를 [마크] 카드 위의 [크기]로 드래그하면 중분류에 따른 매출을 보여 주는 폭포 차트를 구성할 수 있습니다.

'슈퍼스토어 – 샘플(old)' 파일이 아닌 다른 데이터를 활용하더라도 1개의 차원과 1개의 측정값이 포함돼 있으면 폭포 차트를 쉽게 구성할 수 있습니다.

폭포 차트 데이터 구성 예시

시각화 예시	차원	측정값
제품 분류에 따른 매출 구성 차트	제품 분류	매출
계정에 따른 발생 금액 차트	계정명	발생 금액
주 단위 캐시플로(Cashflow) 증감 차트	주	현금
소비자 그룹별 매출 폭포 차트	소비자 그룹	매출
구매 품목별 비용 현황 차트	구매 품목	비용

01 사이드 바의 [중분류] 필드를 열 선반으로 드래그합니다. 제품 중분류별 항목이 가로 정렬의 형태로 뷰에 표현됩니다.

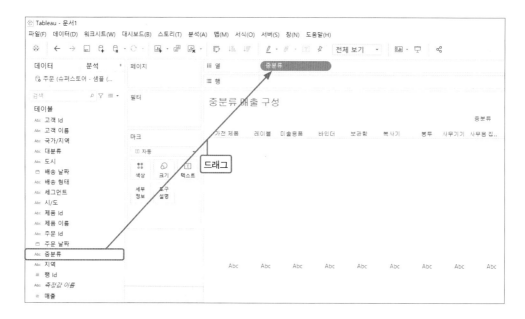

02 사이드 바에서 [매출] 필드를 행 선반으로 드래그하면 중분류에 따른 매출 구성을 확인할 수 있습니다. 매출의 수치에 따라 막대의 길이가 다르게 표현됩니다.

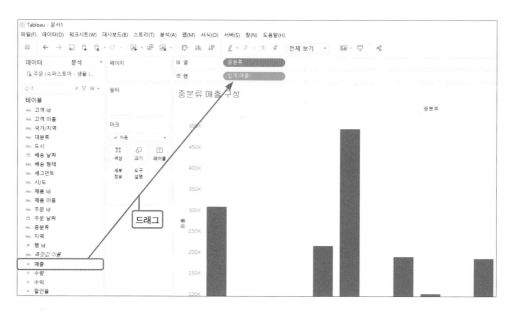

03 [합계(매출)]의 추가 메뉴[▼]를 클릭한 후 [퀵 테이블 계산]에서 [누계]를 선택합니다. '가전 제품'부터 '테이블'까지 매출의 누계가 표현됩니다.

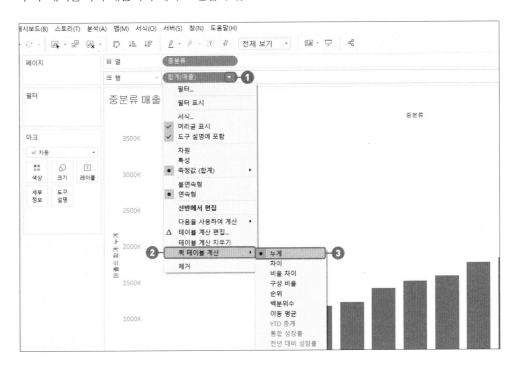

04 마크 유형을 [자동]에서 [간트 차트]로 변경합니다.

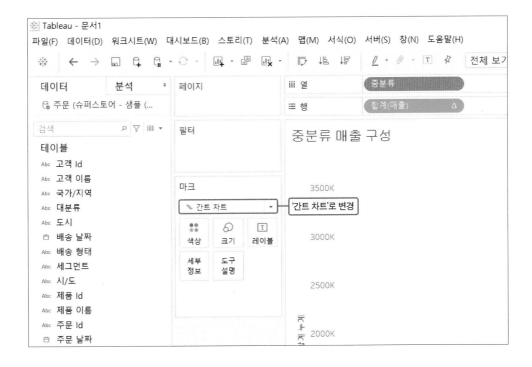

05 사이드 바의 빈 공간을 마우스 오른쪽 버튼으로 클릭한 후 [계산된 필드 만들기...]를 선택합니다. 이후 다음과 같이 수식을 입력해 [워터폴_매출] 필드를 생성합니다. 그 이유는 간트 차트에서 막대의 첫 시작점을 각 중분류 항목 누계의 시작점부터 표현하기 위해서입니다.

태블로 함수 번역기

매출을 마이너스(-)로 지정해 간트 차트에서 막대가 누적값에서 매출만큼 아래로 상승하도록 반환합니다.

워터폴_매출	×	-SUM(매출)

-sum(매출)

계산이 유효합니다.   확인

---

06 앞에서 생성한 [워터폴_매출] 필드를 [마크] 카드 위의 [크기]로 드래그합니다. 워크시트 뷰에서 폭포 모양의 일부가 만들어진 것을 알 수 있습니다.

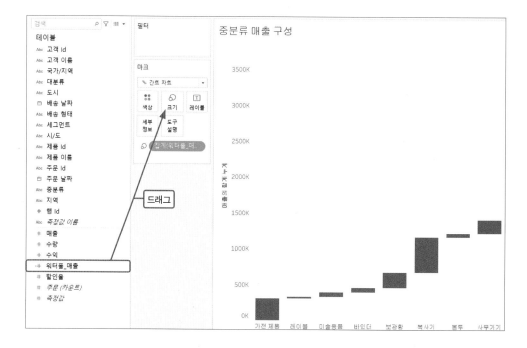

07 사이드 바에서 [매출] 필드를 [마크] 카드 위의 [레이블]로 드래그합니다. 이후 [합계(매출)] 레이블의 추가 메뉴[▼]를 클릭하고 [서식]의 접두사에 '$'를 추가합니다.

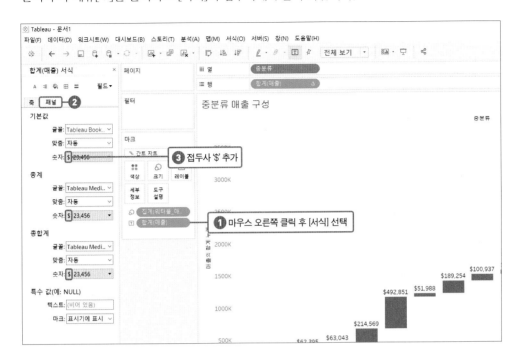

08 사이드 바에서 [매출] 필드를 [마크] 카드 위의 [색상]으로 드래그합니다. 색상이 매출의 크기에 따라 변경됩니다.

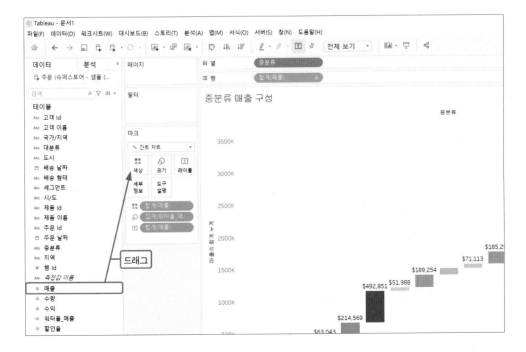

09 위쪽 메뉴에서 [분석]을 클릭한 후 [총계]를 클릭하고 [행 총합계 표시]를 선택합니다. 폭포 차트에서 총계가 차트에 표시됩니다.

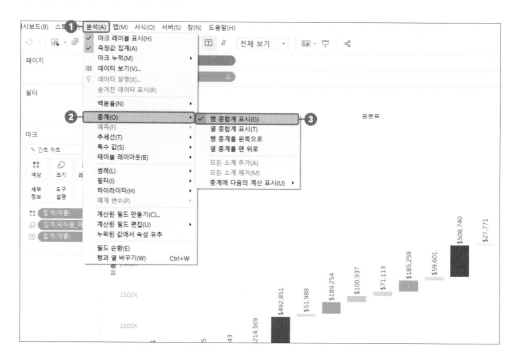

10 이후 같은 경로로 [행 총계를 왼쪽으로]를 클릭하면 총합계 막대가 워크시트 뷰에서 왼쪽으로 이동합니다.

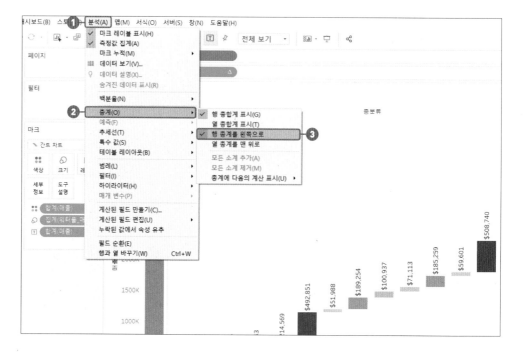

태블로에서 총계를 구하는 방식으로 위쪽 메뉴의 [분석] 탭을 클릭한 후 [총계]를 클릭하면 [행 총합계 표시]와 [열 총합계 표시]를 활용할 수 있습니다.

[행 총합계 표시]는 테이블 또는 차트를 기준으로, 가로에 해당하는 모든 수치를 집계해 표현하고 [열 총합계 표시]는 테이블 또는 차트를 기준으로 세로에 해당하는 모든 수치를 집계해 표현합니다.

시트 1

대분류	중분류	2015	2016	2017	2018	총합계
				주문 날짜		
가구	사무용 집기	19,789	20,146	27,513	33,489	100,937
	의자	83,785	92,829	151,191	180,935	508,740
	책장	89,927	96,827	131,388	182,302	500,444
	테이블	44,321	56,669	63,157	60,952	225,099
기술	복사기	83,321	109,248	131,957	168,325	492,851
	사무기기	33,178	44,935	40,058	71,082	189,254
	액세서리	30,654	40,467	52,196	61,940	185,259
	전화기	97,329	106,103	145,192	134,859	483,482
사무용품	가전 제품	57,246	67,199	62,600	120,577	307,621
	레이블	3,989	4,597	5,525	8,165	22,276
	미술용품	10,126	12,325	16,544	23,399	62,395
	바인더	10,735	13,783	18,270	20,255	63,043
	보관함	36,998	47,181	60,717	69,673	214,569
	봉투	9,547	10,036	13,794	18,611	51,988
	사무용품	12,966	15,290	19,373	23,483	71,113
	용지	9,856	13,744	17,568	18,433	59,601
	잠금장치	4,197	6,726	7,289	9,558	27,771

▲ 행 총합계 표시

시트 1

대분류	중분류	2015	2016	2017	2018
			주문 날짜		
가구	사무용 집기	19,789	20,146	27,513	33,489
	의자	83,785	92,829	151,191	180,935
	책장	89,927	96,827	131,388	182,302
	테이블	44,321	56,669	63,157	60,952
기술	복사기	83,321	109,248	131,957	168,325
	사무기기	33,178	44,935	40,058	71,082
	액세서리	30,654	40,467	52,196	61,940
	전화기	97,329	106,103	145,192	134,859
사무용품	가전 제품	57,246	67,199	62,600	120,577
	레이블	3,989	4,597	5,525	8,165
	미술용품	10,126	12,325	16,544	23,399
	바인더	10,735	13,783	18,270	20,255
	보관함	36,998	47,181	60,717	69,673
	봉투	9,547	10,036	13,794	18,611
	사무용품	12,966	15,290	19,373	23,483
	용지	9,856	13,744	17,568	18,433
	잠금장치	4,197	6,726	7,289	9,558
총합계		637,964	758,106	964,332	1,206,038

▲ 열 총합계 표시

다음 그림과 같이 제품의 [대분류], [중분류] 등 2개 이상의 차원 필드를 활용해 테이블을 표현할 때 [모든 소계 추가]를 활용하면 전체가 아닌 [대분류] 기준의 총계를 계산할 수 있습니다. 다음 그림에서 가구, 기술, 사무용품의 총계가 추가돼 테이블에 표현된 것을 알 수 있습니다.

시트 1

대분류	중분류	2015	2016	2017	2018	총합계
				주문 날짜		
가구	사무용 집기	19,789	20,146	27,513	33,489	100,937
	의자	83,785	92,829	151,191	180,935	508,740
	책장	89,927	96,827	131,388	182,302	500,444
	테이블	44,321	56,669	63,157	60,952	225,099
	총계	237,822	266,472	373,249	457,677	1,335,219
기술	복사기	83,321	109,248	131,957	168,325	492,851
	사무기기	33,178	44,935	40,058	71,082	189,254
	액세서리	30,654	40,467	52,196	61,940	185,259
	전화기	97,329	106,103	145,192	134,859	483,482
	총계	244,482	300,754	369,403	436,206	1,350,845
사무용품	가전 제품	57,246	67,199	62,600	120,577	307,621
	레이블	3,989	4,597	5,525	8,165	22,276
	미술용품	10,126	12,325	16,544	23,399	62,395
	바인더	10,735	13,783	18,270	20,255	63,043
	보관함	36,998	47,181	60,717	69,673	214,569
	봉투	9,547	10,036	13,794	18,611	51,988
	사무용품	12,966	15,290	19,373	23,483	71,113
	용지	9,856	13,744	17,568	18,433	59,601
	잠금장치	4,197	6,726	7,289	9,558	27,771
	총계	155,660	190,881	221,680	312,155	880,376
총합계		637,964	758,106	964,332	1,206,038	3,566,440

11 Y축을 마우스 오른쪽 버튼으로 클릭한 후 [축 편집]을 선택합니다. [축 편집] 대화상자에서 축 제목의 제목을 지웁니다.

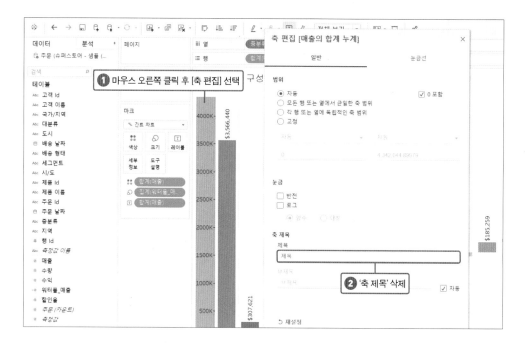

12 이번에는 Y축을 마우스 오른쪽 버튼으로 클릭한 후 [서식...]을 선택하고 왼쪽 사이드 바에서 [축] 탭을 클릭합니다. [축] 탭의 '숫자'에서 접두사에 '$'를 넣어 주고 디스플레이 장치를 '천(K)'으로 변경합니다. 여기서 K는 영어로 천 단위를 의미합니다.

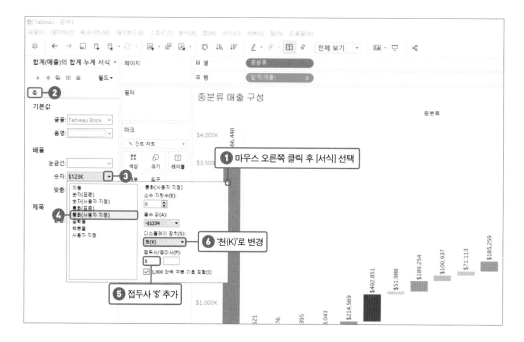

13 폭포 차트가 완성됐습니다.

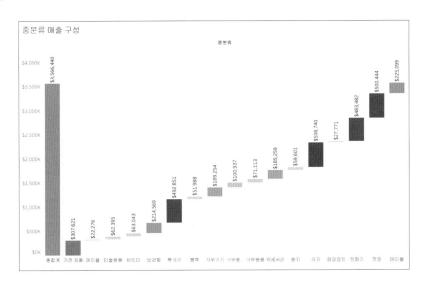

Use Cases

오른쪽은 미국 IT 기업 5개사의 재정 보고서를 폭포 차트로 나타낸 대시보드입니다. 폭포 차트를 활용한 재정 보고서를 살펴보면, 아마존은 순 매출액 (Net Sales)에서 매출 원가(Cost of Sales)가 다른 비용 항목에 비해 매우 높은 것을 알 수 있습니다. 이처럼 재무에서 비용을 분석할 때는 폭포 차트가 손익계산서를 시각적으로 보여 줄 수 있습니다.

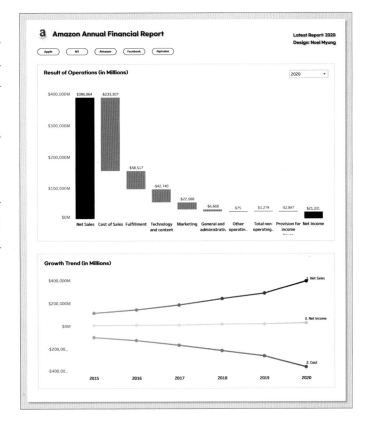

6

덤벨 차트

라인과 원을 활용해 덤벨 모양의 차트를 만들 수 있다는 사실을 알고 계셨나요? 덤벨 차트(Dumbell Chart)는 각 항목별 차이를 확인할 때 효과적으로 활용할 수 있습니다.

★ Main Concept

덤벨 차트는 '바벨 차트'라고도 하며, 라인과 원을 활용해 덤벨 모양으로 시각화합니다. 앞에서 살펴봤던 라인 차트와 이중 축 기능을 활용해 라인으로 이어주되, 라인 끝을 원 모양으로 표현합니다. 덤벨 차트는 시간의 흐름에 따른 변화 또는 특정 지표에 따른 차이를 표현할 때 유용합니다.

이번 실습에서는 대분류, 중분류별 2017년, 2018년 매출 차이를 시각화해 보겠습니다.

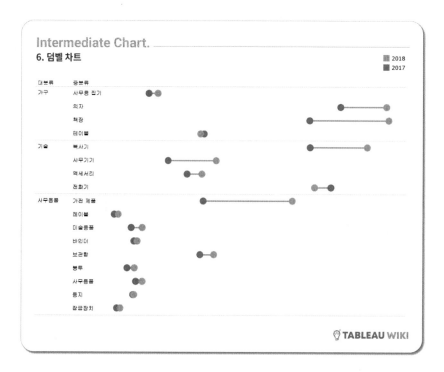

▶ Data

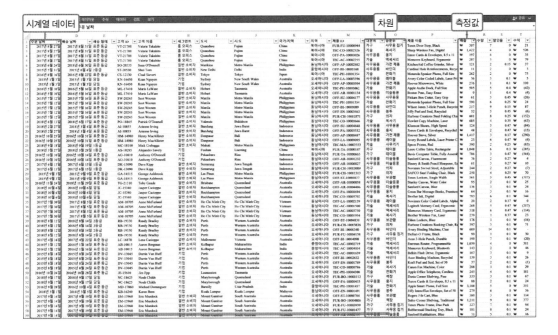

덤벨 차트를 구성하기 위해서는 날짜 데이터와 더불어 서로 다른 차원값이 필요합니다. 서로 다른 비교 대상의 차이를 보여 주기에 유용하므로 값 차이가 클수록 시각화 효과 또한 극대화됩니다.

[주문] 시트에서 차원값인 [대분류] 필드를 행 선반, 측정값인 [매출] 필드를 열 선반으로 드래그합니다. 이후 Ctrl을 누른 상태에서 [매출] 필드를 열 선반의 빈 공간으로 드래그해 복제한 후 '이중 축' 기능을 활용해 하나는 라인 차트, 다른 하나는 원 모양 차트로 구성하면 라인의 끝 선을 원 모양으로 만들어 덤 벨 모양의 차트로 시각화할 수 있습니다.

'슈퍼스토어 – 샘플(old)' 파일이 아닌 다른 데이터를 활용하더라도 서로 다른 차원 필드와 날짜 데이터 가 존재한다면, 덤벨 차트를 쉽게 구성할 수 있습니다.

덤벨 차트 데이터 구성 예시

시각화 예시	차원(행)	측정값(열)	측정값(색상)
제품 분류별 매출 차이	제품 분류	매출	주문 날짜
제품별 연도에 따른 가격 차이	제품명	가격	주문 날짜
연도별 항공기 탑승 좌석별 가격 차이	항공기 탑승 좌석	가격	연도
연도별 국가 출생자 수 차이	국가	출생자 수	연도
지역별 배송 소요 기간 차이	지역	소요 기간	배송 날짜

01 사이드 바에서 [매출] 필드를 열 선반, [대분류] 필드를 행 선반으로 드래그합니다.

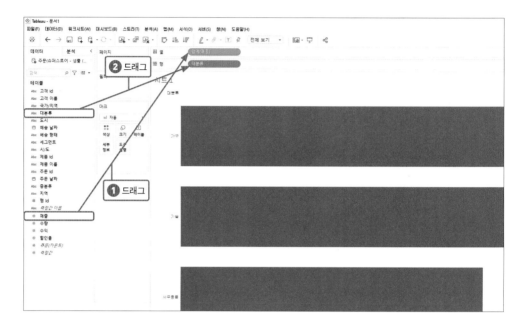

02 사이드 바에서 [주문 날짜] 필드를 필터 선반으로 드래그한 후 필터 필드의 기준을 [년]으로 선택합니다.

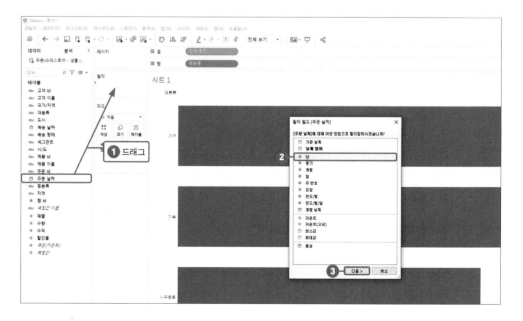

03 [필터] 대화상자에서 [2017년]과 [2018년]을 선택합니다.

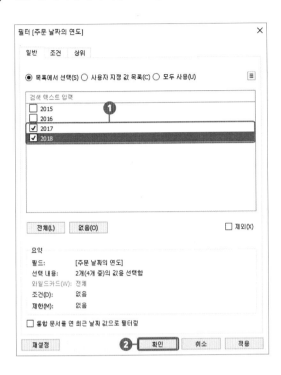

04 사이드 바에서 [주문 날짜] 필드를 [마크] 카드 위의 [색상]으로 드래그합니다.

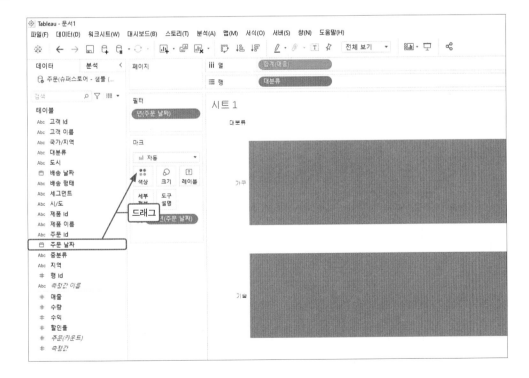

05 열 선반에 있는 [합계(매출)] 필드를 Ctrl 을 누른 상태에서 선택한 후 열 선반의 오른쪽 빈 공간으로 드래그해 다음 그림과 같이 만듭니다.

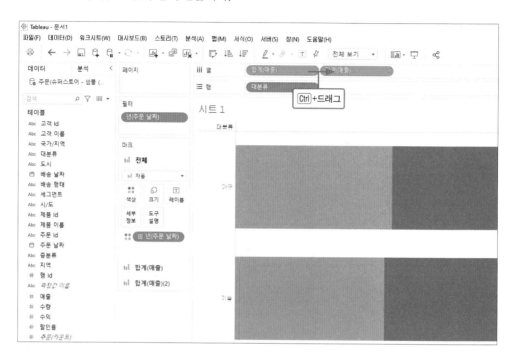

06 열 선반에 있는 [합계(매출)] 필드 중 하나를 마우스 오른쪽 버튼으로 클릭한 후 [이중 축]을 선택합니다.

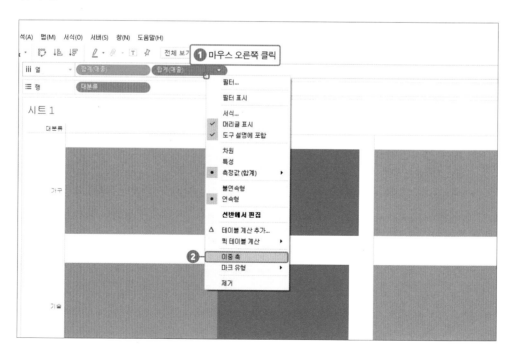

07 합계(매출) (2) [마크] 카드에서 마크 유형을 [자동]에서 [라인]으로 변경합니다.

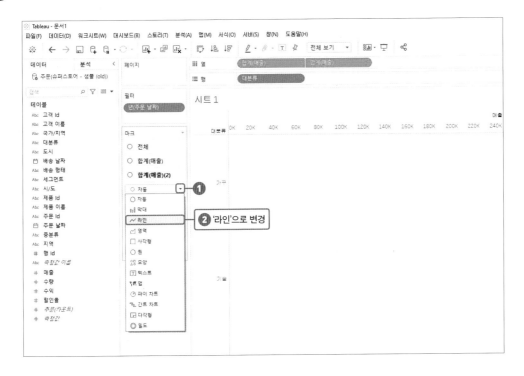

08 [마크] 카드 위의 [색상]에 들어가 있는 [년(주문 날짜)] 필드를 [경로] 위로 드래그합니다.

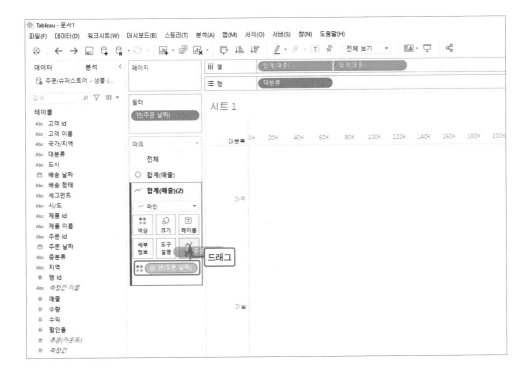

09 사이드 바에서 [중분류] 필드를 행 선반으로 드래그합니다. 이에 따라 대분류, 중분류별 매출이 덤벨 모양으로 표현됩니다.

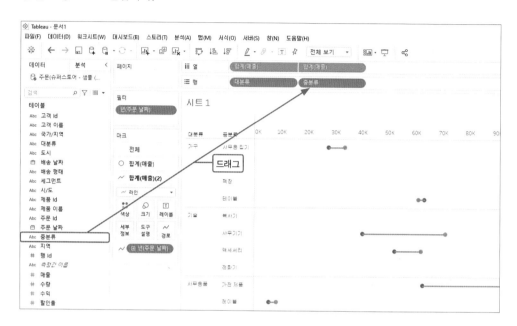

10 매출 축 위를 마우스 오른쪽 버튼으로 클릭한 후 [축 동기화]를 클릭합니다.

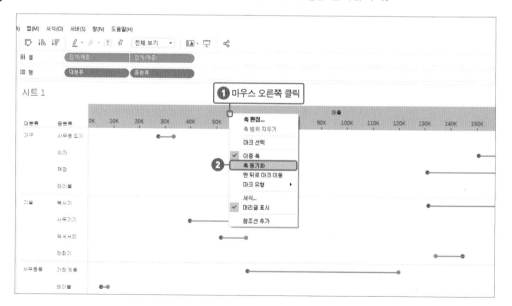

여기서 잠깐

축 동기화 동작을 수행하면, 주 축의 눈금과 보조 축의 눈금이 정렬됩니다. 다음 워크시트에서 열 선반에 동일한 [매출] 필드를 가져왔지만, 대분류, 중분류별로 정렬이 정확하게 이뤄지지 않은 상황이었으므로 [축 동기화] 동작을 실행해 두 축의 눈금을 맞추게 됩니다.

11 다시 매출 축 위에서 마우스 오른쪽 버튼으로 클릭한 후 [머리글 표시]의 체크 표시를 해제합니다. 다음 축에서 매출에 대한 정보를 확인할 수 있으므로 중복된 정보를 보여 줄 필요가 없기 때문입니다.

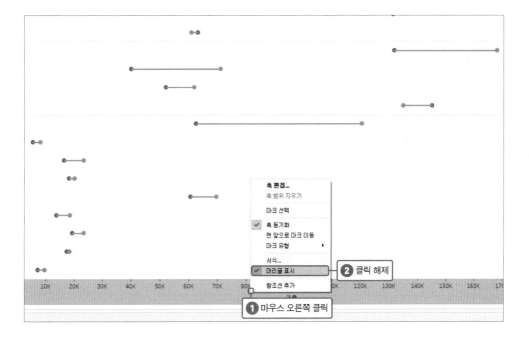

12 딤벨 차트가 완성됐습니다. 차트를 더욱 깔끔하게 보여 주기 위해 몇 가지 서식 측면을 살펴보겠습니다. 워크시트의 빈 공간을 마우스 오른쪽 버튼으로 클릭한 후 [서식...]을 클릭합니다.

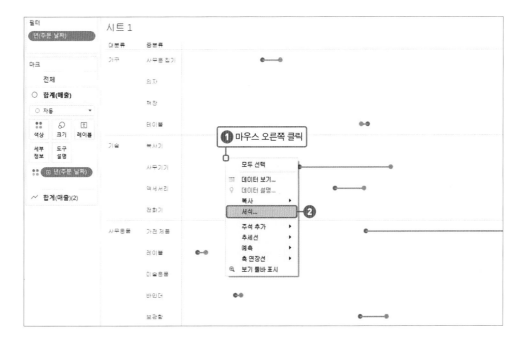

13 [라인 서식]에 있는 [열] 탭에서 [격자선]을 [없음]으로 변경합니다. 매출 구간별 세로 선이 없어지면서 시선의 분산이 줄어듭니다.

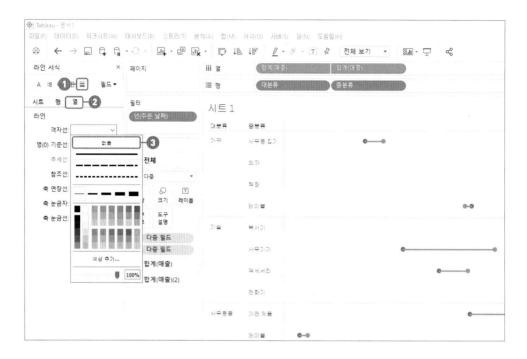

14 합계(매출) [마크] 카드에서 [마크] 카드 위의 [크기]를 클릭한 후 크기를 조절하는 바를 오른쪽으로 드래그해 원의 크기를 크게 조절합니다.

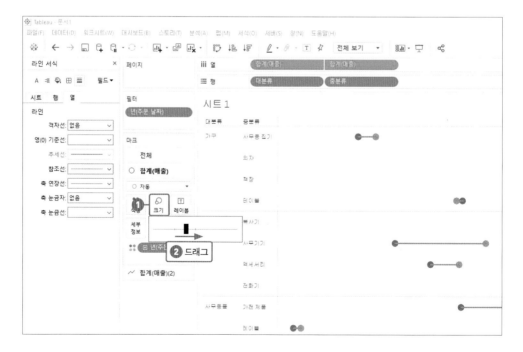

15 위 단계에서 원의 크기를 크게 변경했더니 원 모양보다 라인이 앞으로 나와 있는 모습을 확인할 수 있습니다. 덤벨 모양을 돋보이게 하기 위해 열 선반의 왼쪽에 있는 [합계(매출)] 필드를 오른 쪽으로 드래그해 위치를 변경합니다.

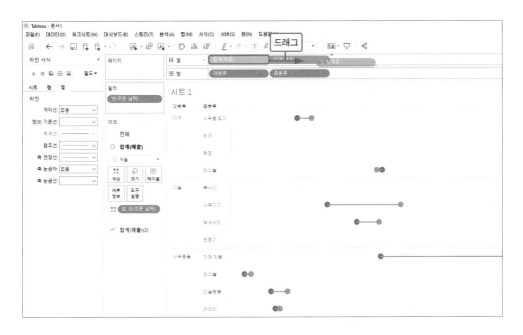

16 위 단계를 순서대로 따라 했다면 다음 그림과 같이 제품 대분류, 중분류별로 2017년, 2018년의 매출 차이를 확인할 수 있습니다. 주황색으로 표시된 2018년 매출이 오른쪽에 있으면 전년 대비 매출이 증가한 것으로 해석할 수 있습니다.

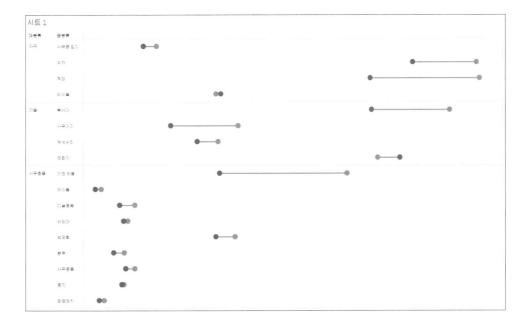

다음 대시보드는 실무 HR 데이터를 가공해 만든 Fake Data를 기반으로 미국 Human Resources 현황을 보여 주고 있습니다.

앞에서 언급했듯이 덤벨 차트는 특정 기준에 따른 차이와 변화를 살펴볼 때 유용합니다. 다음 대시보드의 오른쪽 위를 보면, 덤벨 차트를 통해 각 부서별 2019년, 2020년 평균 나이를 확인할 수 있습니다.

이때 Auditing 부서를 보면, 2020년 원 모양이 30대 초·중반에 있는 반면, 2019년 원 모양이 40대 후반에 위치하고 있습니다. 이를 통해 Auditing 부서의 2020년 평균 연령이 2019년 대비 현저히 낮아진 것을 알 수 있습니다.

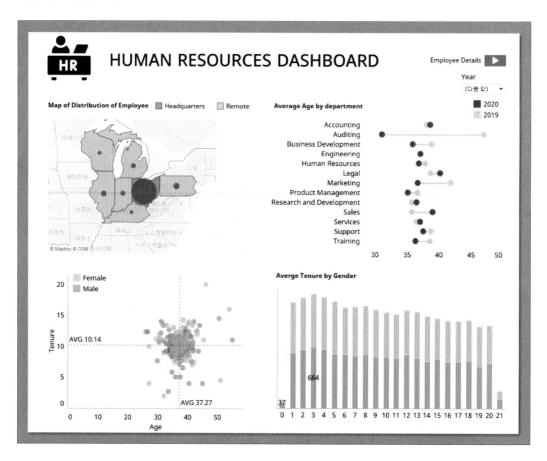

7

맵 차트

맵 차트(Map Chart)는 지역 데이터에 수치를 표현해 시각화할 때 유용합니다. 위도와 경도 데이터뿐 아니라 국가, 도시 이름, 시/도 등의 문자 형식 데이터가 있다면, 수치 데이터와 연동해 맵 차트를 구성할 수 있습니다.

 Main Concept

맵 차트는 지도상에 측정값을 색상으로 시각화할 때 사용합니다. 각 지역별 데이터를 색상을 통해 구분할 수 있으며, 국가 – 시/도 – 구 단위로 드릴다운해 세부 분석도할 수 있습니다.

맵 차트는 다양한 분야에서 효과적으로 활용할 수 있습니다. 먼저 리테일 업계에서의 편의점 또는 백화점의 매출과 유동 인구 비교 등에 활용할 수 있고 통신사에서는 기지국 데이터를 통해 인구의 이동량을 맵 차트로 표현할 수 있습니다. 마지막으로 마케팅 업계에서는 매출이 높은 지역을 탐색하고 옥외 광고의 효율성을 극대화할 때 활용할 수 있습니다. 한편 색상으로만 차트를 표현할 경우 명확한 비교가 어려운 부분은 있지만, 레이블, 크기, 범례 등을 활용하면 이를 보완할 수 있습니다.

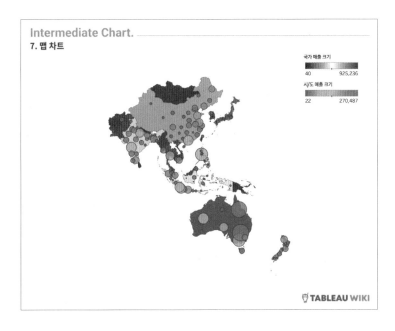

Intermediate Chart.
7. 맵 차트

국가 매출 크기
40   925,236

시/도 매출 크기
22   270,487

🍁 TABLEAU WIKI

맵 차트를 구성하기 위해서는 1개의 지리적 역할 데이터와 1개의 측정값이 반드시 필요합니다. [주문] 시트에는 지리적 역할로 활용할 수 있는 [국가/지역]와 측정값인 [매출] 필드도 포함돼 있습니다. [국가/지역] 데이터를 지리적 역할 데이터로 변경한 후 해당 필드를 더블클릭하면 행·열 선반에 위도·경도 매핑이 가능합니다. 이후 [매출] 필드를 [마크] 카드 위의 [색상]으로 드래그하면 맵 차트를 구성할 수 있습니다.

'슈퍼스토어 – 샘플(old)' 파일이 아닌 다른 데이터를 활용하더라도 1개의 지리적 역할 데이터와 1개의 측정값이 포함돼 있으면 맵 차트를 구성할 수 있습니다. 이때 지리적 역할 데이터는 위도·경도 데이터 뿐 아니라 국가, 도시, 시/도 카운티 등 지역 이름이 문자 형식으로 정확히 작성돼 있다면 태블로 안에서 표현할 수 있습니다.

맵 차트 데이터 구성 예시

시각화 예시	차원(지리적 역할 데이터)	측정값(색상)
지역구에 따른 매출 맵 차트	지역구	매출
도시에 따른 고객 수 맵 차트	도시명	고객 수
시/도에 따른 노인 인구 비율 맵 차트	시/도	노인 인구 비율
국가별 GDP 맵 차트	국가명	GDP
지역에 따른 아파트 가격 맵 차트	지역구	아파트 가격

01 사이드 바에 있는 [국가/지역] 필드의 추가 메뉴[▼]를 클릭한 후 [지리적 역할]을 선택해 지리 정
보를 [국가/지역]으로 설정합니다. 다음과 같이 국가/지역을 '지리적 역할'로 변경하면 지구본의
모양이 필드명의 왼쪽에 나타나며 사이드 바의 아래쪽에 있는 측정값 영역에 위도와 경도 필드
가 새로 생성됩니다.

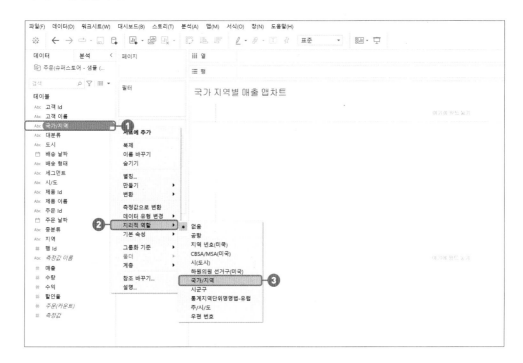

여기서 잠깐

지리적 역할은 국가, 지역, 시, 도와 같이 지리적 특성을 함축하고 있는 필드에 활용할 수 있습니다. 지리적 역할을 활용하면 태블
로 안에 내장돼 있는 맵 서비스 기능과 연동돼 각 위치에 맞는 위도·경도값을 할당합니다.

02 **01**과 마찬가지로 사이드 바에 있는 [시/도] 필드의 추가 메뉴[▼]를 클릭한 후 [지리적 역할]에서 [주/시/도]를 선택해 문자 형식 데이터를 지리 정보로 변경합니다.

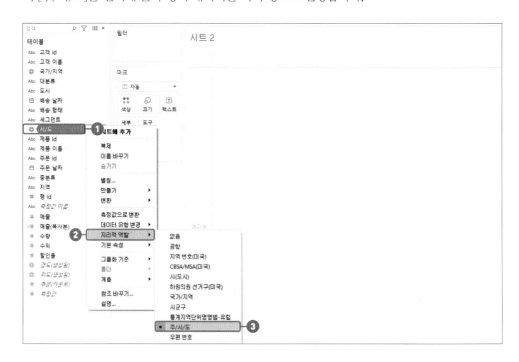

03 사이드 바에 있는 [국가/지역] 필드의 추가 메뉴[▼]를 클릭한 후 [계층]을 클릭하고 [계층 만들기...]를 선택합니다.

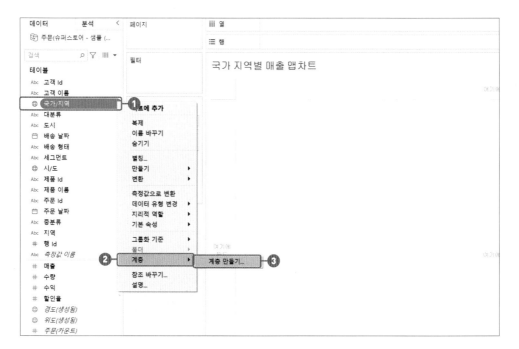

04 [시/도] 필드를 앞에서 생성한 계층 영역으로 드래그합니다.

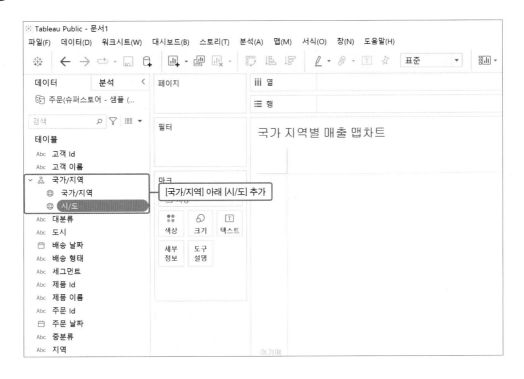

05 사이드 바에서 [국가/지역] 필드를 더블클릭하면, 위도와 경도가 열·행 선반에 나타납니다.

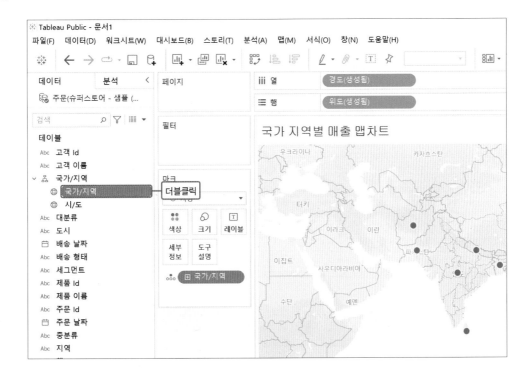

06 사이드 바에서 [매출] 필드를 [마크] 카드 위의 [색상]으로 드래그하면 다음과 같이 국가별 매출의 수치가 다른 색상으로 표현됩니다.

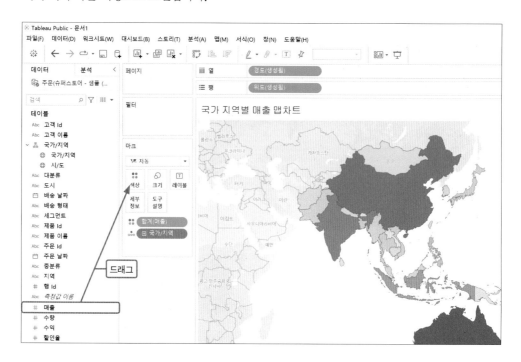

07 [마크] 카드 위의 [색상]에서 [색상 편집...]을 클릭합니다. [색상 편집] 대화상자가 표시되면 색상표에서 [빨간색-파란색 다중]을 선택합니다.

08 사이드 바에서 [시/도] 필드를 워크시트의 뷰로 드래그하면 [마크 계층 추가]라는 버튼이 나타나는데, 이때 해당 영역 위에서 [시/도] 필드를 드롭합니다.

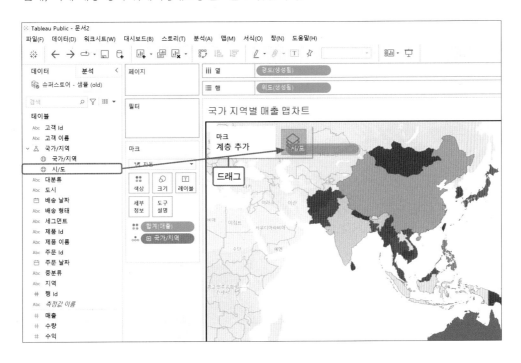

09 맵에서 지역이 인식되지 않을 경우, 오른쪽 아래에 '알 수 없는 항목' 에러 메시지가 나타납니다. 해당 메시지를 클릭한 후 위치 편집으로 들어가 [위치 편집] 대화상자에서 국가/지역을 [없음]으로 바꿔 주고 [시/도]가 다음 화면처럼 지정됐는지 확인합니다.

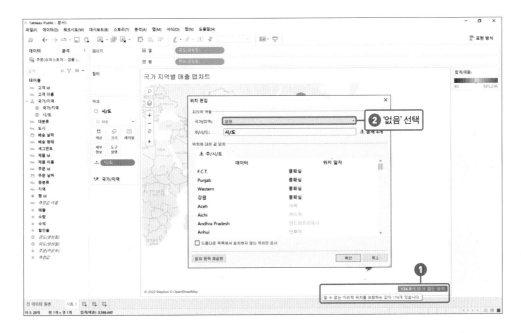

10 사이드 바에 있는 측정값 [매출] 필드의 추가 메뉴[▼]를 클릭한 후 [복제]를 선택해 [매출(복사본)]을 만듭니다. 새로 생성된 [매출(복사본)] 필드를 통해 맵 차트에 '시/도'의 매출을 표현해 보겠습니다.

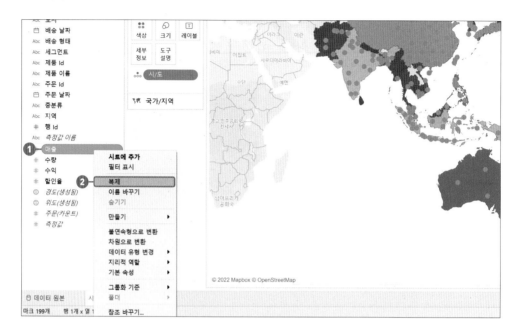

11 시/도 [마크] 카드에서 마크 유형을 [자동]에서 [원]으로 변경합니다. 이후 사이드 바에서 [매출(복사본)] 필드를 [마크] 카드 위의 [색상]으로 드래그하면 워크시트 뷰에서 작은 원들이 매출의 크기에 따라 다른 색상으로 표현되는 것을 알 수 있습니다.

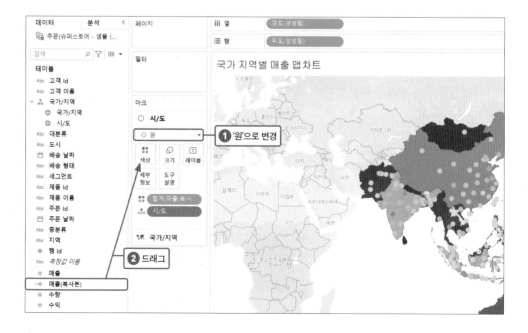

⑫ [마크] 카드 [시/도]에서 '색상'을 클릭한 후 [색상 편집...]을 클릭합니다. [색상 편집] 대화상자에서 [온도 다중]을 선택합니다. 이후 [반전]을 클릭해 붉은색이 작은 값을 표현하고 초록색이 큰 값을 표현할 수 있도록 설정합니다.

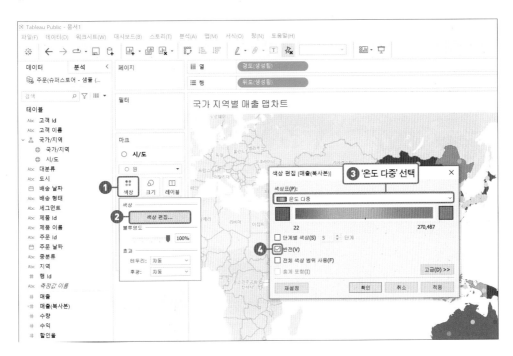

⑬ 메뉴에서 [맵]을 클릭한 후 [맵 계층...] 또는 [백그라운드 레이어...]를 선택합니다.

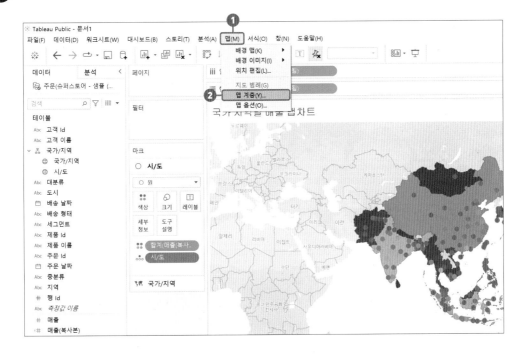

14 [맵 계층]에서 백그라운드 안에 있는 '투명도'를 '100%'로 설정해 불필요한 지역을 모두 워크시트 뷰 안에서 삭제합니다.

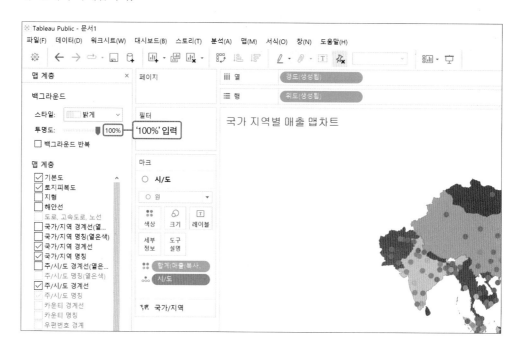

15 사이드 바에서 [매출(복사본)] 필드를 [시/도]의 [마크] 카드에서 [마크] 카드 위의 [크기]로 드래그합니다. 이후 [마크] 카드 위의 [크기]를 클릭하고 크기를 조절하는 바를 오른쪽으로 드래그해 원의 크기를 살짝 크게 조절합니다.

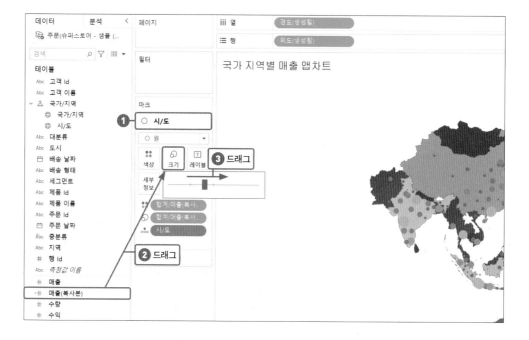

16 시/도 [마크] 카드에서 [마크] 카드 위의 [색상]을 클릭한 후 [불투명도]를 '80%'로 설정하고 [테두리]를 [회색]으로 변경합니다.

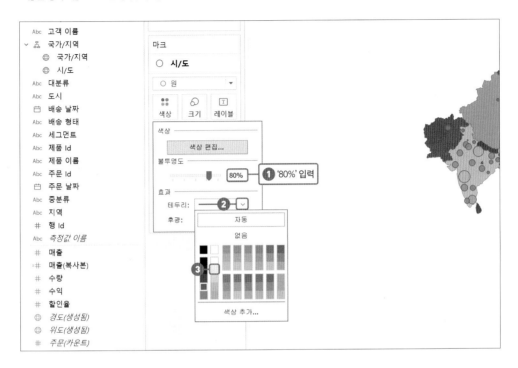

17 국가와 시/도에 따른 매출을 표현한 맵 차트가 완성됐습니다.

[색상 편집] 대화상자의 색상표 아래에 있는 색 상자를 더블클릭하면 [색상 선택] 창이 표시됩니다. 원하는 색상을 직접 선택하거나 색상 16진수를 입력해 원하는 색을 지정할 수도 있죠. [색상 선택] 창의 [화면 색상 선택]은 화면에서 마우스 커서를 올려놓은 위치의 색상을 추출할 수 있는 기능입니다.

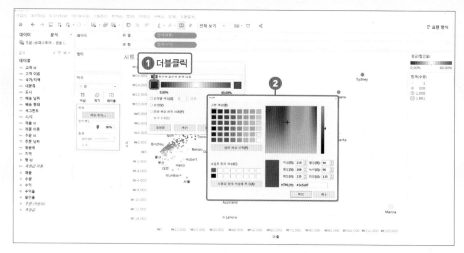

맵 차트는 지리적 정보와 색상을 통한 비교로 어느 지리적 위치에서 수치가 높게 나오고 있는지를 한눈에 파악할 수 있습니다.

다음 그림은 뉴욕의 지리적 역할 데이터를 활용해 어느 지역에서 쥐와 관련된 사건이 많은지를 파악할 수 있는 맵 차트 기반의 대시보드입니다. 색상을 통해 붉은색으로 표현된 곳은 쥐가 빈번하게 출현하는 곳을 의미하며, 푸른색으로 표현된 곳은 비교적 낮게 출현하는 곳을 의미합니다. 다음 맵 차트를 통해 브루클린과 맨하탄 지역이 다른 지역보다 쥐 출현 빈도가 더욱 높다는 것을 색상을 통해 확인할 수 있습니다.

다음 그림은 Fake 데이터로 구성된 Retail 업체의 대시보드입니다. 카운티와 시/도 정보를 통해 매출이 높은 지역과 낮은 지역을 색상으로 확인할 수 있습니다. 색상과 원의 크기로 매출을 표현한 결과, 남부 지역이 다른 지역보다 매출이 높다는 것을 시각적으로 파악할 수 있습니다.

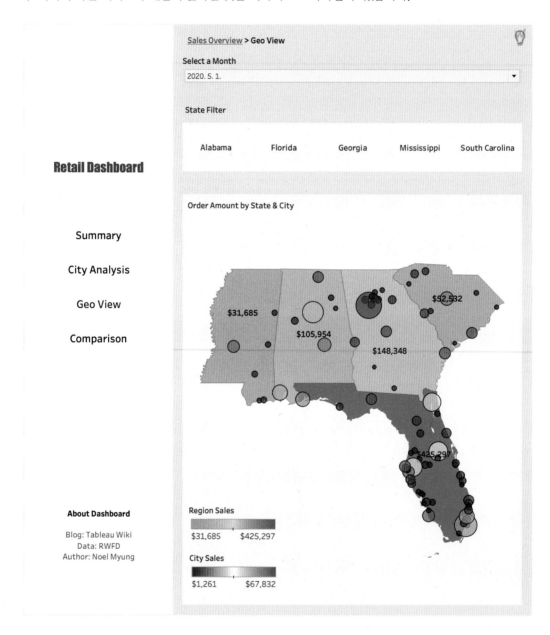

게이지 차트

특정 값 대비 실제 값 현황을 파악하고자 할 때 어떤 차트가 먼저 떠오르시나요? 게이지 차트(Gauge Chart)가 하나의 좋은 선택지가 될 수 있습니다.

Main Concept

게이지 차트는 어떤 수치에 대한 진행 상황과 비율 등을 표현할 때 효과적입니다. 게이지 차트는 자동차 미터기 또는 냉장고 에너지 소비 효율 등급을 표시하는 계기판과 비슷한 형태를 띠는 차트입니다. 반원 모양에서 특정 라인이 해당 범위 또는 눈금을 보여 주는 듯한 모습으로 시각화됩니다. 태블로에서 기본적으로 제공하는 [표현 방식]이 아니라 파이 차트를 응용해 생성할 수 있습니다.

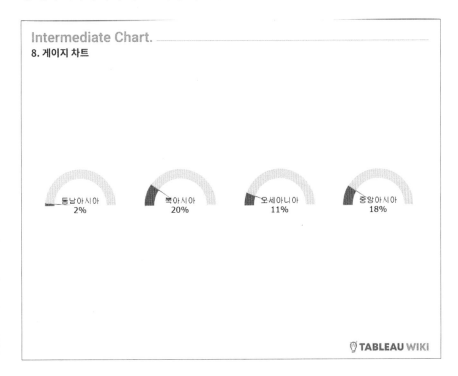

Data

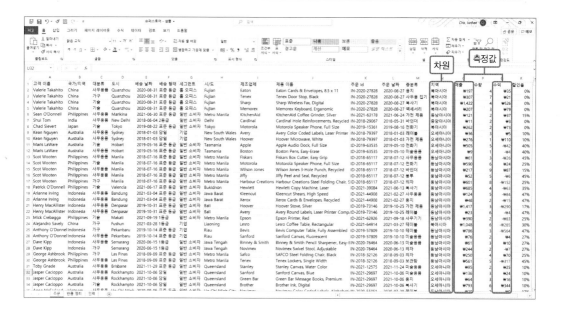

게이지 차트는 측정값 필드를 활용해 만들 수 있으며, 차원 필드를 통해 분류를 세분화할 수 있습니다. 이번 실습에서는 [주문] 시트에서 차원값인 [지역] 필드와 측정값인 [수익률] 필드를 활용해 게이지 차트 구성할 예정입니다. 이때 [수익률] 필드를 활용해 여러 계산 식을 만들고 '이중 축' 기능을 활용해 표현합니다. 또한 [측정값 이름] 차원 필드를 [마크] 카드 위의 [색상]으로 드래그한 후 측정값 현황을 구분해 표현할 수 있습니다.

'슈퍼스토어 – 샘플(old)' 파일이 아닌 다른 데이터를 활용하더라도 차원과 측정값 데이터가 존재한다면, 게이지 차트를 쉽게 구성할 수 있습니다.

게이지 차트 데이터 구성 예시

시각화 예시	차원	측정값 1	측정값 2
부서별 목표 대비 매출 게이지 차트	부서	목표 매출	실제 매출
제품 분류별 전체 매출 대비 비중 차트	제품 분류	전체 매출	제품 분류별 매출
프리미어리그 구단 득점률 게이지 차트	구단명	골 개수	슈팅 개수
도시별 인구수 현황 게이지 차트	도시명	총 인구수	도시별 인구수
국가별 GDP 현황 게이지 차트	국가명	전 세계 GDP	국가별 GDP

Tutorial

게이지 차트를 만드는 데는 여러 가지 방법이 있지만, 이 중 가장 쉬운 방법을 알아보겠습니다. 다음과 같은 원 모양 차트에서 절반에 해당하는 아래쪽의 반원을 보이지 않게 처리하면 계기판의 모양을 구현할 수 있습니다. 이번 실습에서는 각 지역별 수익률을 게이지 차트 형식으로 표현해 보겠습니다.

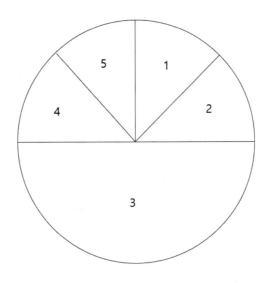

01 열 선반의 빈 공간을 더블클릭해 임의의 값 'Min(0)'을 입력합니다. 이중 축 기능을 활용하기 위해 총 2개의 필드를 생성합니다.

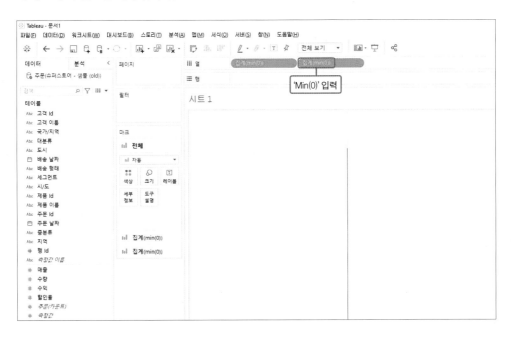

02 전체 [마크] 카드에서 마크 유형을 [자동]에서 [파이 차트]로 변경합니다.

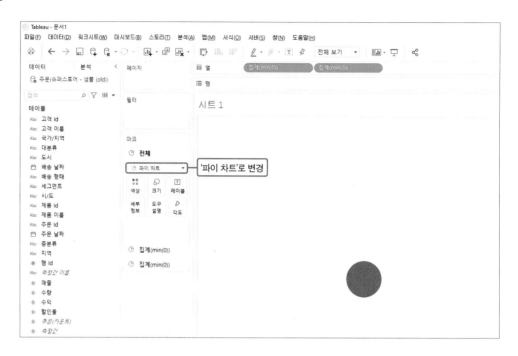

03 '이중 축' 기능을 활용해 다음과 같이 도넛 차트 모양을 만듭니다.

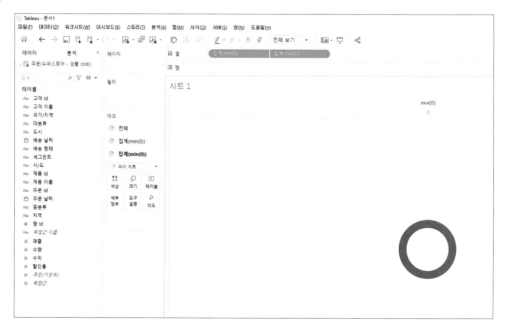

여기서 잠깐

도넛 차트 만드는 자세한 방법은 154쪽을 참고하세요.

04 게이지 차트는 태블로에서 [표현 방식]을 통해 기본적으로 제공하는 형태의 차트가 아니므로 다음과 같이 몇 가지 수식을 새로 생성해 줘야 합니다.

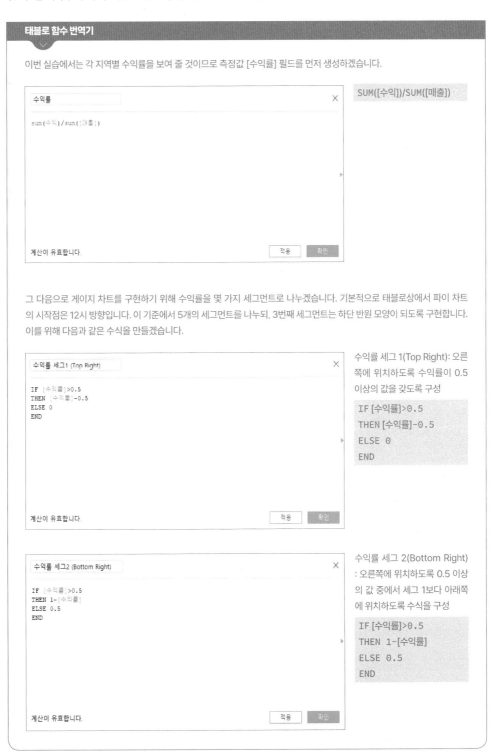

태블로 함수 번역기

이번 실습에서는 각 지역별 수익률을 보여 줄 것이므로 측정값 [수익률] 필드를 먼저 생성하겠습니다.

수익률   ×

sum([수익]) / sum([매출])

계산이 유효합니다.   적용   확인

SUM([수익])/SUM([매출])

그 다음으로 게이지 차트를 구현하기 위해 수익률을 몇 가지 세그먼트로 나누겠습니다. 기본적으로 태블로상에서 파이 차트의 시작점은 12시 방향입니다. 이 기준에서 5개의 세그먼트를 나누되, 3번째 세그먼트는 하단 반원 모양이 되도록 구현합니다. 이를 위해 다음과 같은 수식을 만들겠습니다.

수익률 세그1 (Top Right)   ×

IF [수익률]>0.5
THEN [수익률]-0.5
ELSE 0
END

계산이 유효합니다.   적용   확인

수익률 세그 1(Top Right): 오른쪽에 위치하도록 수익률이 0.5 이상의 값을 갖도록 구성

IF [수익률]>0.5
THEN [수익률]-0.5
ELSE 0
END

수익률 세그2 (Bottom Right)   ×

IF [수익률]>0.5
THEN 1-[수익률]
ELSE 0.5
END

계산이 유효합니다.   적용   확인

수익률 세그 2(Bottom Right): 오른쪽에 위치하도록 0.5 이상의 값 중에서 세그 1보다 아래쪽에 위치하도록 수식을 구성

IF [수익률]>0.5
THEN 1-[수익률]
ELSE 0.5
END

게이지 차트

수익률 세그3 (Half)   ✕

avg(1)|

▸

계산이 유효합니다.   확인

수익률 세그 3(Half): 반원을 구
성하게 될 세그먼트로, 숫자 1의
평균값인 avg(1)을 입력

avg(1)

수익률 세그4 (Bottom Left)   ✕

IF [수익률]<0.5
THEN [수익률]
ELSE 0.5
END

▸

계산이 유효합니다.   적용   확인

수익률 세그 4(Bottom Left):
왼쪽에 위치하도록 0.5 미만의
값을 갖도록 구성

IF [수익률]<0.5
THEN [수익률]
ELSE 0.5
END

수익률 세그5 (Top Left)   ✕

IF [수익률]<0.5
THEN 0.5-[수익률]
ELSE 0
END

▸

계산이 유효합니다.   적용   확인

수익률 세그 5(Top Left): 왼쪽
에 위치하도록 0.5 미만의 값 중
에서 세그 4보다 위쪽에 위치하
도록 수식 구성

IF [수익률]<0.5
THEN 0.5-[수익률]
ELSE 0
END

05 [측정값 이름] 필드를 필터 선반으로 드래그하면 표시되는 [필터] 대화상자에서 앞서 생성한 5가지의 필드를 선택합니다.

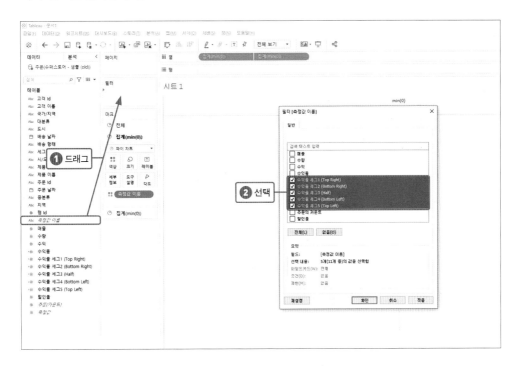

06 [측정값 이름] 필드를 전체 [마크] 카드 위의 [색상]으로 드래그합니다.

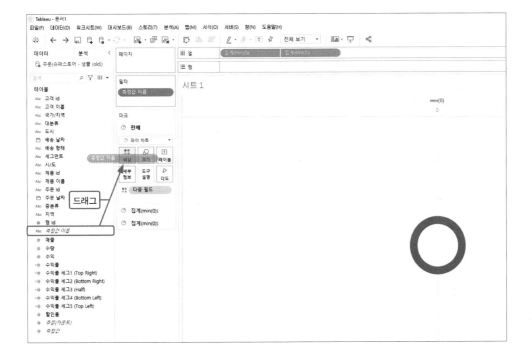

07 [측정값] 필드를 [마크] 카드 위의 [각도]로 드래그합니다.

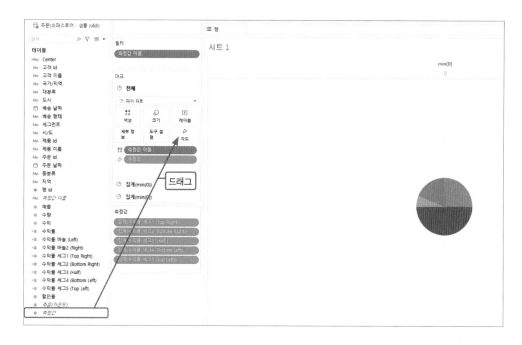

08 전체 [마크] 카드에서 [마크] 카드 위의 [색상]을 클릭한 후 [색상 편집...]을 클릭해 각 측정값별 색상을 변경하겠습니다. 우선 수익률 세그 3(Half)의 경우, 반원 모양을 만들기 위해 흰색으로 변경하겠습니다. [색상 편집] 대화상자의 왼쪽 '데이터 항목 선택' 부분에서 수익률 세그 3(Half) 을 더블클릭한 후 색상을 흰색으로 변경합니다.

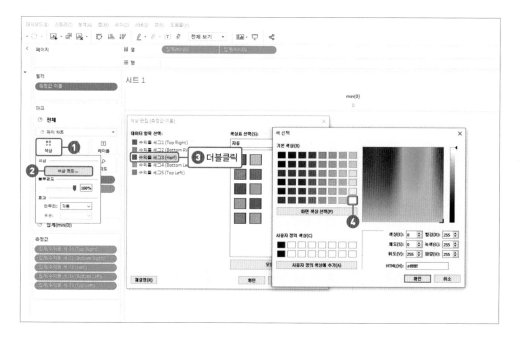

09 수익률 세그 1과 세그 4의 경우 비율에 따라 채워지므로 식별할 수 있는 색상을 클릭하고, 수익률 세그 2와 세그 5의 경우 회색 계열로 표현하겠습니다.

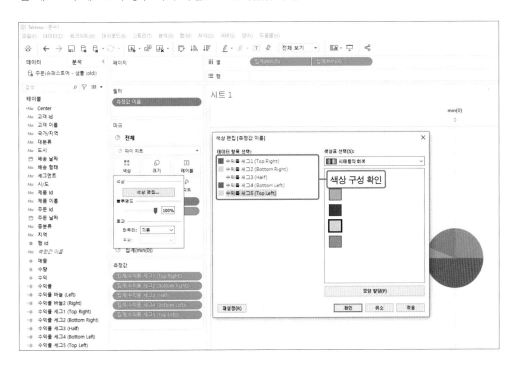

10 X축 위에서 마우스 오른쪽 버튼으로 클릭한 후 [머리글 표시]의 체크 표시를 해제합니다.

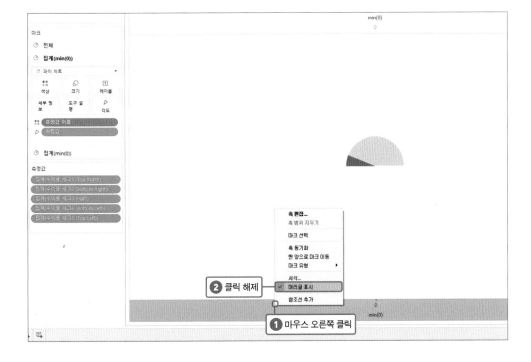

11 사이드 바의 빈 공간을 마우스 오른쪽 버튼으로 클릭한 후 [계산된 필드 만들기...]를 선택해 다음 그림과 같이 임의로 [Center]라는 필드를 생성합니다.

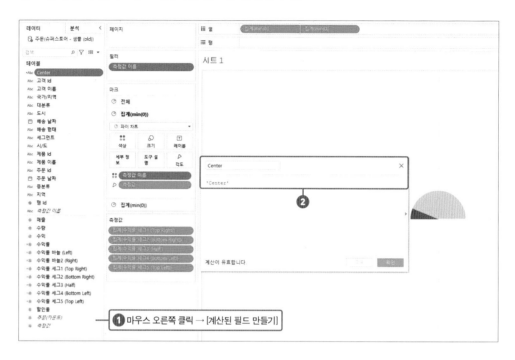

12 [Center] 필드를 두 번째 집계(min(0)) [마크] 카드에서 [마크] 카드 위의 [색상]으로 드래그합니다. [색상 편집...]에서 [Center] 필드의 색상을 흰색으로 변경합니다.

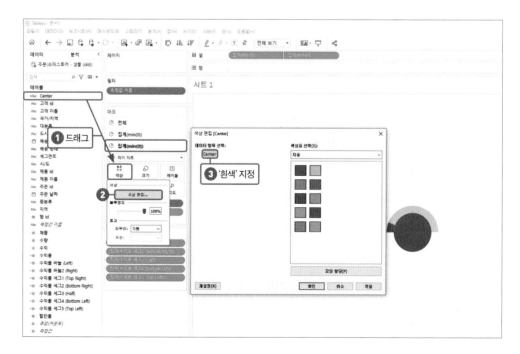

13 다음과 같이 도넛 차트가 절반 정도 잘린 듯한 모양으로 변하게 된 상황에서 특정 값을 지칭하는 바늘 모양의 선을 표현하기 위해 2개의 필드를 새로 생성하겠습니다.

다음 수식을 기준으로 [수익률 바늘(Left)]과 [수익률 바늘(Right)] 필드를 새롭게 생성합니다. 각각의 필드는 수익률의 범위에 따라 바늘 모양의 선이 왼쪽 또는 오른쪽에 위치하도록 0.5를 기준으로 부등호를 반대 방향으로 입력합니다.

수익률 바늘(Left)

IF [수익률]<=0.5 THEN 0.005 END

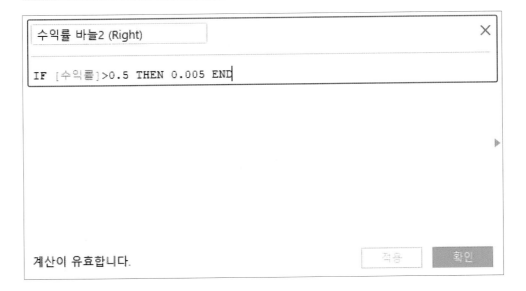

수익률 바늘 2(Right)

IF [수익률]>0.5 THEN 0.005 END

여기서 잠깐

위 수식에서 0.005는 임의의 값으로, 해당 값은 바늘 모양의 선 굵기를 표현합니다. 만약 선 굵기를 진하게 표현하고 싶다면 0.1, 선을 더 가늘게 표현하고 싶다면, 0.0005와 같은 값을 넣을 수 있습니다.

14 필터 선반에 있는 [측정값 이름]을 마우스 오른쪽 버튼으로 클릭한 후 [필터 편집]을 선택합니다. 앞에서 생성한 [수익률 바늘(Left)]과 [수익률 바늘 2(Right)] 필드도 추가로 선택합니다.

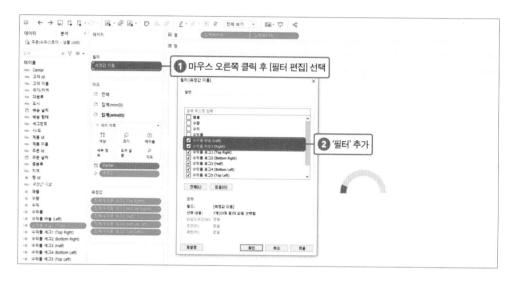

15 측정값 영역의 정렬 순서를 변경할 필요가 있습니다. [수익률 바늘 2(Right)] 필드가 [수익률 세그 1(Top Right)]과 [수익률 세그 2(Bottom Right)] 사이로 이동하고 [수익률 바늘(Left) 필드]는 [수익률 세그 4(Bottom Left)]와 [수익률 세그 5(Top Left)] 사이로 이동합니다. 해당 순서로 정렬돼야만 색상과 각도를 데이터 값에 따라 게이지 차트 위에 정확히 표현할 수 있습니다.

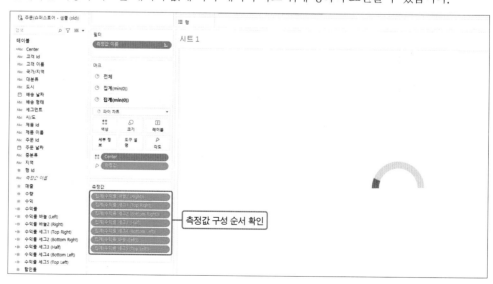

16 오른쪽 위에 있는 [측정값 이름] 색상 카드의 추가 메뉴 [▼]를 클릭한 후 [색상 편집...]을 선택합니다.

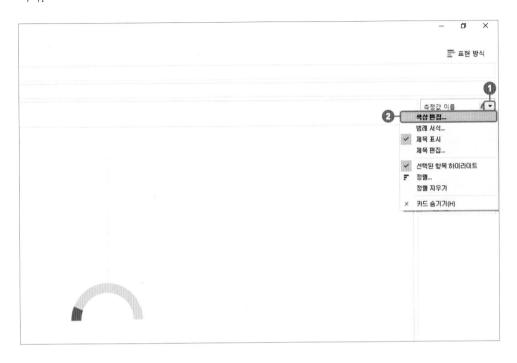

17 [색상 편집] 대화상자에서 2개의 [수익률 바늘] 필드를 검은색으로 변경한 후 [확인]을 클릭합니다.

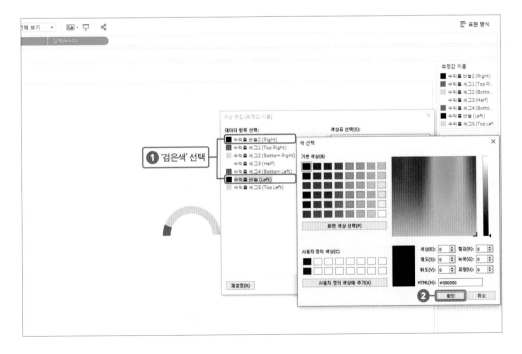

18 두 번째 집계(min(0)) 마크에서 [측정값 이름] 필드를 [마크] 카드 위의 [세부 정보]로 드래그합니다. 이후 세부 정보에 들어가 있는 [측정값 이름] 필드의 왼쪽에 있는 ⚬⚬ 버튼을 클릭합니다.

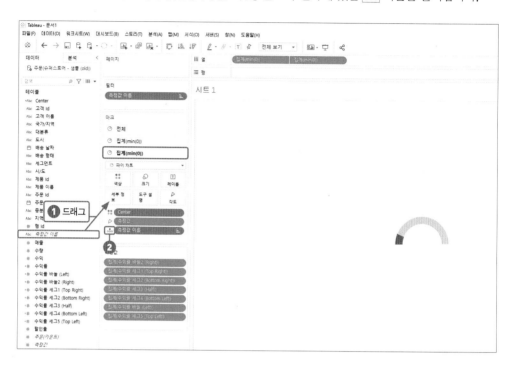

19 마크 카드 위에 있는 [측정값 이름] 필드의 [세부 정보]를 [색상]으로 변경합니다.

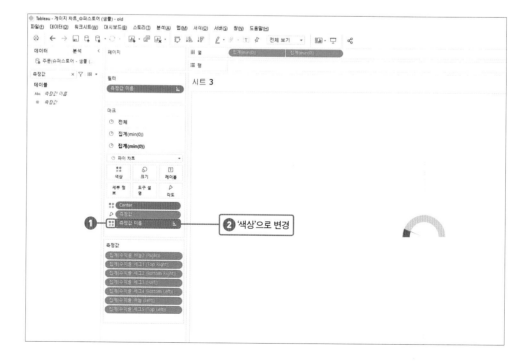

20 [색상 편집] 대화상자에서 2개의 [수익률 바늘] 필드는 검은색으로 변경하고 나머지 필드는 흰색으로 변경합니다. 이에 따라 게이지 차트 내에서 바늘 모양의 선이 해당 값을 표시하는 듯한 모습으로 구현됩니다.

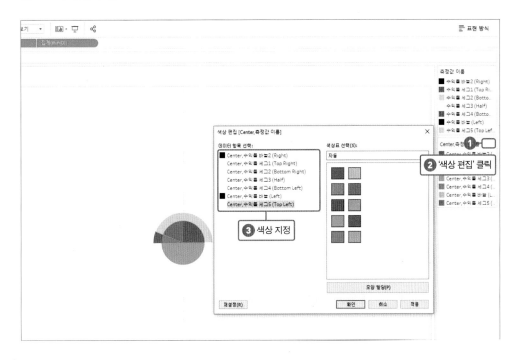

21 사이드 바의 [지역] 필드를 열 선반으로 드래그합니다.

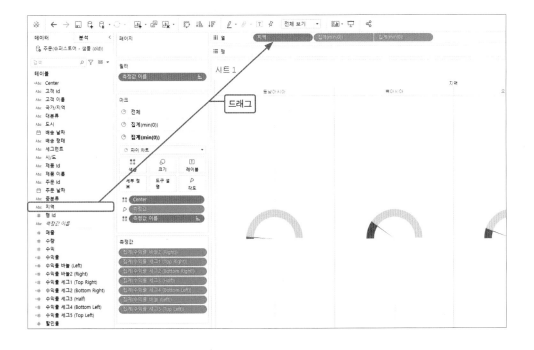

㉒ [지역] 필드를 두 번째 집계(min(0)) [마크] 카드에서 [마크] 카드 위의 [레이블]로 드래그합니다.

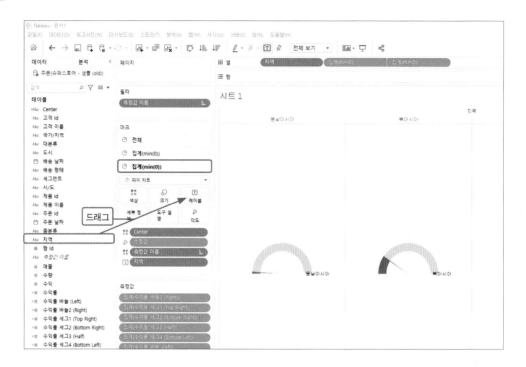

㉓ [수익률] 필드도 두 번째 집계(min(0)) [마크] 카드에서 [마크] 카드 위의 [레이블]로 드래그합니다.

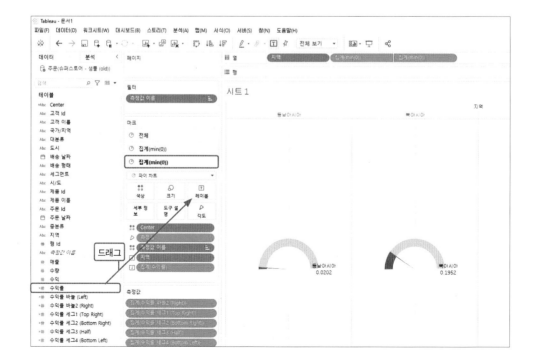

24 두 번째 집계(min(0)) [마크] 카드에서 [마크] 카드 위의 [레이블]을 클릭한 후 '레이블 맞춤'을 '가로'와 '세로' 모두 [가운데 맞춤]으로 변경합니다.

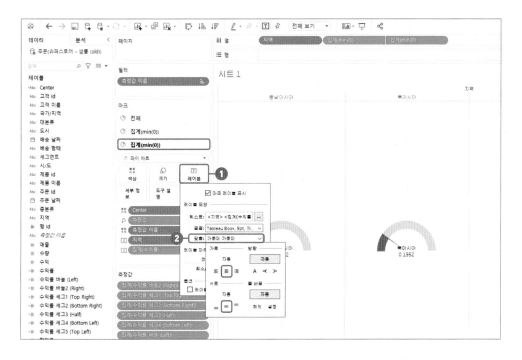

25 워크시트의 빈 공간을 마우스 오른쪽 버튼으로 클릭한 후 [서식…]을 선택합니다. '테두리 서식'의 [시트] 탭에서 [행 구분선]과 [열 구분선]을 모두 [없음]으로 변경합니다.

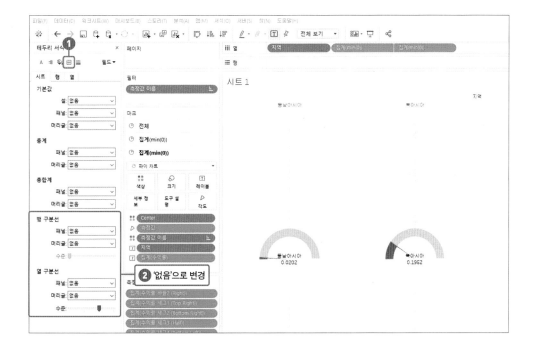

게이지 차트

Chapter 03 Intermediate Chapter **283**

26 [라인 서식]의 [시트]와 [열] 탭에서 [격자선]과 [영(0) 기준선] 또한 모두 [없음]으로 변경합니다.

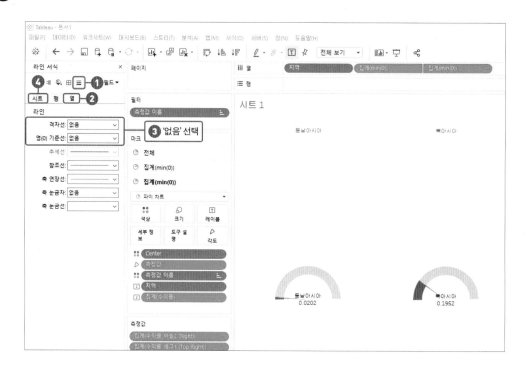

27 워크시트의 위쪽에 있는 '지역' 부분을 마우스 오른쪽 버튼으로 클릭한 후 [열에 대한 필드 레이블 숨기기]를 선택합니다.

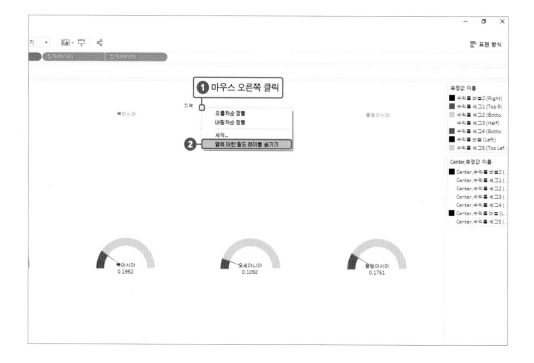

28 열 선반에 있는 [지역] 필드를 마우스 오른쪽 버튼으로 클릭해 [머리글 표시]의 체크 표시를 해제합니다.

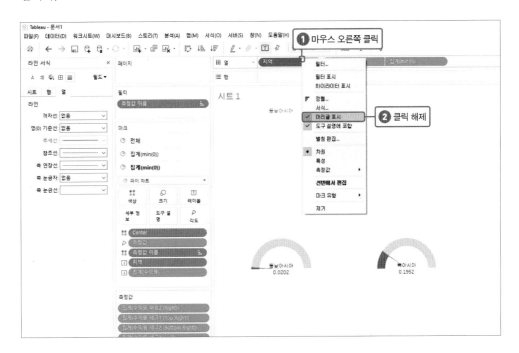

29 두 번째 집계(min(0)) [마크] 카드에서 [마크] 카드 위의 [레이블]에 있는 [집계(수익률)] 필드를 마우스 오른쪽 버튼으로 클릭한 후 [서식...]을 선택합니다.

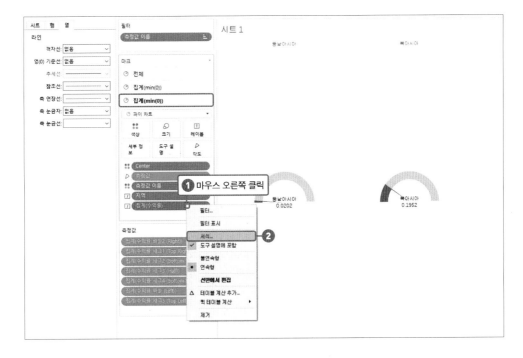

30 [패널] 탭에서 [기본값] 항목의 숫자 형식을 [백분율]로 변경한 후 소수 자릿수에는 '0'을 입력합니다.

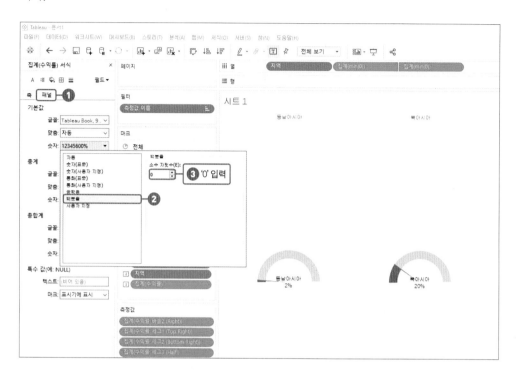

31 각 지역별 수익률에 대한 게이지 차트가 모두 완성됐습니다. 동남아시아는 수익률이 2%인 반면, 북아시아는 수익률이 20%로 가장 높은 수익률을 보여 주고 있습니다.

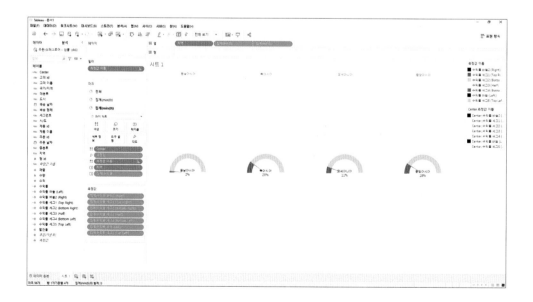

Use Cases

게이지 차트는 목표 대비 달성률 또는 전체 대비 비중을 시각화할 때 효과적입니다.

다음 대시보드는 창고 적재 현황을 보여 주는 대시보드입니다. 각 창고별로 서비스 기준을 충족했는지, 충족하지 못했는지를 게이지 차트를 통해 확인할 수 있습니다. 12번과 13번 창고는 100% 충족했지만, 16번 창고는 19.65%밖에 충족하지 못해 다른 창고에 비해 눈금이 왼쪽 부분에 위치한 것을 알 수 있습니다.

방사형 차트

축구 선수의 스탯별 능력치 도표를 본 적이 있나요? 방사형 차트(Radar Chart)는 여러 항목을 측정하거나 비교할 때 유용하게 활용될 수 있습니다.

★ Main Concept

방사형 차트는 '스파이더 차트'로도 불리며, 거미줄과 유사한 모습으로 시각화하는 차트입니다. 방사형 차트는 여러 지표를 동시에 평가 또는 측정 시 유용하게 활용되는 차트입니다. 이때, 해당 차원의 각 항목별 수치 차이에 따라 방사형 차트의 시각적 구현이 달라질 수 있습니다.

다음 이미지는 방사형 차트의 예시로, 가장 왼쪽 하단에 있는 지표가 다른 항목의 지표에 비해 큰 값을 갖고 있기 때문에 해당 항목으로 두드러지게 튀어나온 듯한 모습으로 구현됐습니다. 해당 항목의 지표를 의도적으로 부각시키는 효과가 있을 수 있지만, 만약 각 항목별로 균형 잡힌 모습으로 시각화하고 싶다면, 각 항목별 수치의 차이가 크지 않는 항목들로 선정하는 게 좋습니다.

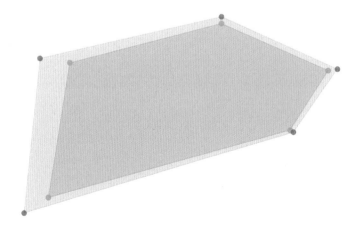

게이지 차트와 유사하게 방사형 차트는 태블로에서 기본적으로 제공하는 [표현 방식]을 통해 만들 수 없고, 생성된 여러 필드를 활용해 만들 수 있습니다. 방사형 차트를 만드는 여러 가지 방법 중 가장 쉬운 방법을 기준으로 설명하겠습니다.

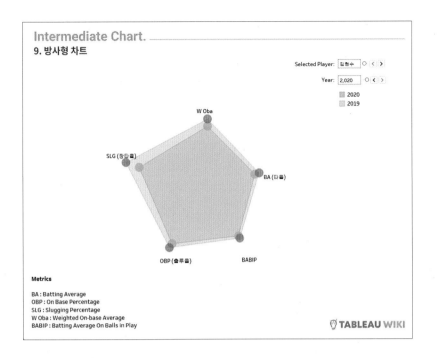

Intermediate Chart.
9. 방사형 차트

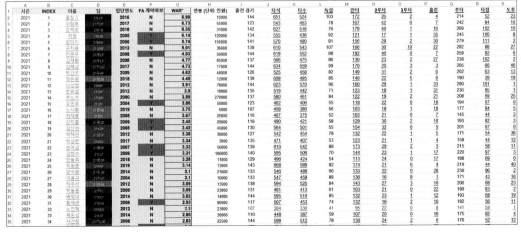

Data

스탯티즈(http://www.statiz.co.kr) 홈페이지에서 추출한 2016년부터 2021년 시즌까지의 KBO 리그 타자 데이터를 기반으로 실습을 진행할 예정입니다. 다음 조건을 고려해 데이터를 직접 추출했고, 해당 데이터는 태블로위키 블로그의 [chart gallery] – [Data Sets]에서 다운로드할 수 있습니다.

- 외국인 타자 선수 제외
- 100 타석 미만 기록 제외

출처: KBO 타자 데이터 다운로드 링크(https://tableauwiki.com/chart-gallery-datasets)

방사형 차트를 구성하기 위해서는 5개 이상의 차원과 측정값으로 구성된 데이터가 필요합니다. 이번 실습에서는 데이터 원본에서 피벗 기능을 활용해 '출루율(OBP)', '장타율(SLG)', '타율(BA)', '가중 출루율(W Oba)', '인플레이로 이어진 타구에 대한 타율(BABIP)' 등 총 5개의 차원값을 [Attribute]라는 필드로 묶겠습니다. 이후 각각의 차원값에 해당하는 측정값 [Value] 필드를 활용해 방사형 차트를 구성할 수 있습니다.

KBO 리그 타자 데이터 파일이 아닌 다른 데이터를 활용하더라도 5개 이상의 차원 데이터와 1개 이상의 측정값 데이터가 있다면, 방사형 차트를 쉽게 구성할 수 있습니다.

방사형 차트 데이터 구성 예시

시각화 예시	차원	측정값
지역별 비즈니스 분석 방사형 차트	지역	매출, 할인율, 비용, 수익률, 판매 수량 등
국가별 경쟁력 방사형 차트	국가	국내총생산, ICT 보급, 국제 특허 출원, 혁신, 친환경 지수 등
기업 가치 평가 방사형 차트	기업명	매출, 자본금, 부채, 재고 수준, 인재 풀 등
농구선수별 스탯 분석 방사형 차트	농구선수	득점, 어시스트, 스틸, 리바운드, 블로킹 등
인터뷰 대상자별 평가 항목 차트	인터뷰이	경력 점수, 외국어 구사 능력, 직무 적합도, 비전, 연봉 등

▶ Tutorial

방사형 차트는 태블로 데스크탑에서 기본적으로 제공하는 차트 유형이 아니므로 차트를 구현하기 위해서는 여러 선행 작업이 필요합니다.

01 '데이터 원본' 페이지에서 방사형 차트로 구현할 5가지 항목을 먼저 선택하겠습니다.
프로야구 타자의 기록 분석 시 다양한 스탯 요소를 고려할 수 있지만, 이번 실습에서는 출루율, 장타율, 타율, 가중 출루율, 인플레이로 이어진 타구에 대한 타율 등 총 5가지 항목을 방사형 차트로 표현하겠습니다.
데이터 원본 페이지에서 [Ctrl]을 누른 상태에서 마우스 왼쪽 버튼으로 OBP, SLG, BA, W Oba, BABIP 등 총 5가지 항목을 선택합니다. 이후 임의의 하나의 항목 위에서 마우스 오른쪽 버튼으로 클릭한 후 [피벗]을 선택합니다.

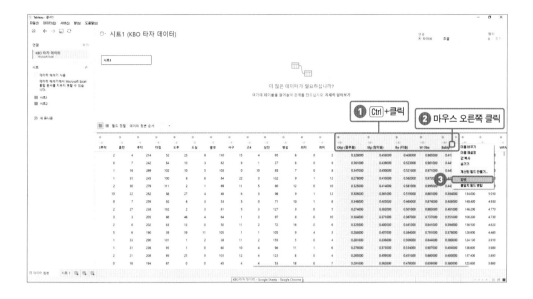

여기서 잠깐

5가지 항목을 선택하면 오각형, 6가지 항목을 선택하면 육각형 모양을 만들 수 있습니다. 어떤 방식 또는 목적으로 시각화를 하는지에 따라 선택하는 항목의 개수가 달라질 수 있다는 것을 기억하세요!

02 피벗이 완료되면, 차원 [피벗 필드명]과 측정값 [피벗 필드 값] 필드가 각각 생성됩니다. [피벗 필드명] 필드 위에서 더블클릭해 필드명을 'Attribute'로 변경하겠습니다.

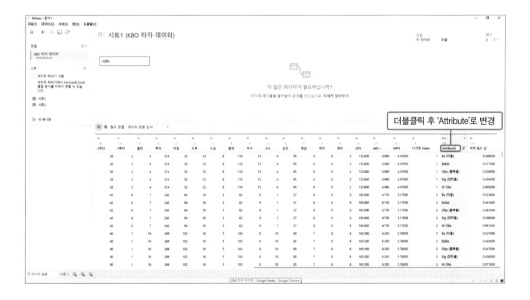

03 동일한 방법으로 [피벗 필드 값] 필드 위에서 더블클릭해 필드명을 'Value'로 변경합니다.

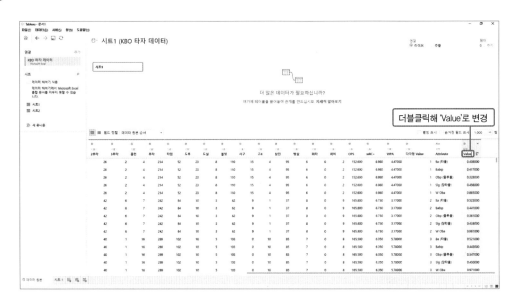

04 새로운 워크시트에서 여러 계산된 필드를 만들어 보겠습니다. 방사형 차트를 구현하기 위해서는 X축과 Y축이 각각 필요하며, 삼각법 공식을 활용할 필요가 있습니다. 몇 가지 항목을 선택하느냐에 따라 수식이 조금씩 달라질 수 있는데, 이번 실습에서는 오각형 모양 기준으로 방사형 차트를 만드는 예시로 진행하겠습니다.

[시트 1]을 클릭해 워크시트로 이동한 후 사이드 바의 빈 공간을 마우스 오른쪽 버튼으로 클릭해 [계산된 필드 만들기...]를 선택합니다. 이후 다음과 같이 4가지 다른 필드를 생성하겠습니다.

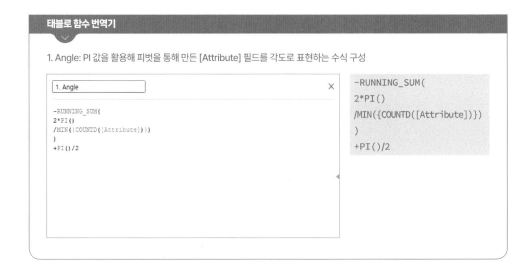

2. Distance from Center: 중앙으로부터의 거리를 표현하기 위해 [Value] 필드의 평균을 구하는 수식

| 2. Distance from Center | × |

AVG([Value])

계산이 유효합니다.　　　　　　　　　　　적용　　확인

`AVG([Value])`

3. X: 코사인(Cos) 함수를 활용해 X축을 구성하는 수식

| 3. X | × |

[2. Distance from Center]*COS([1. Angle])

계산이 유효합니다.　　　　　　　　　　　적용　　확인

`[2. Distance from Center]*COS([1. Angle])`

4. Y: 사인(Sin) 함수를 활용해 Y축을 구성하는 수식

| 4. Y | × |

[2. Distance from Center]*SIN([1. Angle])

계산이 유효합니다.　　　　　　　　　　　적용　　확인

`[2. Distance from Center]*SIN([1. Angle])`

05 태블로 함수 번역기에서 생성한 [3. X]와 [4. Y] 필드를 각각 열·행 선반으로 드래그해 가져옵니다.

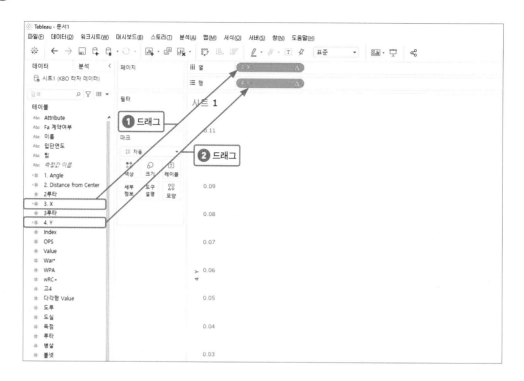

06 피벗을 통해 생성한 [Attribute] 필드를 드래그해 마크 카드 위의 [세부 정보]로 가져옵니다.

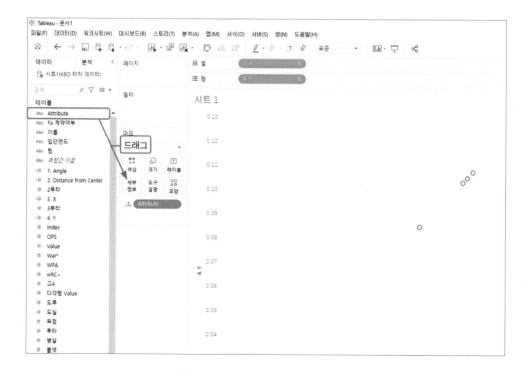

07 특정 선수의 기록을 표현하기 위해 'Players'라는 이름으로 매개 변수를 만들겠습니다. 왼쪽 사이드 바에 있는 추가 메뉴[▼]를 클릭해 [매개 변수 만들기...]를 선택합니다.

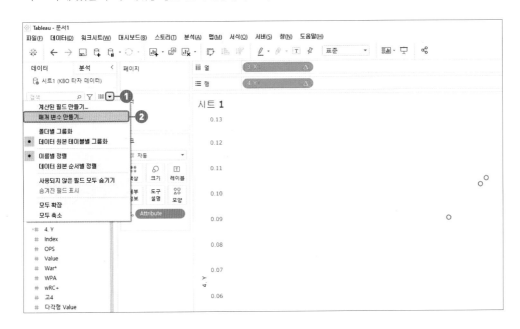

08 [매개 변수 만들기] 대화상자에서 이름에 'Players'를 입력하고 다음 조건에 맞게 입력한 후 [확인]을 클릭합니다.

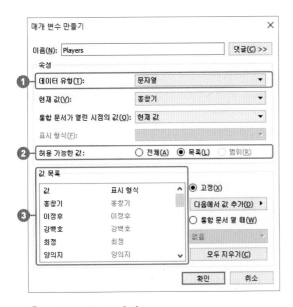

❶ 데이터 유형: 문자열

❷ 허용 가능한 값: 목록(L)

❸ 값 목록: 홍창기, 이정후, 강백호 등 상위 20명 타자 이름 입력

09 왼쪽 사이드 바의 빈 공간을 마우스 오른쪽 버튼으로 클릭해 [계산된 필드 만들기...]를 선택한 후 다음과 같은 수식을 입력합니다. 해당 필드는 앞서 생성한 매개 변수 'Players'가 선수 이름과 일치하면 'True', 그렇지 않으면 'False'를 반환하는 수식입니다.

10 앞서 생성한 [Players Filter] 필드를 드래그해 필터 선반으로 가져옵니다. [필터] 대화상자가 표시되면 [참]을 선택한 후 [확인]을 클릭합니다.

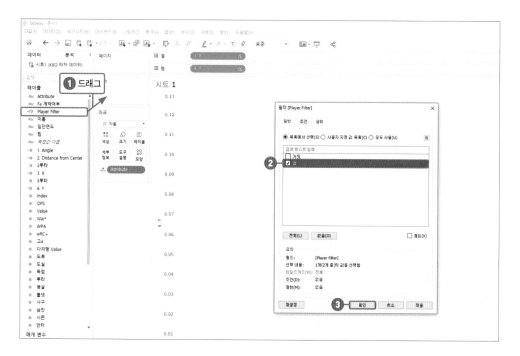

11 사이드 바의 하단에 있는 매개 변수 'Players'를 마우스 오른쪽 버튼으로 클릭한 후 [매개 변수 표시]를 선택합니다.

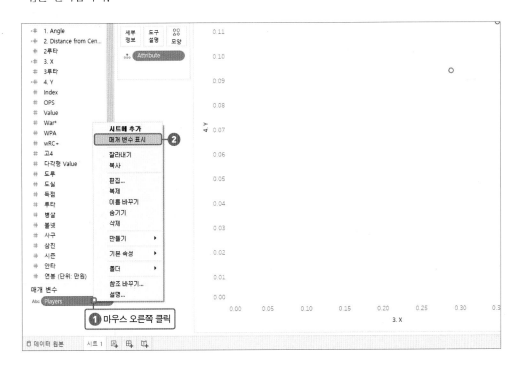

12 오른쪽 상단에 'Players'의 매개 변수 목록이 표현되며, [홍창기] 선수의 데이터가 워크시트상에 구현된 것을 확인할 수 있습니다.

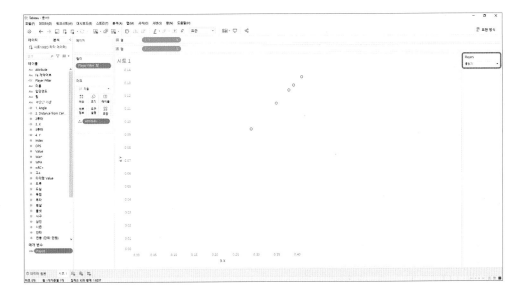

13 마크 유형을 [자동]에서 [다각형]으로 변경합니다.

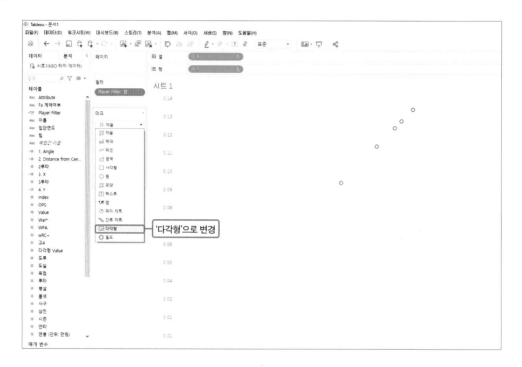

14 열 선반 위에 있는 [3. X] 필드를 마우스 오른쪽 버튼으로 클릭한 후 [다음을 사용하여 계산]을 클릭하고 [Attribute]를 선택합니다.

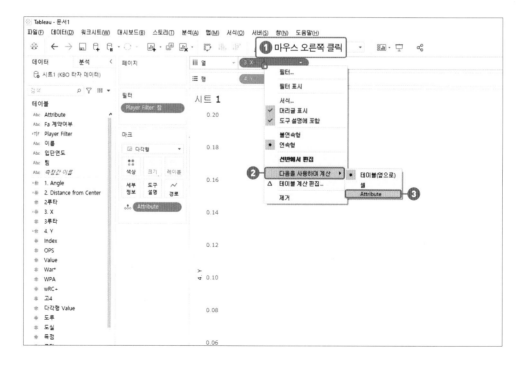

15 앞선 동작을 통해 테이블 계산 방식이 테이블(옆으로)에서 특정 차원인 [Attribute]를 기준으로 변경됩니다. [3. X] 필드를 마우스 오른쪽 버튼으로 클릭한 후 [테이블 계산 편집]을 선택하면 [Attribute] 기준으로 테이블 계산 방식이 변경된 것을 확인할 수 있습니다.

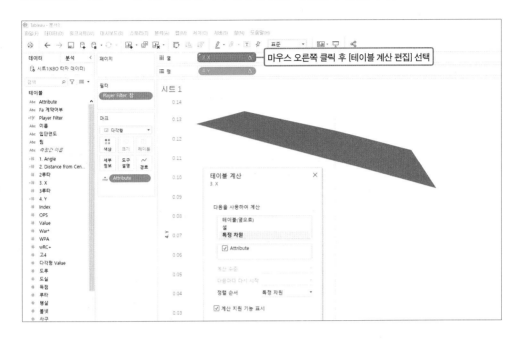

16 행 선반에 있는 [4. Y] 필드 또한 위와 동일한 방법으로 마우스 오른쪽 버튼으로 클릭한 후 [다음을 사용하여 계산]을 클릭하고 특정 자원 [Attribute]를 선택합니다. 여기까지 잘 따라왔다면 다음 이미지와 같이 나타납니다.

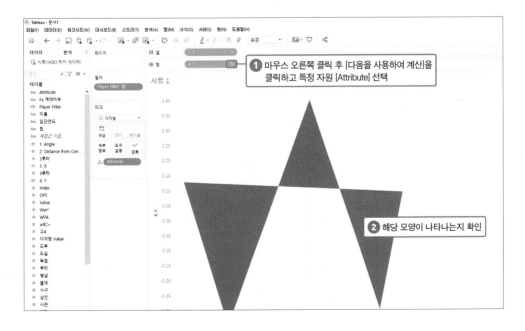

17 [1. Angle] 필드를 마크 카드 위의 [경로]로 드래그하면, 오각형 모양의 방사형 차트 기본 모습이 구현됩니다.

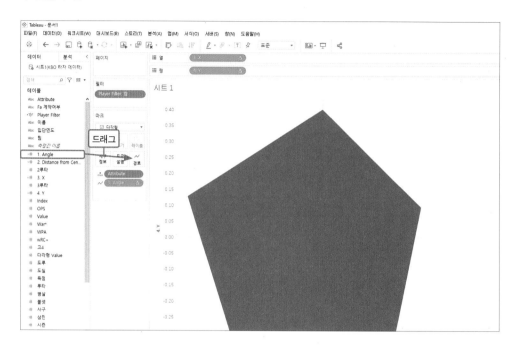

18 오각형 꼭짓점에 [Attribute] 항목을 각각 레이블로 표현해 주기 위해 이중 축을 만들어 보겠습니다. 열 선반에 있는 [3. X] 필드를 Ctrl 을 누른 상태에서 마우스 왼쪽 버튼으로 클릭한 후 열 선반의 빈 공간으로 드래그합니다.

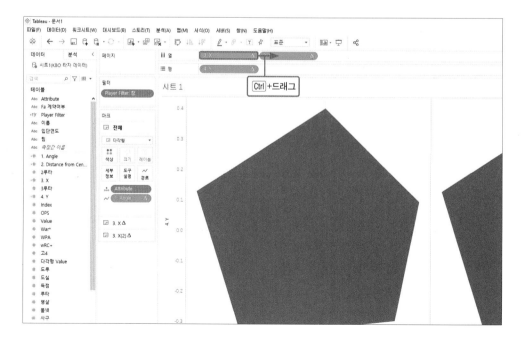

⑲ [3. X] 필드 중 하나를 마우스 오른쪽 버튼으로 클릭한 후 [이중 축]을 선택합니다.

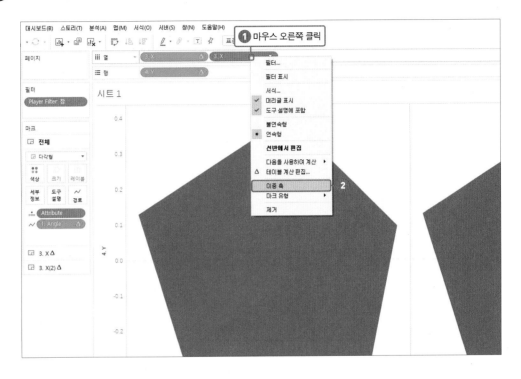

⑳ X축 위에서 마우스 오른쪽 버튼으로 클릭한 후 [축 동기화]를 선택합니다.

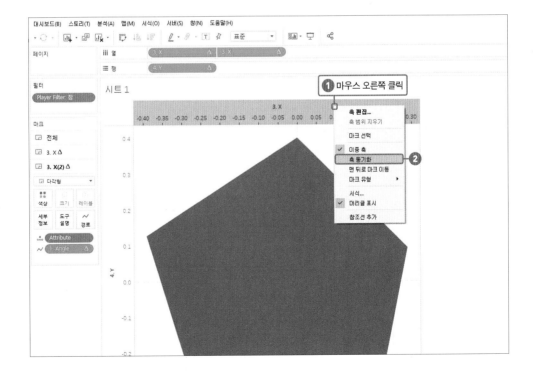

21 [3. X (2)] 마크 카드에서 마크 유형을 [다각형]에서 [원]으로 변경합니다.

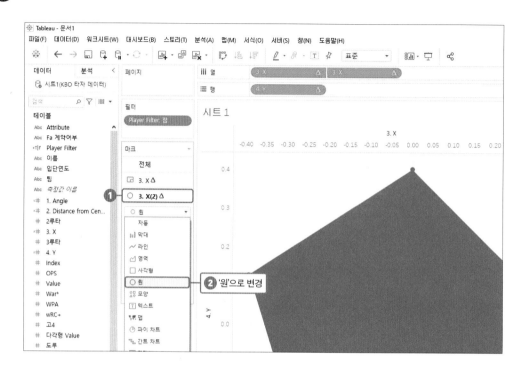

22 사이드 바에서 [Attribute] 필드와 [Value] 필드를 [3. X (2)] 마크 카드 위의 [레이블]로 드래그합니다.

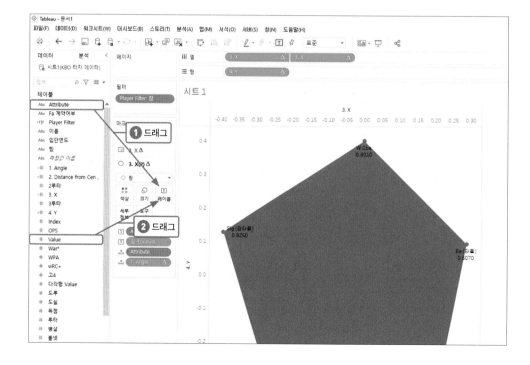

23 이때 [합계(Value)] 필드의 집계 방식을 [합계]에서 [평균]으로 변경합니다. 이는 선택된 시즌의 총합 수치가 아닌, 시즌 평균치를 보기 위한 것입니다.

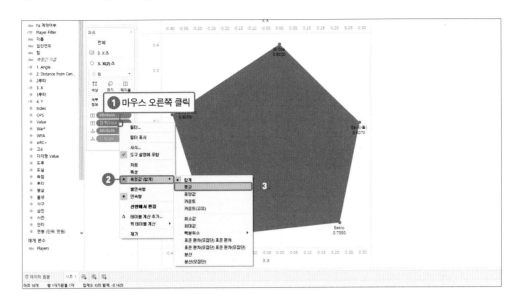

24 각 시즌별 성적을 확인하기 위해 'Selected Year'라는 매개 변수를 만들겠습니다. 사이드 바에서 마우스 오른쪽 버튼을 클릭해 [매개 변수 만들기...]를 선택합니다. [매개 변수 만들기] 대화상자 에서 다음 조건에 맞게 입력한 후 [확인]을 클릭합니다.

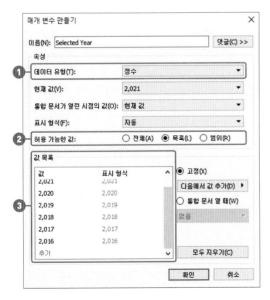

❶ 데이터 유형: 정수

❷ 허용 가능한 값: 목록(L)

❸ 값 목록: 2,021 / 2,020 / 2,019 / 2,018 / 2,017 / 2,016

25 'Selected Year' 매개 변수를 마우스 오른쪽 버튼으로 클릭한 후 [매개 변수 표시]를 선택합니다.

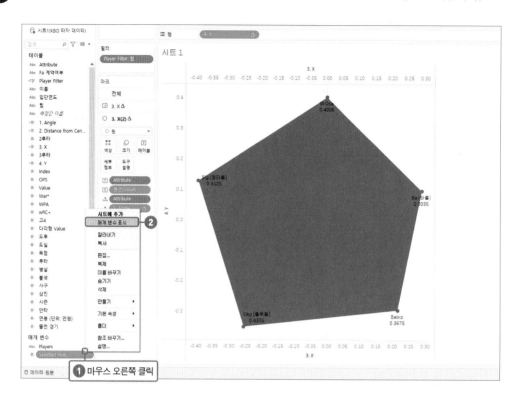

26 왼쪽 사이드 바의 빈 공간을 마우스 오른쪽 버튼으로 클릭해 [계산된 필드 만들기...]를 선택한 후 [Year Filter(선택 연도 및 전년도)] 필드를 생성합니다. 해당 필드는 매개 변수에서 선택한 시즌 또는 그 직전 시즌을 반환해 줍니다.

[시즌] = [Selected Year] OR
[시즌] = [Selected Year]-1

27 [Year Filter(선택 연도 및 전년도)] 필드를 드래그해 필터 선반으로 가져온 후 [필터] 대화상자에서 [참]을 선택합니다.

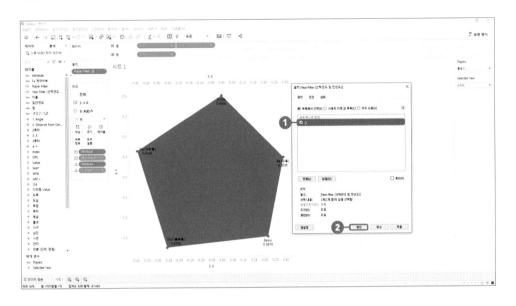

여기서 잠깐

홍창기 선수의 경우 2020년 시즌부터 두각을 보이기 시작했고, 2019년 시즌의 경우 100타석 이상을 소화하지 못했습니다. 따라서 해당 실습에서 활용하는 데이터 원본상에서 홍창기 선수의 2019년 기록이 포함돼 있지 않기 때문에 [필터] 대화상자에서 '참' 조건만 나오게 됩니다.

한편, 매개 변수에서 '이정후' 선수를 선택한다면, [필터] 대화상자에서 '참', '거짓' 선택사항이 모두 나오게 됩니다. 이는 이정후 선수는 2017년 데뷔 시즌부터 100타석 이상 소화하며 각 시즌별 기록이 데이터 원본에 모두 포함돼 있기 때문입니다.

이와 같이 실제 선수 기록에 따라 각 연도별 기록에 포함되지 않을 경우도 있으므로 참고하기 바랍니다.

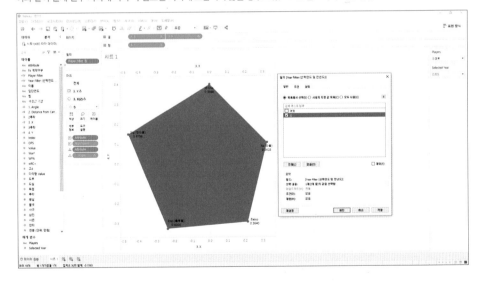

28 오른쪽에서 매개 변수 'Selected Year'에서 값을 변경할 때마다 각 시즌에 해당하는 값이 워크시트 뷰 안에 데이터로 구현됩니다. 다음은 홍창기 선수의 2020년 시즌 기록을 클릭했을 때 나타나는 화면입니다.

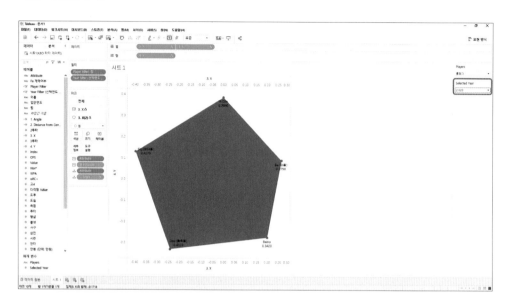

전문가의 조언 — 매개 변수의 활용 ✓

매개 변수는 필터와 유사한 기능을 수행하면서도 필터와 다른 부분이 있습니다. 우선 필터의 경우, 선택한 필드를 대상으로 데이터 유형을 제한하게 되며, 워크시트에 동일한 조건으로 필터 생성, 적용이 가능합니다. 선택한 필드를 [필터] 대화상자로 드래그해 가져온 후 원하는 값만 선택해 간단하게 적용 가능합니다. 이때 워크시트에 특정 필터가 적용되면, 워크시트에 포함되는 모든 필드는 해당 필터의 영향을 받게 됩니다.

매개 변수는 더 동적이고 대화형으로 작동하게 됩니다. 원하는 값을 직접 입력하거나 다른 항목으로의 변경이 용이하며, 계산식, [필터] 대화상자, 참조선 등 다양한 상황에서 활용이 가능합니다. 특히, 계산된 필드 만들기를 활용해 매개 변수 값 변경에 따라 특정 필드만 영향을 받도록 구성할 수 있습니다. 데이터 원본의 크기가 클 경우, 필터보다 매개 변수를 활용할 때 데이터 로딩 시간이 더 짧으므로 보다 나은 성능으로 활용 가능합니다.

29 선택된 연도 및 직전 연도 성적 비교를 위해 [시즌] 필드를 측정값이 아닌 차원으로 변환하겠습니다. 이는 색상을 통해 시즌별 차이를 드러내기 위한 것입니다.

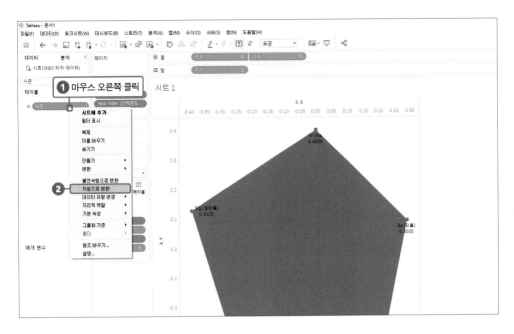

30 [시즌] 필드를 드래그해 [3. X] 마크 카드 위의 [색상]으로 드래그합니다. 앞서 [Year Filter(선택 연도 및 전년도)] 필드 구성 시 선택 연도 또는 전년도 데이터를 불러오도록 구성해 뒀으므로 [시즌] 필드를 마크 카드로 가져왔을 때 선택된 2021, 2020 시즌이 각각 다른 색상으로 표현됩니다.

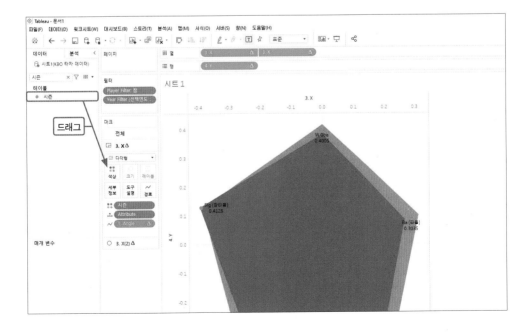

31 마크 카드 위의 [색상]을 클릭한 후 불투명도를 '100%'에서 '50%'로 변경합니다.

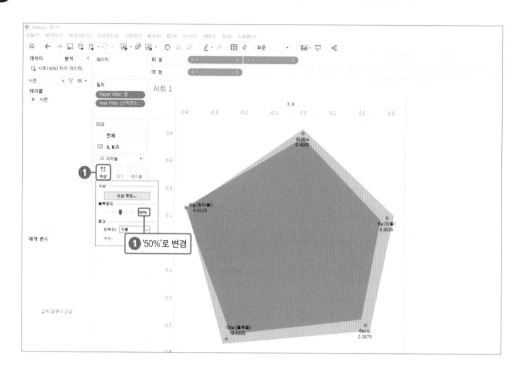

32 워크시트의 빈 공간을 마우스 오른쪽 버튼으로 클릭한 후 [서식...]을 선택합니다. '테두리 서식' 에서 '총합계', '행 구분선', '열 구분선'에 있는 [패널]과 [머리글]을 모두 [없음]으로 변경합니다.

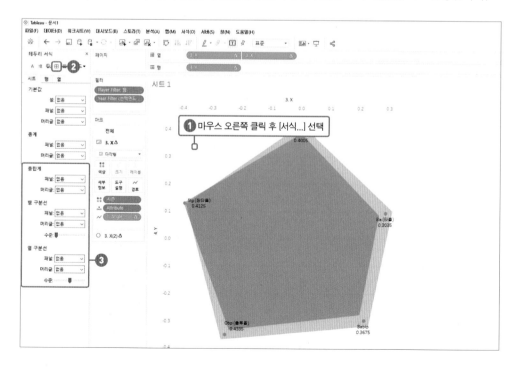

33 '라인 서식'의 [시트] 탭에서 '격자선'과 '영(0) 기준선'을 [없음]으로 변경합니다.

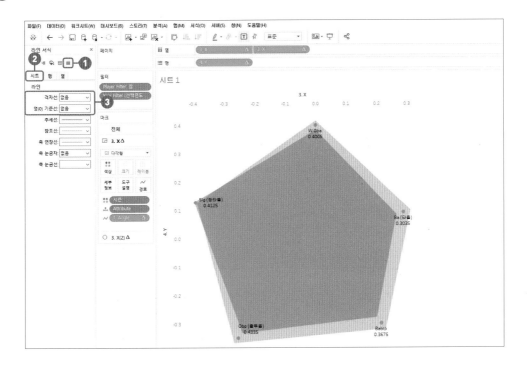

34 워크시트 상단에 있는 X축 위에서 마우스 오른쪽 버튼으로 클릭해 [머리글 표시]의 체크 표시를 해 제합니다.

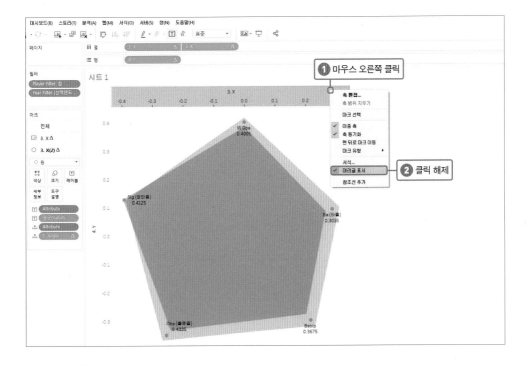

35 [3. X (2)] 마크 카드 위의 [레이블]에 있는 [평균(Value)] 필드를 마우스 오른쪽 버튼으로 클릭한 후 [서식...]을 선택합니다. [패널] 탭의 [기본값] 항목에서 '숫자' 형식을 소수점 3자릿수까지 나오도록 설정합니다.

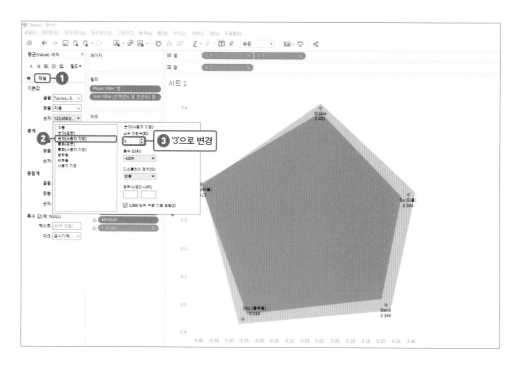

36 다음 방사형 차트를 보면, 홍창기 선수의 경우 장타율을 제외한 모든 지표가 2020년 대비 2021년 시즌에 더 향상된 모습을 확인할 수 있습니다. 장타율을 제외한 각각의 지표에서 2020년 시즌 오각형의 크기보다 2021년 시즌 오각형 크기가 더욱 크게 나타나기 때문입니다.

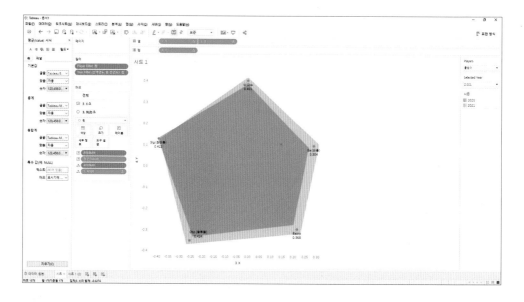

37 이정후 선수 또한 장타율을 제외하고 2020년 대비 2021년 시즌 각각의 지표가 모두 향상된 모습을 확인할 수 있습니다. 이때, 이정후 선수의 2020년 시즌 타율은 0.331, 2021년 시즌 타율은 0.361로, 2개 시즌 타율 평균이 0.347로 매우 높은 수치를 보여 주고 있습니다. 이처럼 선택된 시즌과 그 직전 시즌의 평균값을 텍스트 형식으로 표현되고 있습니다.

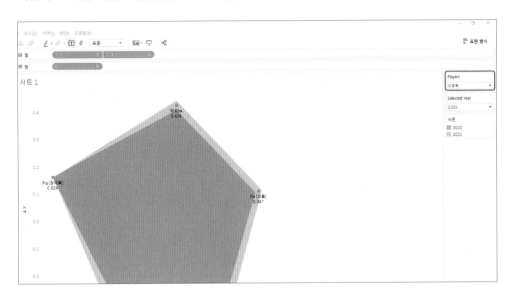

38 한편, 나성범 선수의 경우 2020년 시즌에 비해 2021년 시즌 지표가 모두 하락한 것을 확인할 수 있습니다. 2021년 시즌 33 홈런을 기록하며 홈런 2위를 기록했지만, 2013 시즌 이후 처음으로 타율이 2할대로 떨어진 시즌이었습니다(타율: 0.281). 나성범 선수는 시즌 종료 후 "30홈런을 넘어선 후 홈런왕을 의식한 탓에 타격 밸런스가 흔들렸다"라고 말했는데, 이로 인한 타격 지표 하락을 방사형 차트를 통해 명확히 확인할 수 있습니다.

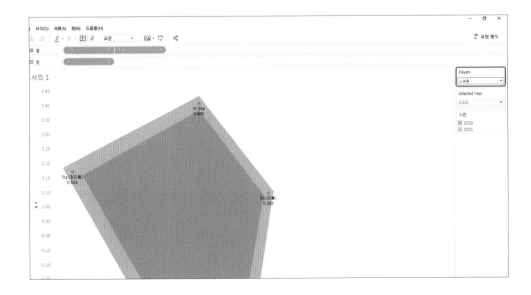

방사형 차트는 여러 항목에 대한 값 비교 시 유용하게 활용할 수 있습니다.

첫 번째 Use Case로, 대시보드를 기본 레이아웃이 아닌 다른 기기 레이아웃으로 보는 방법에 대해 소개하고자 합니다. 다음 대시보드는 방사형 차트로 표현한 KBO 리그 타자 데이터를 모바일 기기 화면에 맞게 조정한 뷰입니다.

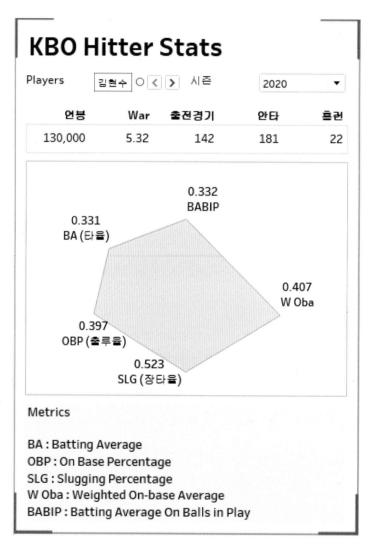

전문가의 조언 다른 기기 레이아웃

태블로 대시보드 메뉴에서 서로 다른 기기 유형별로 레이아웃을 조정할 수 있습니다. 스마트폰, 태블릿, 데스크탑 등 각각의 기기에 최적화된 뷰로 조정이 가능합니다. [기기 미리 보기]를 클릭한 후 선택한 기기 유형에 따라 모델 또한 사용자 니즈에 맞게 정할 수 있습니다.

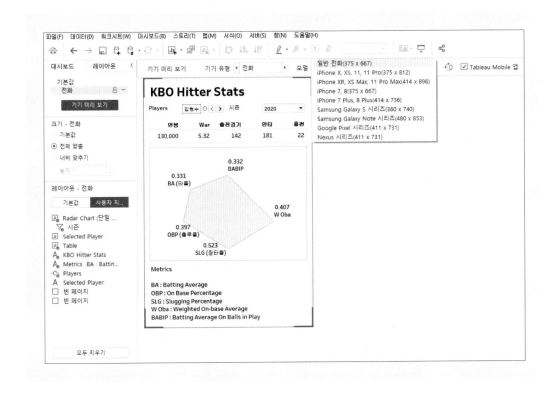

두 번째 Use cases로, 7가지 서로 다른 마른 콩(Dry Bean)에 대한 각각의 항목 지표를 방사형 차트로
표현한 대시보드입니다. 테이크 아웃 잔을 배경으로 방사형 차트를 더욱 가시성 있게 표현했습니다.

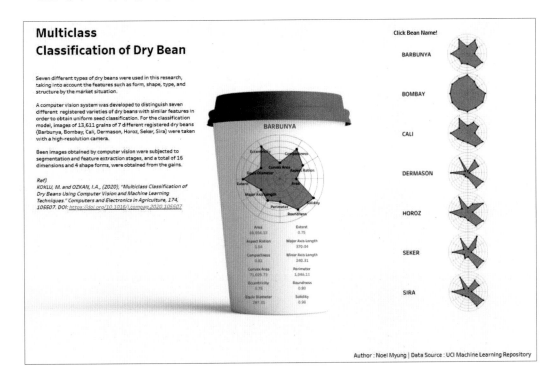

PART 04

ADVANCED
CHAPTER

4부에서는 코호트 차트, 파레토 차트, 생키 차트에 대해 알아보겠습니다. 기본편과 중급편 차트를 만들면서 배웠던 기능과 지식을 총동원해 고급 수준의 차트를 구성해 보겠습니다. 각각의 차트를 만드는 방법과 활용법을 익히면, 고객의 재구매 패턴을 표현하거나 파레토 법칙에 기반을 둔 시각화 또는 데이터의 흐름의 시각화를 표현할 수 있습니다.

CHAPTER

1

코호트 차트

코호트 차트(Cohort Chart) 분석은 고객의 구매 패턴을 파악하는 데 활용하는 분석 기법 중 하나입니다. 선택된 기간 내에 공통된 특성 또는 행동을 파악해 마케팅 또는 판매 전략을 수립할 때 유용합니다.

★ Main Concept

코호트 차트는 고객의 행동 유형 파악에 활용되는 분석 기법입니다. 코호트는 '특정 기간 동안 공통적인 특성을 가진 사람들의 집단'을 의미합니다. 코호트 차트는 고객의 구매 패턴을 파악하거나 재구매율을 분석할 때 유용합니다.

비즈니스가 성장하기 위해서는 신규 고객 유치가 필수적이므로 신규 유입을 늘리기 위해 다양한 마케팅 활동을 진행합니다. 다만 신규 고객 숫자가 점차 많아지더라도 신규 고객이 재방문을 하지 않는다면 지속적인 성장이 어려울 것입니다. 한편, 재방문 고객이 많아질수록 장기적으로 비즈니스 성장 모멘텀이 유지될 수 있습니다. 따라서 고객의 재방문 또는 재구매는 중요한 지표 중 하나로 여겨지며 이때 코호트 분석이 유용하게 활용될 수 있습니다.

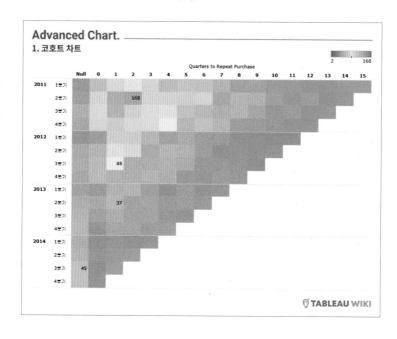

Data

이 실습에서는 'Global Superstore' 엑셀 파일의 [Order] 시트를 활용하겠습니다. 해당 파일은 슈퍼스토어의 영문 버전으로, '슈퍼스토어 – 샘플(old)' 파일과 비슷하지만, 필드 이름이 살짝 다른 부분이 있습니다.

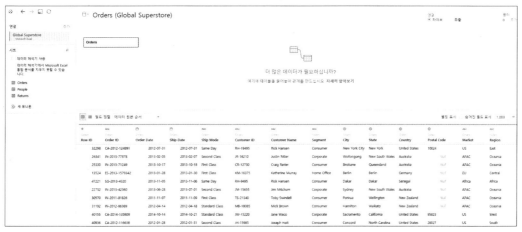

출처: Global Superstore 데이터 다운로드 링크(https://tableauwiki.com/chart-gallery-datasets)

코호트 차트를 구성하기 위해서는 고객 관련 필드와 날짜 데이터가 필요합니다. 해당 데이터에서 차원 값인 [Customer ID] 필드와 날짜 데이터 [Order Date] 필드를 활용해 각 고객별로 재구매까지 걸린 기간을 보여 주는 코호트 차트를 구현하려고 합니다. 이때 [Order Date] 필드를 활용해 계산식을 통해 '첫 구매 날짜', '두 번째 구매 날짜', '재구매' 등의 필드를 새롭게 생성하겠습니다.

Global Superstore 데이터가 아닌 다른 데이터를 활용하더라도 고객과 관련된 데이터(고객명 또는 고객 ID 등)와 날짜 데이터가 있으면 코호트 차트를 구성할 수 있습니다. 날짜 데이터를 통해 지정한 기간별 고객의 구매 형태 또는 패턴 등을 파악할 수 있기 때문입니다.

코호트 차트 데이터 구성 예시

시각화 예시	차원(색상)	날짜 데이터
연도별 신규 고객 비율 코호트 차트	신규 고객 ID	고객 신규 가입 날짜
채널별 재구매 기간 코호트 차트	채널별 구매 ID	채널별 주문 날짜
국가별 코로나 확진 코호트 차트	국가별 코드	코로나 확진 날짜
앱 유저 재접속 기간 코호트 차트	유저 ID	앱 접속 날짜
이벤트 기간에 따른 멤버 구매 코호트 차트	멤버 ID	이벤트 기간 날짜

01 고객별 구매 날짜를 파악하기 위해 가장 먼저 [Customer ID] 필드를 행 선반으로 드래그합니다. 이후 마우스 오른쪽 버튼을 클릭한 상태에서 [Order Date] 필드를 행 선반으로 드래그합니다. 이때 필드 유형은 불연속형 [YMD(Order Date)]를 선택합니다.

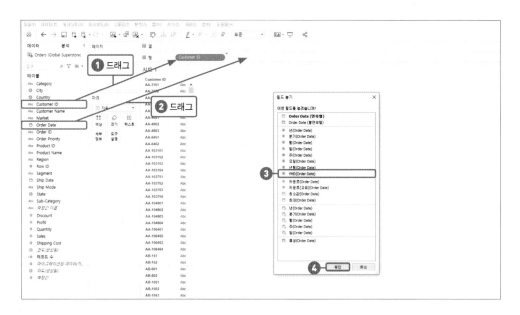

02 다음과 같이 각 고객마다 주문할 때 기록된 날짜 데이터를 확인할 수 있습니다.

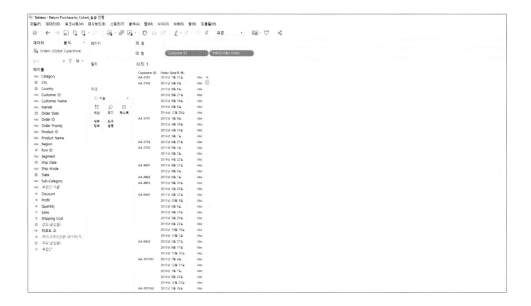

03 이후 고객별 '첫 주문 날짜'를 가져오는 수식을 구성하겠습니다.

태블로 함수 번역기

한 명의 고객이 여러 번 주문하는 경우가 있습니다. 재구매까지 걸린 기간을 구하기 위해 먼저 고객별 가장 첫 번째 주문 날짜를 구하는 계산식을 만들어 보겠습니다.

각 고객별 최초 주문 날짜를 구하기 위해서는 FIXED 세부 수준 식을 활용해야 합니다. FIXED 세부 수준 식은 워크시트 뷰의 차원에 관계없이 지정된 차원을 계산하거나 적용할 때 활용됩니다. Level of Detail의 앞 글자를 따서 'LOD 식'이라고도 부르며 수식을 다음과 같은 형태로 구현합니다.

```
{
FIXED
[차원]
:
집계(차원 또는 측정값)
}
```

위 형식에 맞춰 '1st purchase'라는 이름으로 최초 주문 날짜를 반환하는 계산식을 만들어 보겠습니다. [Customer ID] 필드는 각 고객별 고유 번호로서 고객을 구분하는 Key 값으로 활용될 수 있습니다. 또한 [Order Date] 필드를 Min 함수로 엮어주면, 주문 날짜 중 가장 작은 날짜, 즉 첫 주문 날짜를 가져올 수 있습니다.

{ FIXED [Customer ID] :
min([Order Date])}

FIXED 세부 수준 식에 맞춰 위와 같은 수식으로 구성하면, 워크시트 뷰의 수준에 관계없이 각 고객별로 최초 주문 날짜를 가져오는 식이 반환됩니다. 만약 위 수식이 아닌 'MIN(Order Date)'와 같이 수식을 구성한다면 고객과 상관없이 전체 Order Date 중 첫 주문 날짜만을 반환할 것입니다.

04 앞서 생성한 [1st purchase] 필드를 마우스 오른쪽 버튼으로 누른 상태에서 행 선반으로 드래그합니다. [YMD(Order Date)] 형식으로 설정하면, 다음 그림과 각 고객별 첫 번째 주문 날짜 정보를 확인할 수 있습니다. 예를 들어 'AA-3152' 고객 ID의 경우, 2011년 6월 8일부터 2014년 12월 29일까지 총 6번의 구매를 했고 최초 주문 날짜는 2011년 6월 8일로 반환됩니다.

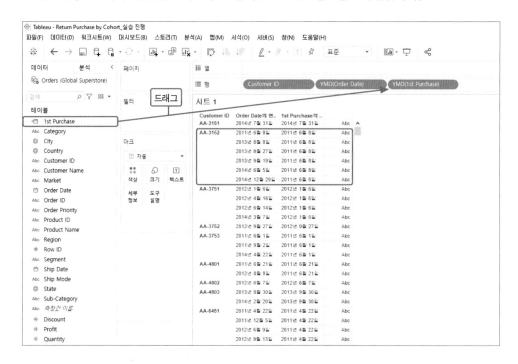

05 다음으로 첫 주문 이후 다음 주문까지 어느 정도 기간이 걸렸는지 확인하고자 합니다. 고객 ID별 '두 번째 주문 날짜'를 구하기 위해서는 첫 주문 날짜를 제외한 나머지 주문 날짜 중 가장 먼저 주문된 날짜를 구하는 수식을 구성해야 합니다. 'Repeat Purchase'라는 이름으로 새로운 필드를 생성한 후 수식을 다음과 같이 작성합니다. 해당 수식은 주문 날짜가 첫 주문 날짜보다 이후인 경우를 반환하도록 구성돼 있으므로 결과적으로 고객별 두 번째 주문 날짜를 반환하게 됩니다.

```
IIF([Order Date] > [1st
Purchase], [Order Date],
null)
```

06 앞에서 생성한 [Repeat Purchase] 필드를 마우스 오른쪽 버튼으로 누른 상태에서 행 선반으로 드래그합니다. [YMD(Order Date)] 형식으로 설정하면, 다음 그림과 같이 나타납니다. 첫 주문 날짜의 경우에는 'Null' 값, 나머지 주문 날짜의 경우에는 해당 주문 날짜를 반환합니다.

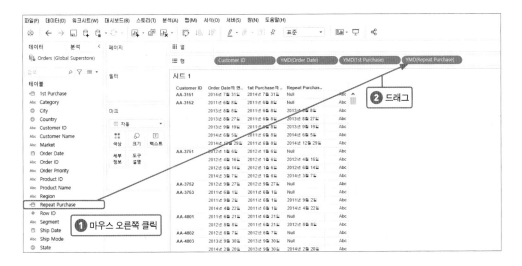

07 이어서 '두 번째 주문 날짜'를 반환하는 필드를 새롭게 생성하겠습니다. [1st purchase] 필드의 수식과 비슷하게 FIXED 세부 수준 식을 가져오되, 고객 ID별 재구매 주문 날짜 중 가장 첫 주문 날짜를 가져오도록 구성합니다.

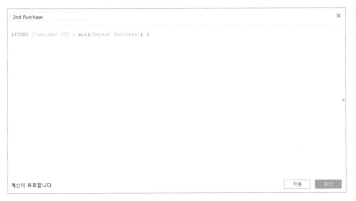

{FIXED [Customer ID] : min([Repeat Purchase])}

08 앞서 생성한 [2nd purchase] 필드를 마우스 오른쪽 버튼으로 누른 상태에서 행 선반으로 드래그합니다. [YMD(Order Date)] 형식으로 설정하면 다음 그림과 같이 나타납니다. 고객 ID별 두 번째로 주문한 날짜만 반환합니다.

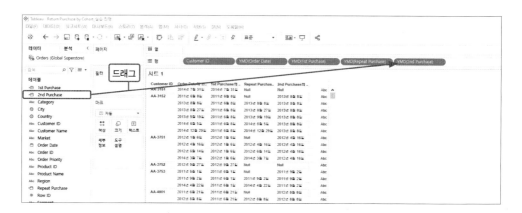

09 첫 주문 날짜 [1st purchase] 및 두 번째 주문 날짜 [2nd purchase] 필드가 생성됐으므로 두 주문 날짜 사이의 기간 차이를 통해 재구매까지 걸린 시간을 구할 수 있습니다. 연도, 분기, 월, 일자별로 기간 차이를 구할 수 있지만, 이번 실습에서는 '분기'를 기준으로 진행하겠습니다. 필드를 [Quarters to Repeat Purchase]라는 이름의 다음과 같은 수식으로 구성하겠습니다.

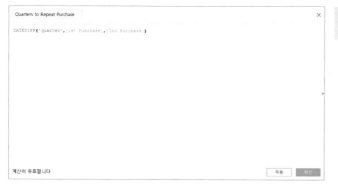

```
DATEDIFF('quarter', [1st
Purchase], [2 nd Purchase])
```

10 앞에서 생성한 [Quarters to Repeat Purchase] 필드를 마크 카드 위의 [텍스트]로 가져옵니다. 다음 이미지를 통해 각 고객별로 재구매까지 걸린 분기 정보를 확인할 수 있습니다. 예를 들어 AA-3152 고객 ID의 경우, 2011년 6월 주문 이후 2013년 8월에 주문이 이뤄졌는데, 재구매까지 총 9분기가 소요됐다는 것을 확인할 수 있습니다.

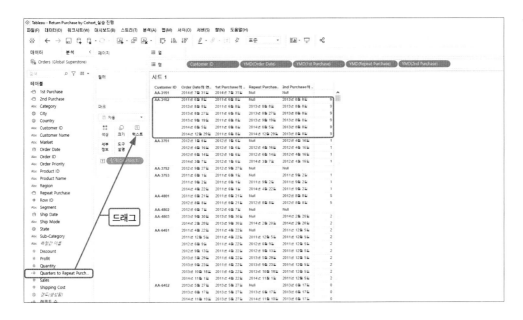

11 고객별 첫 구매 이후 재구매까지 걸린 기간을 코호트 차트 형식으로 표현하겠습니다. 새로운 워크시트에서 [1st purchase] 필드를 마우스 오른쪽 버튼으로 누른 상태에서 행 선반으로 드래그해 [분기] 형식을 클릭합니다.

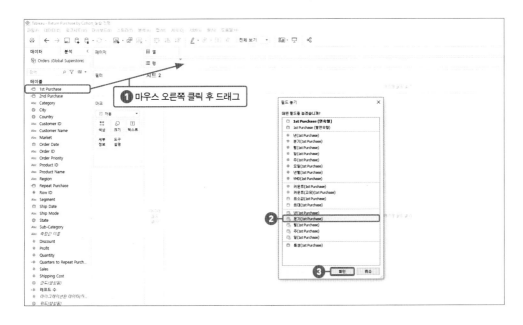

12 행 선반 위에 있는 [분기(1st purchase)] 필드를 마우스 오른쪽 버튼으로 누른 상태에서 [연속형]을 [불연속형]으로 변경합니다.

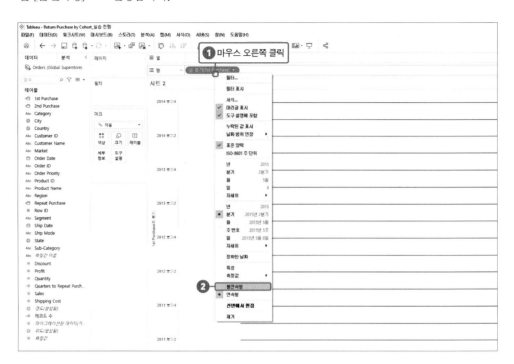

13 [Quarters to Repeat Purchase] 필드를 열 선반으로 드래그합니다.

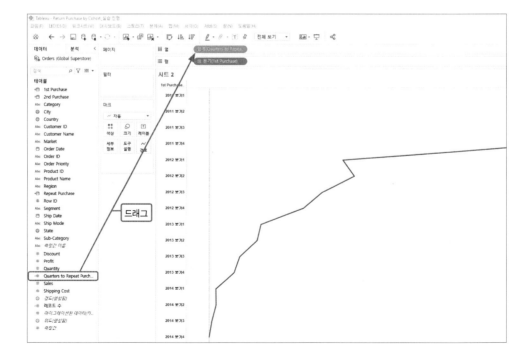

14 재구매까지 걸린 기간을 각 분기별로 쪼개서 보기 위해 열 선반에 있는 [Quarters to Repeat Purchase] 필드를 [차원]과 [불연속형]으로 선택해 변경합니다.

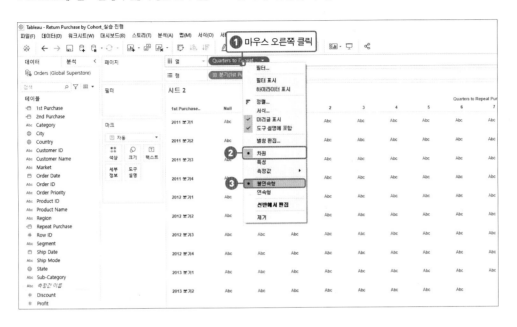

15 행 선반 필드를 통해 고객별 첫 구매한 연도별 분기가 표현돼 있고 열 선반 필드를 통해 재구매까지 걸린 분기 수가 표현돼 있습니다. 각 고객별로 첫 구매 이후 재구매까지 걸린 분기 수를 구하기 위해 [Customer ID] 필드를 마우스 오른쪽 버튼으로 누른 상태에서 마크 카드 위의 [색상]으로 드래그한 후 [카운트(고유)] 집계 방식으로 클릭합니다. [카운트(고유)]를 선택한 이유는 중복값을 제거하기 위한 것입니다.

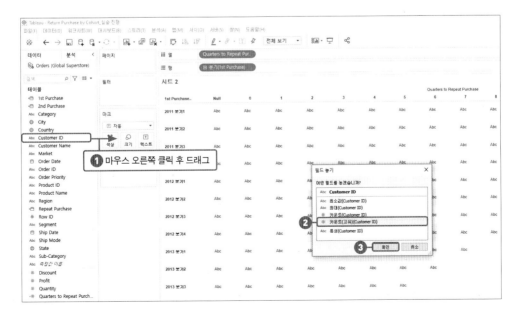

16 마크 색상 선반에 있는 [카운트(고유)(Customer ID)] 필드를 Ctrl 을 누른 상태에서 마우스 왼쪽 버튼으로 클릭한 후 드래그해 마크 카드 위의 [레이블]로 가져옵니다. 이후 마크 유형을 [자동]에서 [사각형]으로 변경하면, 다음과 같이 코호트 차트 모양이 나오게 됩니다.

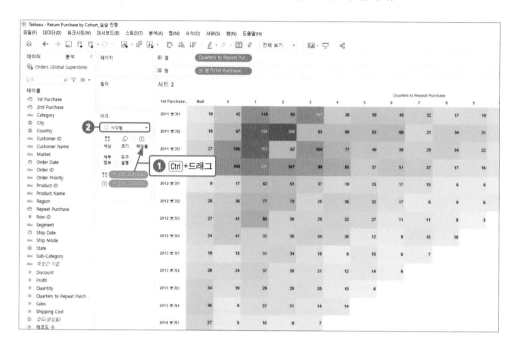

17 몇 가지 서식 부분을 변경하겠습니다. 먼저 마크 카드 위의 [색상] 클릭한 후 [색상 편집...]을 클릭합니다. 좀 더 선명한 색상 대비를 표현하기 위해 [빨간색 – 녹색 – 금색 다중]을 선택합니다.

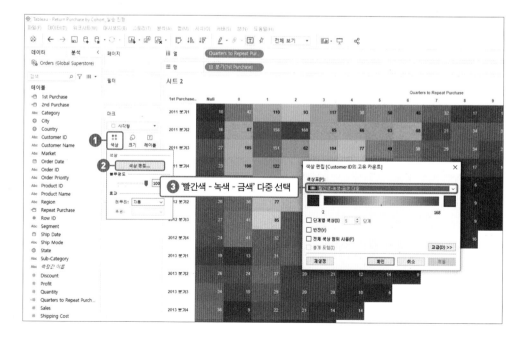

18 마크 카드 위의 [색상]을 다시 클릭한 후 불투명도를 '100%'에서 '50%'로 변경합니다. 이를 통해 빨간색보다 초록색 계열이 눈에 먼저 들어오며 재구매 고객 수가 많은 부분의 가시성이 좀더 향상됩니다.

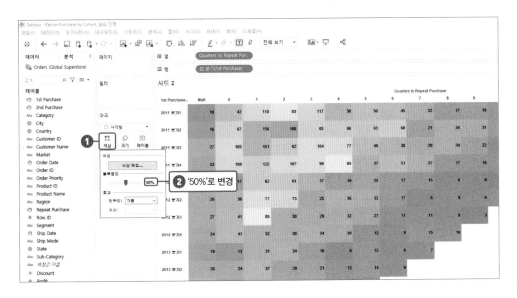

19 코호트 차트의 모든 영역마다 각 분기별 재구매 고객의 숫자가 적혀 있는데, 숫자들이 한눈에 들어오지 않습니다. 가장 주요한 숫자만 보여 주기 위해 마크 카드 위의 [레이블] 클릭한 후 레이블 마크에서 [최소/최대]를 클릭합니다. 범위는 [패널]로 설정하고 하단 옵션에서 [레이블 최대값]을 클릭합니다. 이를 통해 첫 구매 날짜 기준으로, 재구매까지 걸린 분기마다의 고객 수를 숫자로 확인할 수 있습니다. 예를 들어 2011년 2분기에 첫 구매를 하고 2분기만에 재구매한 고객이 168명이라는 것을 확인할 수 있습니다.

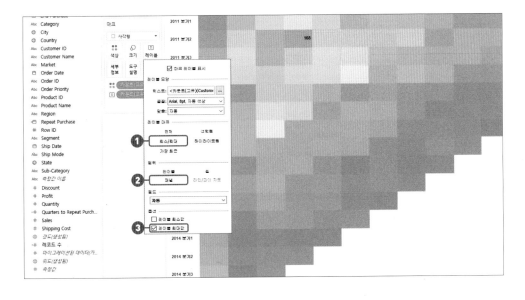

20 이때, 각 연도별 재구매한 고객의 최대 수치를 확인하고 싶다면, [1st purchase] 필드를 행 선반으로 가져와서 Year 단위로 보이도록 설정합니다. 각 연도별 재구매 고객이 가장 많은 분기의 수치를 확인할 수 있습니다. 예를 들어 2012년 3분기에 첫 구매를 하고 1분기만에 재구매한 고객은 85명이라는 것을 확인할 수 있습니다(* Null: 재구매를 하지 않은 고객).

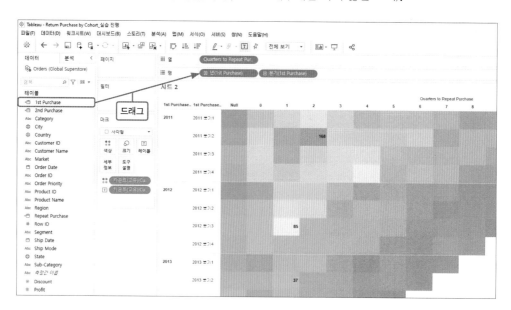

21 이때, 재구매 고객의 수치가 아닌 재구매 비율을 살펴보겠습니다. [카운트(고유)(Customer ID)] 필드를 [Ctrl]을 누른 상태로 마우스 왼쪽 버튼으로 드래그해 마크 카드 위의 [세부 정보]로 가져옵니다. 이후 해당 필드를 마우스 오른쪽 버튼으로 클릭한 후 [테이블 계산 추가...]를 선택합니다.

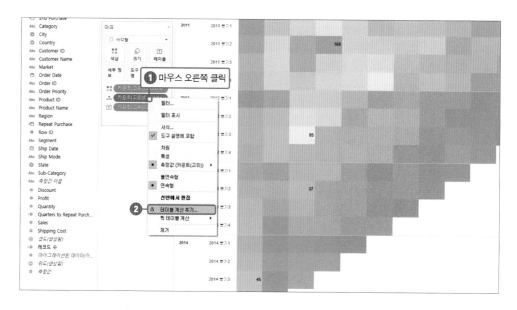

22 [테이블 계산] 대화상자에서 계산 유형은 [구성 비율], '다음을 사용하여 계산' 부분은 [테이블(옆으로)]을 선택합니다.

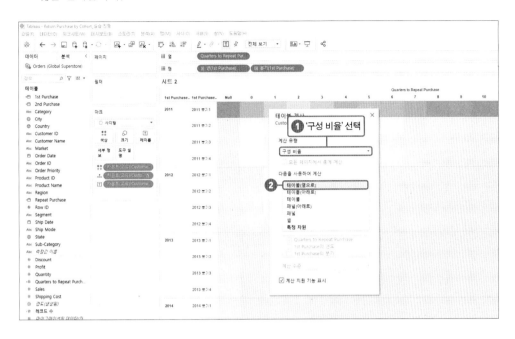

23 이후 마크 카드 위의 [세부 정보]에 있는 [카운트(고유)(Customer ID)] 필드를 드래그해 [레이블]로 이동시킵니다. 코호트 차트 내에서 첫 구매 이후 재구매까지 걸린 기간별 고객 수 외에도 첫 구매 이후 재구매까지 걸린 분기별 고객 비율 정보 또한 함께 확인할 수 있습니다. 2011년의 경우, 녹색 계열로 표시된 0~3분기 내 재구매 비중이 높다는 것을 확인할 수 있습니다.

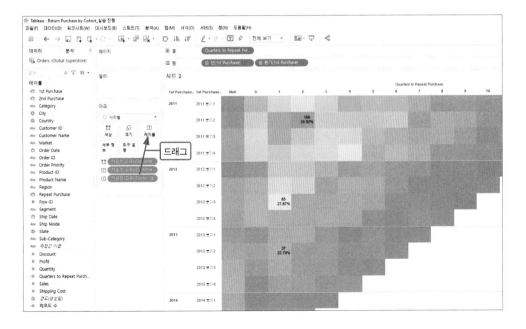

다음 대시보드는 고객의 Lifetime Value를 코호트 차트 형식으로 시각화한 모습입니다. 전체 누적 매출을 고객의 수로 나눠 시간이 흘러감에 따라 고객으로부터 발생할 예상 매출값을 표현함으로써 향후 비즈니스 전망을 파악하기 위한 것입니다.

금색 계열이 아닌 자주색 계열로 갈수록 CLV가 높아지는 모습을 보이는데, 이는 시간이 흘러감에 따라 전체 누적 매출이 증가하므로 시간의 흐름과 CLV가 어느 정도 상관관계를 보이고 있다는 것을 확인할 수 있습니다.

CLV (Customer Lifetime Value : Running Sum(Sales) / # of Customers)

ACQ Quart..	# CUSTOMERS	0	1	2	3	4	5	6	7	8	9	10	11	12	13	14	15
								Quarters since purchase									
Q1 2015	118	627	712	895	1,175	1,223	1,342	1,484	1,710	1,846	2,000	2,148	2,448	2,574	2,772	2,965	3,279
Q2 2015	155	489	605	854	897	1,062	1,239	1,484	1,621	1,855	2,011	2,287	2,377	2,550	2,730	3,084	
Q3 2015	161	639	784	887	981	1,102	1,380	1,464	1,569	1,731	2,044	2,106	2,297	2,590	2,961		
Q4 2015	155	532	615	699	907	1,116	1,267	1,409	1,569	1,935	2,159	2,309	2,558	2,921			
Q1 2016	33	632	786	946	1,078	1,181	1,197	1,316	1,563	1,857	2,013	2,349	2,652				
Q2 2016	36	409	637	853	1,014	1,394	1,720	2,046	2,147	2,174	2,344	2,853					
Q3 2016	38	501	723	813	867	1,054	1,255	1,360	1,553	1,970	2,227						
Q4 2016	34	543	576	674	928	1,176	1,269	1,285	1,637	2,036							
Q1 2017	14	350	725	760	945	1,252	1,708	2,098	2,385								
Q2 2017	22	767	1,275	1,515	2,339	2,404	2,506	2,747									
Q3 2017	7	344	351	854	1,043	1,236	1,663										
Q4 2017	9	596	781	808	811	1,115											
Q1 2018	3	162	164	420	645												
Q2 2018	2	32		65													
Q3 2018	3	803	882														
Q4 2018	3	933															

CLV
32   3,279

파레토 차트

'파레토 법칙'에 대해 알고 있나요? 파레토 법칙을 시각적으로 표현한 차트가 파레토 차트입니다. 파레토 차트 (Pareto Chart)는 막대 그래프와 라인 그래프를 활용해 특정 상위 카테고리가 전체에서 어느 정도의 비중을 차지하는지 확인할 때 활용됩니다.

★ Main Concept

파레토 차트의 기원은 이탈리아의 공학자이자 철학자인 파레토가 발견한 법칙에서 찾을 수 있습니다. 파레토 법칙은 토지의 80%를 인구의 20%가 소유한다는 사실에 기반해, 전체 부의 80%를 상위 20%가 차지한다는 식으로 다른 영역으로도 확장돼 사용되는 법칙으로 자리잡았습니다.

파레토 법칙을 비즈니스 세계에 접목하면 회사 매출의 80%를 주요 제품군 20%가 차지하고 있다는 것을 발견할 수 있습니다. 이와 같이 파레토 차트를 통해 특정 제품군이 전체 매출의 몇 %를 차지하는지 확인할 수 있습니다.

다음 예시를 보면, 상위 20%에 해당하는 120개의 가구 제품이 전체 매출의 61%를 차지하고 있는 것을 확인할 수 있습니다. 파레토 법칙에 따르면 80:20 비율이 발견돼야 하지만, 예시에 사용된 슈퍼스토어 회사는 가구 제품의 상위 20% 비중 및 의존도가 비교적 낮다는 것을 확인할 수 있습니다.

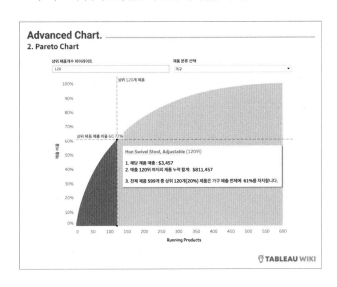

Data

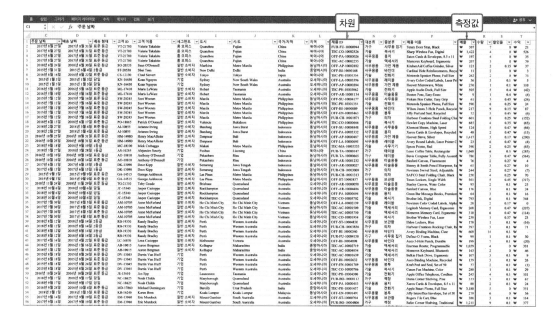

파레토 차트를 구성하기 위해서는 1개의 측정값과 1개의 차원이 필수적으로 필요합니다. [주문] 시트에는 제품 분류의 가장 하위 단계인 [제품 ID] 필드와 측정값 [매출] 필드가 포함돼 있습니다. [제품 ID]와 [매출] 필드를 통해 제품 ID 기준 매출 총합의 순위를 정렬해 주고 판매량이 높은 제품에서 낮은 제품 순으로 정렬해 영역 차트로 표현하면, 제품 ID 기준 파레토 차트를 구현할 수 있습니다.

'슈퍼스토어 – 샘플(old)' 엑셀 파일이 아닌 다른 데이터를 활용하더라도 1개의 차원과 1개의 측정값이 포함돼 있으면 파레토 차트를 쉽게 구성할 수 있습니다.

파레토 차트 데이터 구성 예시

시각화 예시	차원(색상)	측정값(각도)
고객에 따른 매출 파레토 차트	고객 ID	매출
영업사원에 따른 성과 파레토 차트	영업사원 ID	성과(매출액, 순이익, 유치 고객 수 등)
기계 설비에 따른 제품 생산량 파레토 차트	기계 ID	제품 생산량
광고 콘텐츠에 따른 유입수 파레토 차트	광고 콘텐츠 ID	광고 클릭 수
개인 또는 부서에 따른 법인카드 사용량 파레토 차트	사원 또는 부서 ID	법인카드 사용 금액

Tutorial

그럼 지금부터 '파레토 차트'를 만드는 실습을 진행해 보겠습니다. 먼저 파레토 차트를 구성하는 데 필요한 매개 변수, 계산된 필드, 집합을 새롭게 생성하겠습니다.

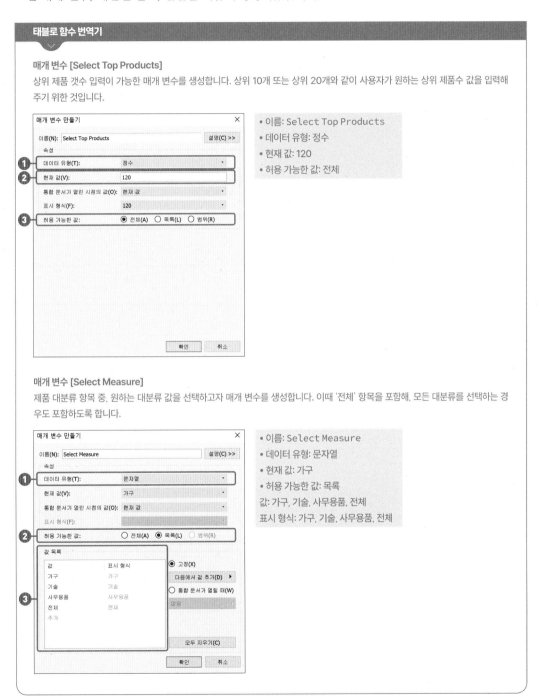

태블로 함수 번역기

매개 변수 [Select Top Products]

상위 제품 갯수 입력이 가능한 매개 변수를 생성합니다. 상위 10개 또는 상위 20개와 같이 사용자가 원하는 상위 제품수 값을 입력해 주기 위한 것입니다.

- 이름: Select Top Products
- 데이터 유형: 정수
- 현재 값: 120
- 허용 가능한 값: 전체

매개 변수 [Select Measure]

제품 대분류 항목 중, 원하는 대분류 값을 선택하고자 매개 변수를 생성합니다. 이때 '전체' 항목을 포함해, 모든 대분류를 선택하는 경우도 포함하도록 합니다.

- 이름: Select Measure
- 데이터 유형: 문자열
- 현재 값: 가구
- 허용 가능한 값: 목록
  값: 가구, 기술, 사무용품, 전체
  표시 형식: 가구, 기술, 사무용품, 전체

다음으로 계산된 필드 만들기를 통해 새롭게 필드를 생성하겠습니다.

[Running Products]

제품 ID 기준으로, 중복 값을 제외한 개수의 누적 합계를 반환하도록 수식을 구성합니다. RUNNING_SUM(expression)은 주어진 식의 누계 합계를 반환하는 함수입니다. 다음 수식은 COUNTD 함수를 활용해 제품 ID의 고유 값을 반환하도록 지정하고 전체에서 고유한 제품 ID 수의 누계가 나오도록 구성합니다.

`Running_sum(countd([제품 Id])`

[Selected Measure]

앞서 생성한 매개 변수 [Select Measure]를 활용해 대분류와 전체 중 1가지 항목 선택 시 매출 값이 반환되도록 수식을 구성합니다. 예를 들어 매개 변수 [Select Measure]에서 '가구'가 선택되면, 가구의 매출 합계가 표현됩니다.

IF [Select Measure] = "가구"
Then sum([매출])
IF [Select Measure] = "기술"
THEN SUM([매출])
IF [Select Measure] = "사무용품"
THEN SUM([매출])
IF [Select Measure] = "전체"
THEN SUM([매출])

END

[Running Sum Measure]

앞서 생성된 [Selected Measure] 필드에서 선택된 항목을 기반으로, 전체에서 선택된 상위 제품의 매출 합계가 차지하는 비중을 측정하는 수식을 구성합니다. 이때 TOTAL(Expression) 함수는 지정된 값의 총계를 반환합니다.

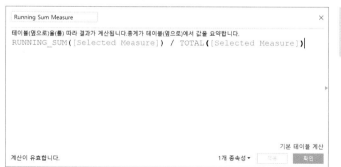

RUMMING_SUM([Selected Measure]) / TOTAL([Selected Measure])

[Measure]

INDEX() 함수를 활용해 행의 인덱스가 앞서 생성한 [Select Top Products] 매개 변수와 일치하는 경우, [Running Sum Measure] 필드를 가져와 상위 n개 제품의 점유율을 반환하는 수식을 구성합니다.

IF INDEX() = [Select Top Products]
Then [Running Sum Measure]
end

[제품수]

FIXED 세부 수준 식을 활용해 제품 ID 기준으로 중복값이 제외된 전체 제품수를 반환하는 수식을 구성합니다.

* FIXED 세부 수준 식 관련 내용은 319쪽을 참고하세요.

{FIXED : countd([제품 ID])}

[상위 선택 제품수 비율]

전체 제품수에서 선택된 상위 n개 제품이 차지하는 비중을 계산합니다.

[Running Products] / Sum([제품수])

[대분류 확인]

매개 변수 [Select Measure] 필드 항목에 따라 파레토 차트가 변경될 수 있도록 CASE 함수를 활용해 수식을 구성합니다. CASE 함수와 관련된 내용은 66쪽을 참고하세요.

CASE [Select Measure]
when "전체" then TRUE
when "가구" then [대분류] = '가구'
when "기술" then [대분류] = '기술'
when "사우용품" then [대분류] = '사무용품'
end

집합을 만들어 매개 변수에서 선택된 값에 따라 선택된 상위 제품과 선택되지 않은 제품을 나눠 주겠습니다. [제품 ID] 필드를 마우스 오른쪽 버튼으로 클릭한 후 [만들기]를 클릭하고 [집합]을 선택합니다.

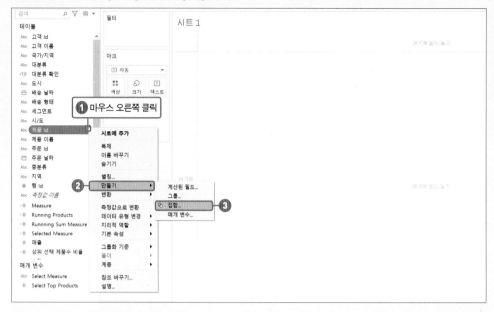

[집합 만들기] 대화상자에서 [상위] 탭을 클릭합니다. '필드 기준'에서 상위의 [Select Top Products] 기준, [Selected Measure]를 선택합니다. 집합의 이름을 [Product Measure]로 지정한 후 [집합 만들기] 대화상자 아래의 [확인]을 클릭합니다. 이를 통해 상위 제품으로 포함된 제품과 포함되지 않은 제품을 나눌 수 있습니다.

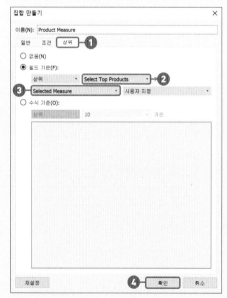

파레토 차트를 구성하기 위한 모든 준비가 끝났으므로 이제 본격적으로 파레토 차트를 만들어 보겠습니다.

01 마크 카드에서 마크 유형을 [자동]에서 [영역]으로 변경합니다.

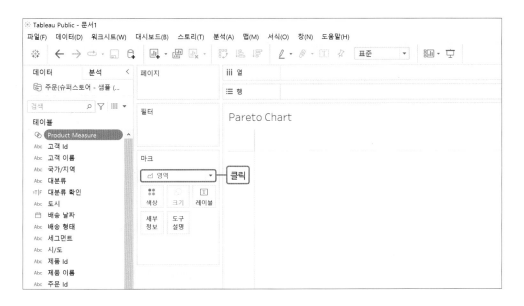

02 [Running Products] 필드의 측정값을 열 선반으로 드래그합니다. 이후 [Running Sum Measure] 측정값을 드래그해 행 선반으로 가져옵니다. [Running Sum Measure]와 [Running Products] 필드는 테이블 계산 시 RUNNING_SUM 함수를 활용해 해당 값의 누계를 포함하고 있으므로 행·열 선반에서 각각 필드명 오른쪽에 '△'가 표시됩니다.

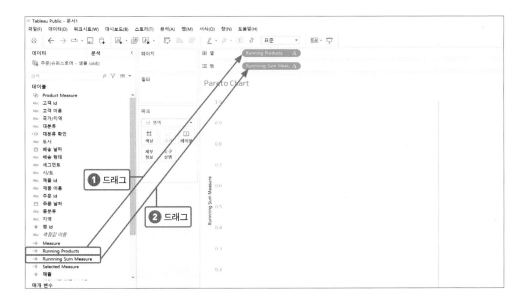

03 [Product Measure] 집합 필드를 마크 카드 위의 [색상]으로 드래그해 가져옵니다. 뷰에 사각형 모양으로 차트가 표현된 것을 확인할 수 있습니다.

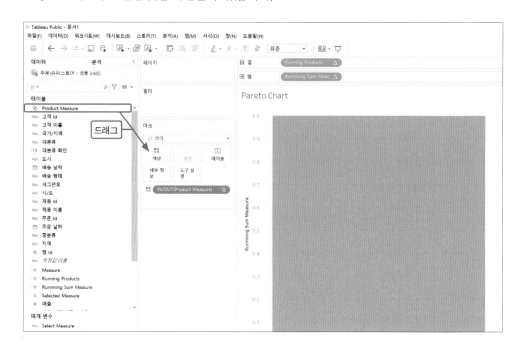

04 사이드 바에서 [Selected Measure] 필드와 [제품 Id] 필드를 마크 카드 위의 [세부 정보]로 가져 옵니다. 세부 정보에 [제품 ID] 필드를 추가하면, 집계 수준이 세분화돼 왼쪽 아래 마크의 숫자가 2,720으로 증가한 것을 확인할 수 있습니다.

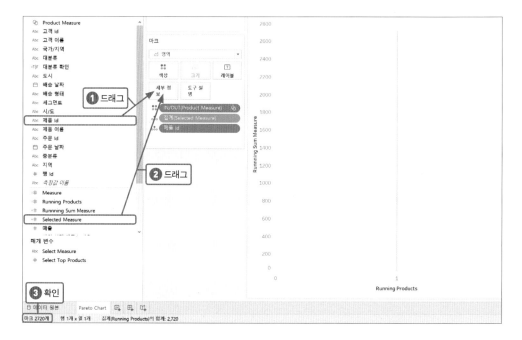

05 [제품 이름], [제품수] 그리고 [상위 선택 제품수 비율]을 마크 카드 위의 [도구 설명]으로 가져옵니다. 추후 그래프에서 마우스 오버 시 제품 이름, 제품수, 상위 선택 제품수 비율을 도구 설명을 통해 표현하기 위한 것입니다.

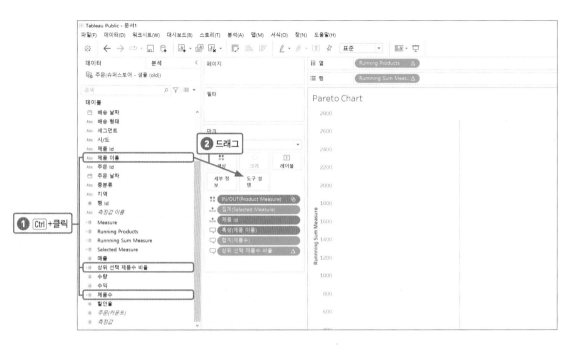

06 열 선반에 있는 [Running Products]의 추가 메뉴[▼]를 클릭한 후 [테이블 계산 편집...]을 선택합니다.

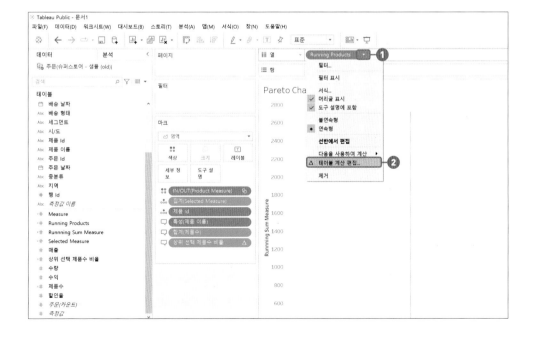

07 [Running Products] 필드의 [테이블 계산] 대화상자에서 [특정 차원]을 클릭합니다. 이후 [제품 Id] 그리고 [Products Measure의 In/Out]을 모두 체크 표시합니다. 이를 통해 선택된 특정 차원을 기준으로 누계를 반환합니다.

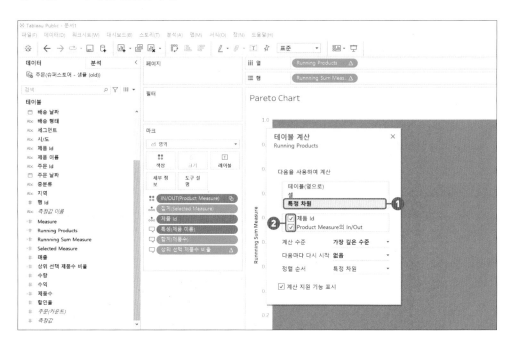

08 행 선반에 있는 [Running Sum Measure]의 추가 메뉴[▼]를 클릭한 후 [테이블 계산 편집..]을 선택합니다.

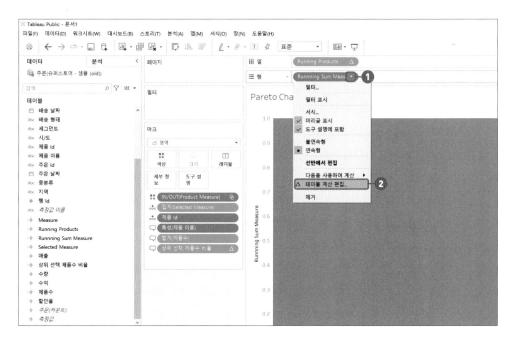

09 [Running Sum Measure] 필드의 [테이블 계산] 대화상자에서 [특정 차원]을 클릭합니다. 이후 [제품 Id]와 [Products Measure의 In/Out]을 모두 체크 표시합니다. 이를 통해 제품 Id와 Product Measure 집합 기준으로 누계를 반환합니다.

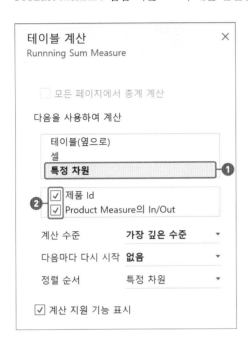

10 마크 카드에 있는 [제품 Id]의 추가 메뉴[▼]를 클릭한 후 [정렬...]을 선택합니다.

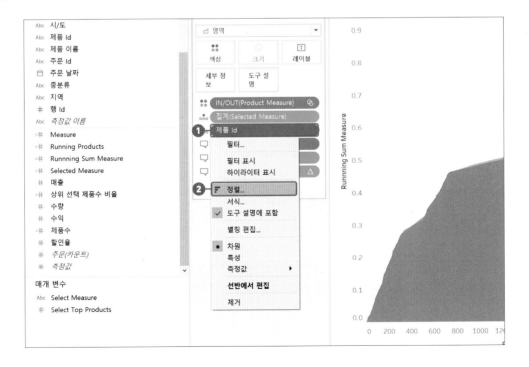

11 [정렬] 대화상자에서 정렬 기준은 [필드], 정렬 순서는 [내림차순], 필드명은 [매출]로 설정합니다. 이 단계까지 완성했다면, 대략적인 파레토 모양의 차트가 뷰에 나타난 것을 확인할 수 있습니다.

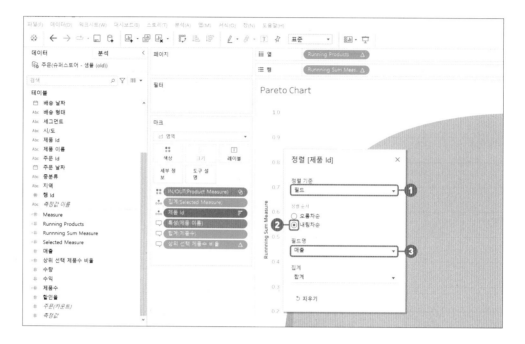

12 마크 카드 위에 있는 [Selected Measure] 필드의 추가 메뉴[▼]를 클릭한 후 [퀵테이블 계산]을 클릭하고 [누계]를 선택합니다.

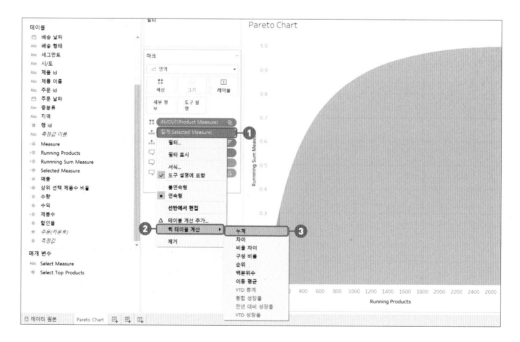

13 다시 마크 카드 위에 있는 [Selected Measure]의 추가 메뉴[▼]를 클릭한 후 [테이블 계산 편집...]을 선택합니다. 이후 [Selected Measure]의 [테이블 계산] 대화 상자에서 [특정 차원]을 클릭합니다. [제품 Id]와 [Products Measure의 In/Out]을 모두 체크 표시합니다.

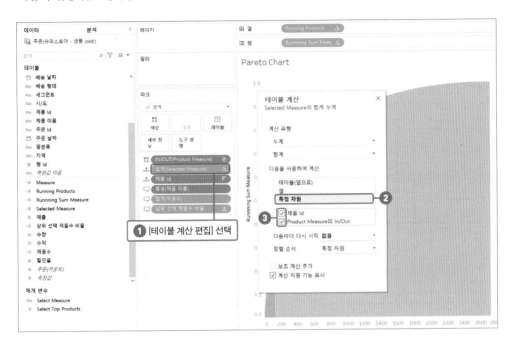

14 사이드 바에서 [Selected Measure] 필드를 마크 카드 위의 [세부 정보]로 다시 한번 드래그합니다.

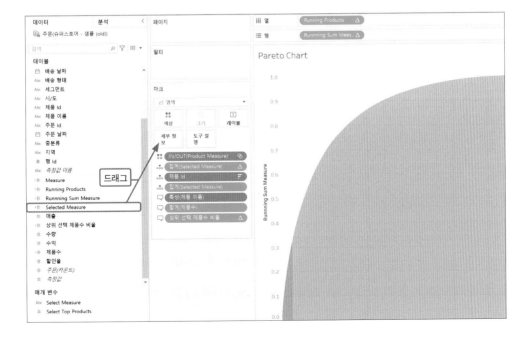

15 X축을 마우스 오른쪽으로 클릭한 후 [참조선 추가]를 클릭해 참조선을 X축에 추가합니다.

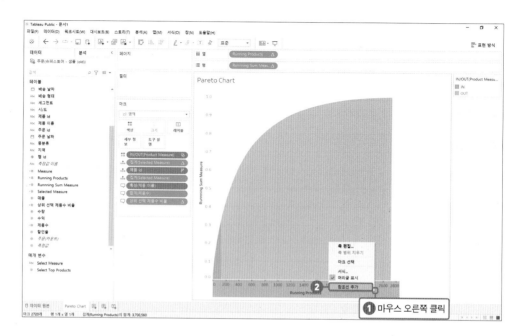

16 [참조선] 대화상자에서 다음과 같이 설정합니다.

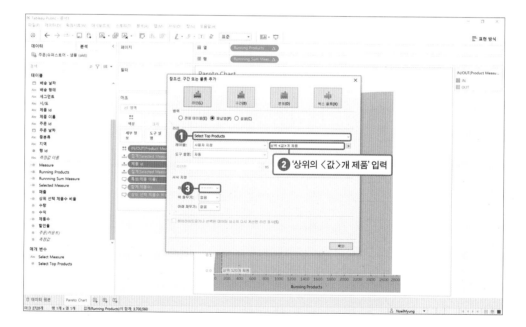

❶ **값**: Select Top Products

❷ **레이블**: [사용자 지정] 선택 후 '상위의 〈값〉개 제품' 입력

❸ **라인**: 점선 라인

17 차트 위에 나타난 참조선을 클릭한 후 [서식]을 클릭합니다.

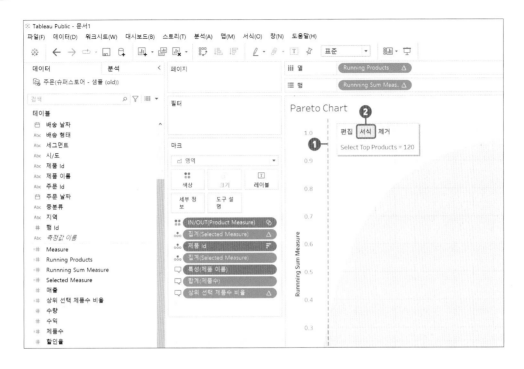

18 사이드 바에서 '참조선'과 '참조선 레이블'을 수정합니다. 참조선 영역에서 라인은 [점선], 참조선 레이블 영역에서 세로 맞춤은 [상위]로 변경합니다.

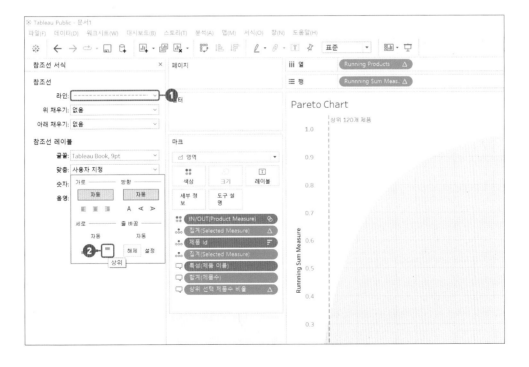

19 사이드 바에서 [Measure] 측정값 필드를 마크 카드 위의 [세부 정보]로 드래그합니다.

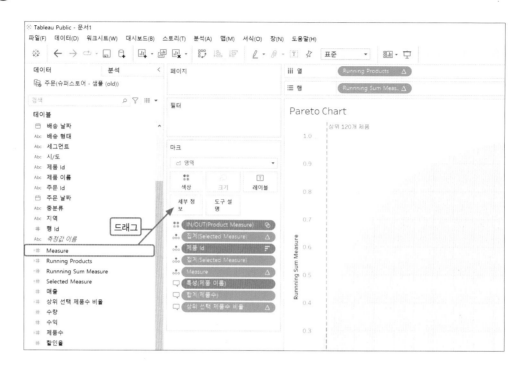

20 마크 카드 [세부 정보]에 있는 [Measure] 필드의 추가 메뉴[▼]를 클릭한 후 [테이블 계산 편집...]을 선택합니다.

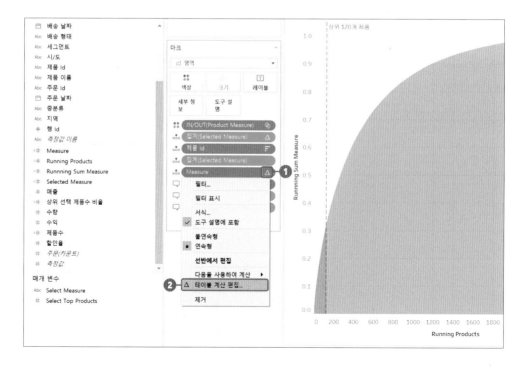

㉑ [Measure] 필드의 [테이블 계산] 대화상자에서 [특정 차원]을 클릭합니다. 이후 [제품 Id]와 [Products Measure의 In/Out]을 모두 체크 표시합니다.

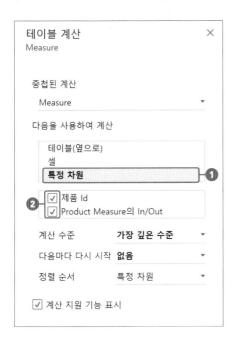

㉒ Y축을 마우스 오른쪽 버튼으로 클릭한 후 [참조선 추가]를 선택합니다.

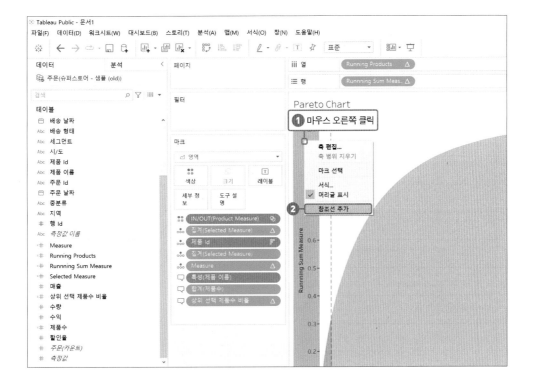

파레토 차트

23 [참조선] 대화상자에서 다음과 같이 설정합니다.

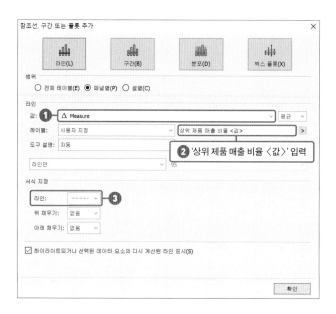

① **값**: Measure

② **레이블**: 사용자 지정 선택 후 '상위 제품 매출 비율 〈값〉' 작성

③ **라인**: 점선 라인

24 차트 위에 나타난 Y축 참조선을 클릭한 후 [서식]을 클릭합니다.

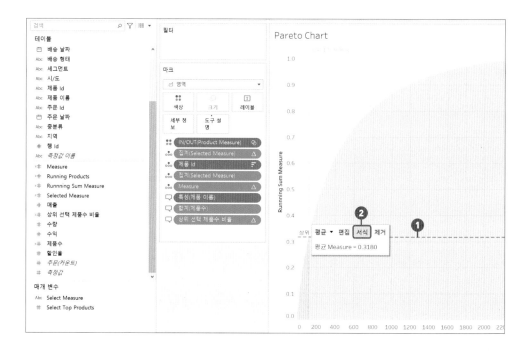

25 왼쪽 '참조선 레이블' 영역 숫자에서 숫자 형식을 [백분율]로 변경합니다.

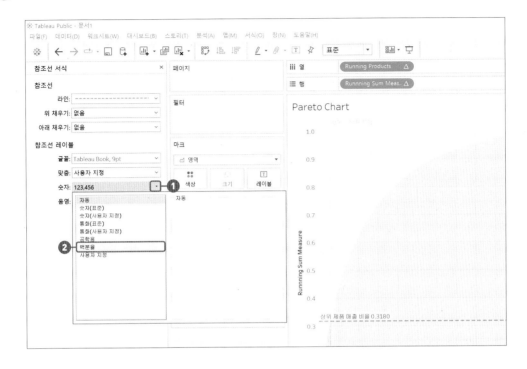

26 사이드 바의 '참조선' 영역에서 라인은 [점선], '참조선 레이블' 영역에서 세로 맞춤을 [상위]로 변경합니다.

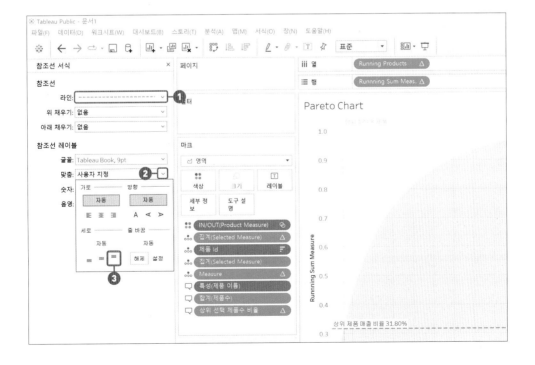

27 행 선반에 있는 [Running Sum Measure] 필드의 추가 메뉴[▼]를 클릭한 후 [서식...]을 클릭합니다.

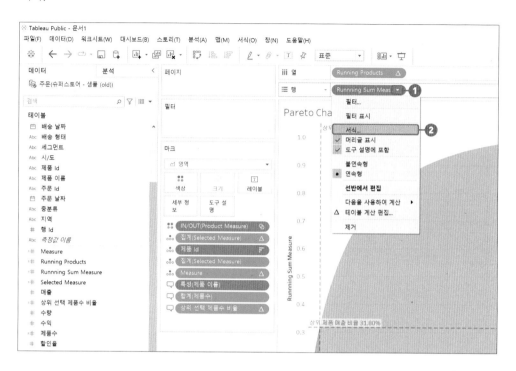

28 축 탭의 배율 영역에서 숫자와 패널 탭의 기본값 영역 숫자를 [백분율]로 변경합니다.

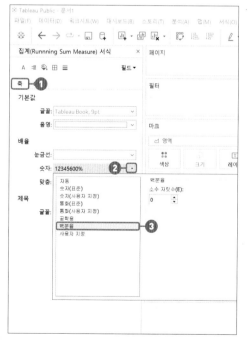
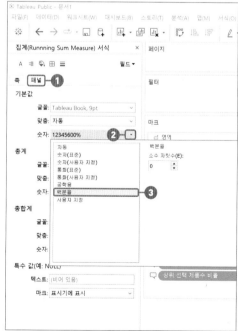

29 마크 카드에 있는 [상위 선택 제품수 비율] 필드의 추가 메뉴[▼]를 클릭한 후 [테이블 계산 편집…]을 클릭합니다.

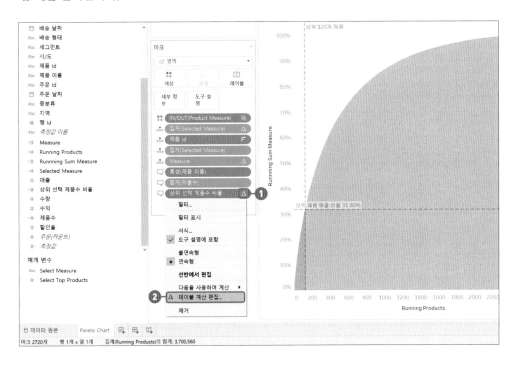

30 [상위 선택 제품수 비율] 필드의 [테이블 계산] 대화상자에서 [특정 차원]을 클릭합니다. 이후 [제품 Id]와 [Products Measure의 In/Out]을 모두 체크 표시합니다.

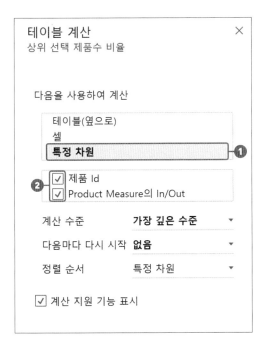

31 마크 카드 위에 있는 [상위 선택 제품수 비율] 필드의 추가 메뉴[▼]를 클릭한 후 [서식...]을 클릭합니다.

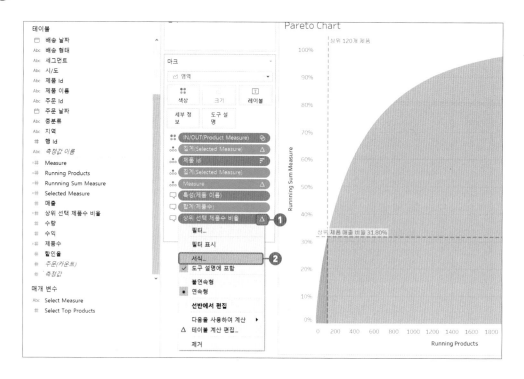

32 [패널] 탭에서 기본값 영역에서 숫자를 [백분율] 형식으로 변경합니다.

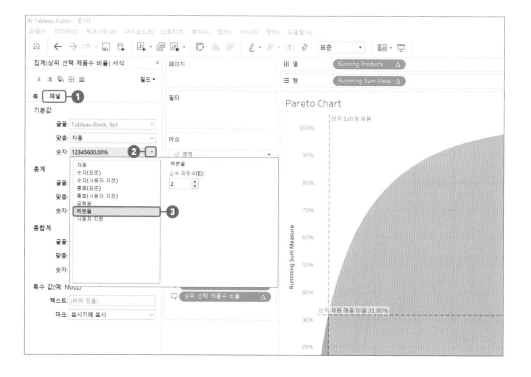

33 마크 카드 위의 [도구 설명]을 클릭합니다. [도구 설명 편집] 대화상자에서 다음과 같이 작성합니다. 차트 위에 마우스 오버 시 작성 정보에 맞게 도구 설명 정보가 표기됩니다. 다음 도구 설명에서는 제품 이름, 제품 매출 순위, 매출 현황, 누계 매출, 매출 점유율 등을 확인합니다.

<특성(제품 이름)>(<집계(Running Products)> 위)

1. 해당 제품 매출: $<집계(Selected Measure)>
2. 매출 <집계(Running Products)> 위까지의 제품 누적 합계: $<집계(Selected Measure)의 합계 누계>
3. 전체 제품 <합계(제품수)>개 상위의 <집계(Running Products)>개(<집계(상위 선택 제품수 비율)>) 제품은 <매개 변수.Select Measure> 매출 전체에 <집계(Running Sum Measure)>를 차지합니다.

34 사이드 바의 매개 변수 영역에서 [Selected Measure]와 [Select Top Products] 매개 변수를 마우스 오른쪽 버튼으로 클릭한 후 [매개 변수 표시]를 선택합니다. 화면의 오른쪽에 매개 변수 카드가 나타납니다.

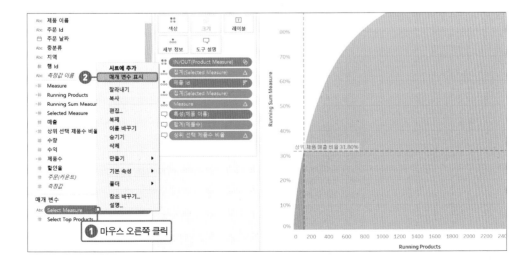

35 사이드 바에서 [대분류 확인] 필드를 필터 카드로 드래그해 가져옵니다. 이후 [필터] 대화상자에서 [참]을 선택합니다.

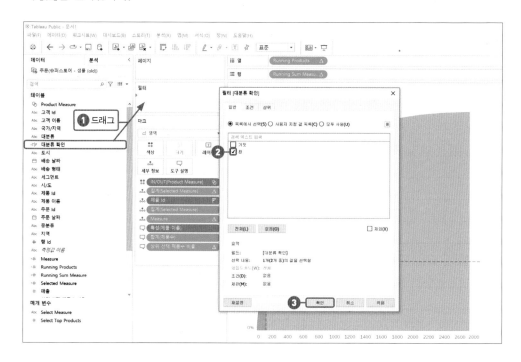

36 필터 카드에 있는 [대분류 확인] 필드의 추가 메뉴[▼]를 클릭한 후 [컨텍스트에 추가]를 선택합니다. 이를 통해 [대분류 확인] 필터가 우선적으로 적용되고 계산식이 실행되도록 설정됩니다.

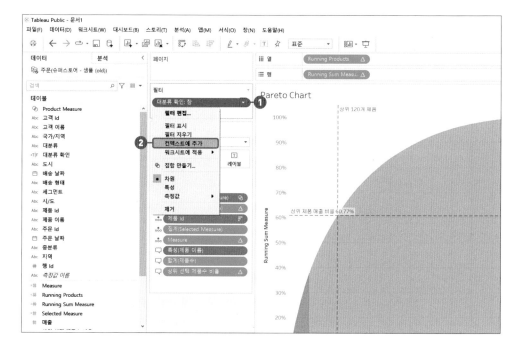

37 오른쪽의 매개 변수 카드 [Select Top Products]에 '240'을 입력한 후 [Select Measure]에서 '가구'를 선택하면 다음과 같은 차트가 완성됩니다. 마우스 오버를 통해 대분류 '가구' 항목에서 상위 240개 제품이 가구 매출 전체의 82.5%를 차지한다는 것을 확인할 수 있습니다.

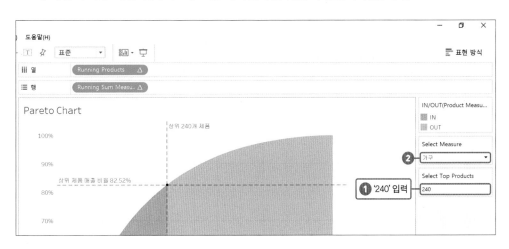

Use Cases

오른쪽 대시보드는 파레토 차트를 통해 화학 회사의 플라스틱 쓰레기 점유율을 나타낸 모습입니다. Flexible 형태 플라스틱의 경우, 상위 10개의 화학 회사가 전 세계 Flexible 형태의 플라스틱 쓰레기의 52.8%를 생산하고 있다는 것을 확인할 수 있습니다.

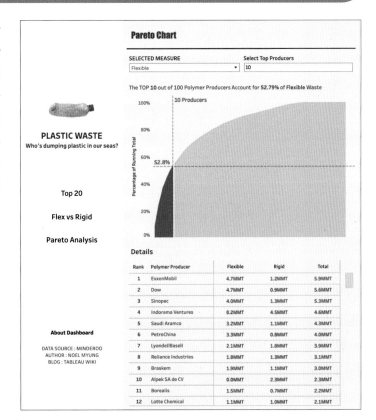

3

생키 차트

생키 차트(Sanky Chart)는 흐름(flow) 차트의 한 종류입니다. 생키 차트는 데이터 간의 흐름을 파악하거나 2단계 이상의 비율 또는 흐름을 시각적으로 강조할 때 활용됩니다. 또한 비율, 기여도 등을 표현할 때도 유용합니다.

 Main Concept

생키 차트는 나폴레옹이 러시아에 최초로 침투했을 당시, 군대의 진격과 후퇴 상황을 표현하기 위해 그려진 차트에서 유래했습니다. 다음 이미지에서 갈색 계열의 밴드를 통해, 시간에 흐름에 따라 나폴레옹 군대가 전진하면서 군대의 수가 얇아지는 모습을 확인할 수 있습니다. 검은색 계열의 밴드를 통해서는 군대가 철수하면서 군의 수가 줄어드는 모습 또한 동시에 확인할 수 있습니다. 차트 아래에는 군대의 위치와 온도 정보를 추가함으로써 여러 장의 리포트를 한 장으로 대체했고 이는 차트 역사에 한 획을 긋는 생키 차트의 기원으로 전해지고 있습니다. 이렇게 순서에 따라 데이터의 흐름을 표현하는 생키 차트를 태블로에서도 구현할 수 있습니다.

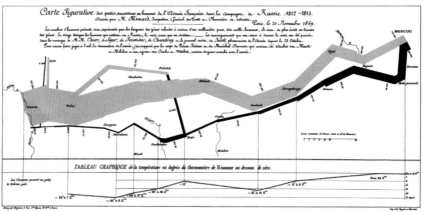

This map drawn by Charles Joseph Minard portrays the losses suffered by Napoleon's army in the Russian campaign of 1812. Beginning at the left on the Polish-Russian border near the Niemen, the thick band shows the size of the army (422,000 men) as it invaded Russia. The width of the band indicates the size of the army at each position. In September, the army reached Moscow with 100,000 men. The path of Napoleon's retreat from Moscow in the bitterly cold winter is depicted by the dark lower band, which is tied to temperature and time scales. The remains of the Grande Armée struggled out of Russia with 10,000 men. Minard's graphic tells a rich, coherent story with its multivariate data, far more enlightening than just a single number bouncing along over time. Six variables are plotted: the size of the army, its location on a two-dimensional surface, direction of the army's movement, and temperature on various dates during the retreat from Moscow. It may well be the best statistical graphic ever drawn. Napoleon's March poster $14 postpaid; English/French version $18 postpaid.

태블로상에서 생키 차트를 만들 수 있는 방법이 여러 가지 존재하지만, 이번 실습에서는 가장 기본이 되는 Single Level Sankey Chart를 함께 만들어 보겠습니다.

다음 예시는 세그먼트 카테고리별(기업, 일반 소비자, 홈 오피스), 제품 대분류별 흐름 차트를 표현한 생키 차트입니다. 각각의 고객군 카테고리에서 제품 대분류별로 어느 정도의 비중을 차지하고 있는지, 생키 차트의 너비를 통해 비율은 물론, 그 흐름 또한 파악할 수 있습니다.

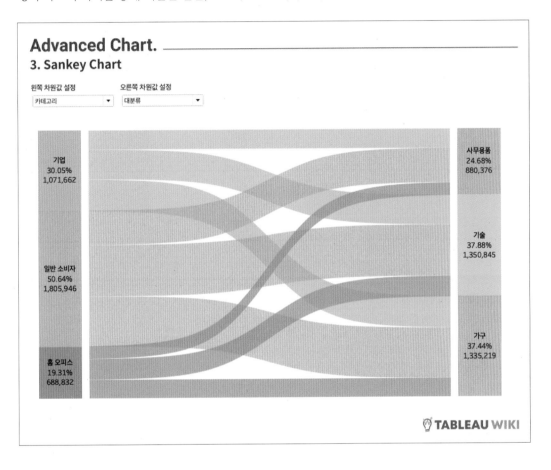

Data

생키 차트는 여러 워크시트를 만들어 하나의 대시보드로 보여 주는 방식으로 구현합니다. 1개의 측정 값과 2개의 차원이 필수적으로 필요하며 이를 조합해 여러 계산된 필드와 매개 변수를 생성해 생키 차 트 구현에 필요한 조건을 구현해야 합니다.

이번 실습에서는 '슈퍼스토어 – 샘플(old)' 엑셀 파일에 있는 [주문] 시트에서 [세그먼트], [중분류], [매 출] 필드를 활용해 생키 차트를 구현하려고 합니다. 이를 통해 세그먼트와 중분류에 따른 매출 흐름을 표현할 수 있습니다.

'슈퍼스토어 – 샘플(old)' 엑셀 파일이 아닌 다른 데이터를 활용하더라도 최소 2개의 차원 필드와 1개의 측정값 필드가 포함돼 있으면 생키 차트를 구성할 수 있습니다. 다음 시각화 사례를 통해 생키 차트의 모습과 활용법에 대한 실마리를 얻을 수 있으리라 생각합니다.

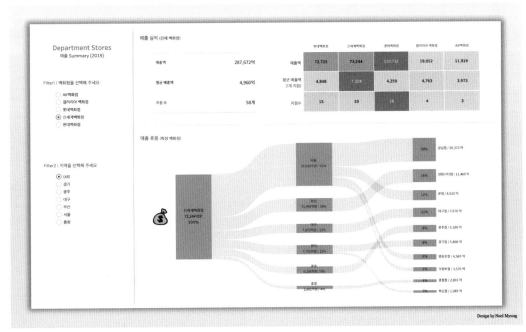

▲ 생키 차트 시각화 예시 ①: 백화점 지역과 분점 매출 생키 차트

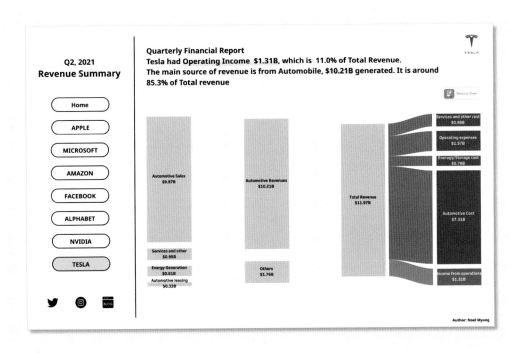

▲ 생키 차트 시각화 예시 ②: 태슬라 매출에 따른 손익계산서 생키 차트

Tutorial

먼저 생기 차트를 구성하기 위해 여러 매개 변수와 계산된 필드를 새롭게 생성하겠습니다. 태블로에서 기본적으로 생기 차트 표현 방식을 제공하지 않으므로 필요한 매개 변수와 필드의 생성이 필요합니다.

태블로 함수 번역기

매개 변수 만들기

• 필드 매개 변수 (1) – 활용하는 첫 번째 필드를 지정합니다.

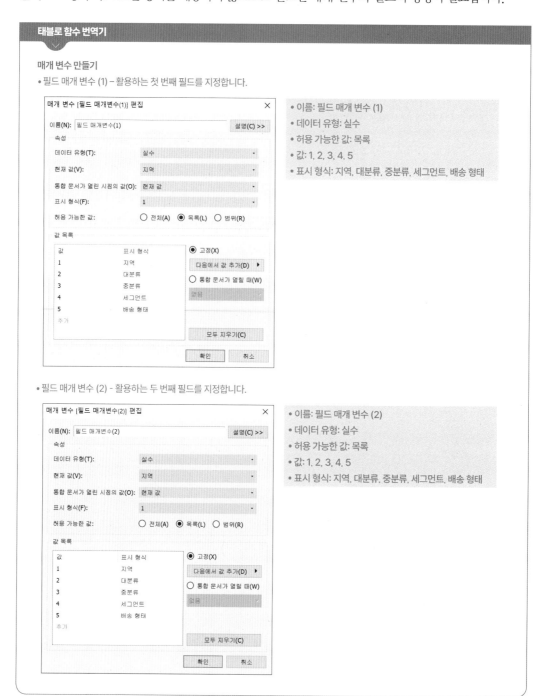

• 이름: 필드 매개 변수 (1)
• 데이터 유형: 실수
• 허용 가능한 값: 목록
• 값: 1, 2, 3, 4, 5
• 표시 형식: 지역, 대분류, 중분류, 세그먼트, 배송 형태

• 필드 매개 변수 (2) - 활용하는 두 번째 필드를 지정합니다.

• 이름: 필드 매개 변수 (2)
• 데이터 유형: 실수
• 허용 가능한 값: 목록
• 값: 1, 2, 3, 4, 5
• 표시 형식: 지역, 대분류, 중분류, 세그먼트, 배송 형태

계산된 필드 만들기

• [차원 1] - 매개 변수에 따라 선택한 필드를 지정할 수 있는 값을 차원으로 만들어 줍니다. [차원 1]은 생키 차트의 앞부분에 해당하는 바를 지정해 보여 줍니다.

• [차원 2] – [차원 1]과 동일한 원리로, [차원 2]의 경우 생키 차트의 뒷부분에 해당하는 바를 지정해 보여 줍니다.

• [사용할 값] – 생키 차트 너비의 크기를 나타내는 것으로, 측정값을 [매출] 필드로 지정합니다.

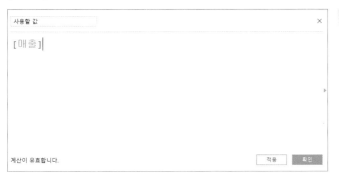

생키 차트

• [0과 97 범위] - 0과 97의 범위를 만들어 생키에 흐름 구간을 만들기 위한 필드입니다. FIXED 세부 수준 식을 활용해 0과 97을 넣는 이유는 0부터 97까지의 임의 값을 차트에 넣어 생키의 연결된다는 것을 표현하기 위한 것입니다. 다음 필드를 통해 98개의 연속된 바를 표현해 생키의 차트 모양대로 차트가 이어져 흘러가는 것처럼 보여 줄 수 있습니다.

IF [사용할 값] = {FIXED : MIN ([사용할 값])} THEN 0 ELSE 97 END

• 구간 차원 만들기: 앞서 생성한 [0과 97 범위] 필드를 측정값에서 차원으로 변경한 후 마우스 오른쪽 버튼으로 클릭하고 [만들기]를 클릭한 다음 [구간 차원...]을 선택합니다.

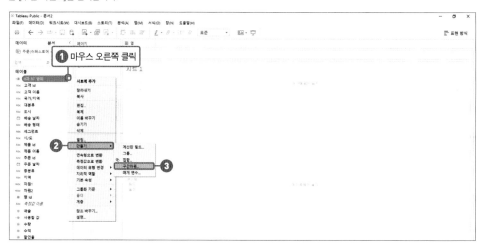

• [0과 97 범위(구간 차원)] – 구간 차원의 크기는 1로 지정해 차트 안에 98개의 구간을 만들도록 생성합니다.

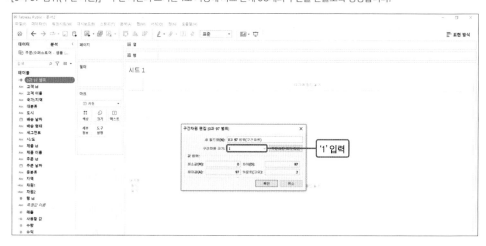

• [Index] – INDEX( ) 함수를 활용해 데이터 값의 Index를 지정합니다. 이를 통해 차트 안 데이터의 순서를 지정할 수 있습니다.

Index()

• [T] – X축을 만들기 위한 필드입니다. X축의 범위는 임의의 값인 -6부터 6까지로 지정합니다. 다음 식을 통해 데이터 순서(Index)에 따라 플러스와 마이너스 모두 X 좌표상에 데이터 범위 안에서 골고루 퍼질 수 있도록 구현합니다.

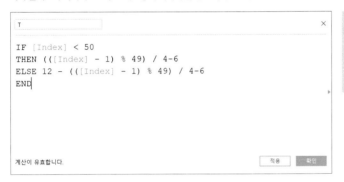

IF [Index] < 50
THEN (([Index] -1) % 49) / 4-6
ELSE 12 – (([Index] -1) % 49) / 4-6
END

• [Sigmoid] – 생키 차트의 곡선을 만들어 주는 수식입니다. Sigmoid 함수를 활용해 X 좌표의 0 중심에 따라 Y 좌표에서 생키의 S 곡선을 만들어 줄 수 있습니다.

여기서 잠깐

Sigmoid 함수는 S자형 곡선을 갖는 함수를 의미합니다.

1 / (1 + EXP (1) ^ - [T])

생키 차트

- [Sankey 너비 사이즈] - 생키 차트의 너비를 만들어 주는 수식입니다. 전체 매출에서의 비중을 계산해 각 차원에 따른 생키 곡선들이 알맞은 너비 크기를 가질 수 있도록 지정합니다.

SUM([사용할 값]) /
TOTAL(SUM([사용할 값]))

생키 차트를 만들기 위해서는 생키 차트의 너비에 따라 각 생키 위쪽 라인과 아래 라인을 만들어 줘야 합니다. 해당 라인은 [차원 1]과 [차원 2] 필드를 이어 주며 이를 구현하기 위해서는 여러 함수가 필요합니다. 다음에서 만드는 최대 위치와 최소 위치 필드는 두 차원값을 이어 주는 라인을 만들어 차트에 표현하도록 합니다.

[생키 차트의 위쪽 라인을 위한 함수]
- 최대 위치 (1)

RUNNING_SUM([Sankey 너비 사이즈])

- 최대 위치 범위 (1)

Window_sum([최대 위치 (1)])

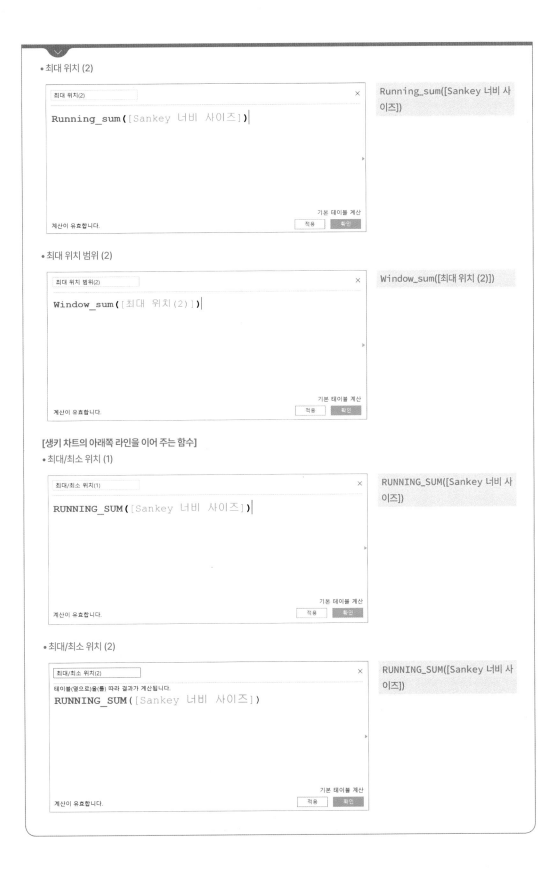

- 최대 위치 (2)

  최대 위치(2)   ✕

  `Running_sum([Sankey 너비 사이즈])`

  기본 테이블 계산
  계산이 유효합니다.   적용   확인

  Running_sum([Sankey 너비 사이즈])

- 최대 위치 범위 (2)

  최대 위치 범위(2)   ✕

  `Window_sum([최대 위치(2)])`

  기본 테이블 계산
  계산이 유효합니다.   적용   확인

  Window_sum([최대 위치 (2)])

[생키 차트의 아래쪽 라인을 이어 주는 함수]

- 최대/최소 위치 (1)

  최대/최소 위치(1)   ✕

  `RUNNING_SUM([Sankey 너비 사이즈])`

  기본 테이블 계산
  계산이 유효합니다.   적용   확인

  RUNNING_SUM([Sankey 너비 사이즈])

- 최대/최소 위치 (2)

  최대/최소 위치(2)   ✕

  테이블(옆으로)을(를) 따라 결과가 계산됩니다.
  `RUNNING_SUM([Sankey 너비 사이즈])`

  기본 테이블 계산
  계산이 유효합니다.   적용   확인

  RUNNING_SUM([Sankey 너비 사이즈])

생키 차트

• 최소 위치 (1)

최소 위치(1)	✕

```
RUNNING_SUM([최대/최소 위치(1)]) - [Sankey 너비 사이즈]
```

계산이 유효합니다.　　　　　　　　　　　　　기본 테이블 계산
　　　　　　　　　　　　　　　　　　　　　　[적용]　[확인]

RUNNING_SUM([최대/최소 위치
(1)]) – [Sankey 너비 사이즈]

• 최소 위치 범위 (1)

최소 위치 범위(1)	✕

```
WINDOW_SUM([최소 위치(1)])
```

계산이 유효합니다.　　　　　　　　　　　　　기본 테이블 계산
　　　　　　　　　　　　　　　　　　　　　　[적용]　[확인]

WINDOW_SUM([최소 위치 (1)])

• 최소 위치 (2)

최소 위치(2)	✕

```
RUNNING_SUM([최대/최소 위치(2)]) - [Sankey 너비 사이즈]
```

계산이 유효합니다.　　　　　　　　　　　　　기본 테이블 계산
　　　　　　　　　　　　　　　　　　　　　　[적용]　[확인]

RUNNING_SUM([최대/최소 위치
(2)]) – [Sankey 너비 사이즈])

• 최소 위치 범위 (2)

최소 위치 범위(2)	✕

```
WINDOW_SUM([최소 위치(2)])
```

계산이 유효합니다.　　　　　　　　　　　　　기본 테이블 계산
　　　　　　　　　　　　　　　　　　　　　　[적용]　[확인]

WINDOW_SUM([최소 위치 (2)])

• [Sankey 다각형] - 생키 차트의 위치 수식과 Sigmoid 함수를 결합하는 수식입니다. 이를 통해 차트 안에서 생키의 모양이 자리잡도록 합니다. 다음 수식에서 계산의 우선순위를 적용하기 위해 사용된 괄호를 꼭 빼먹지 않고 작성해야 합니다.

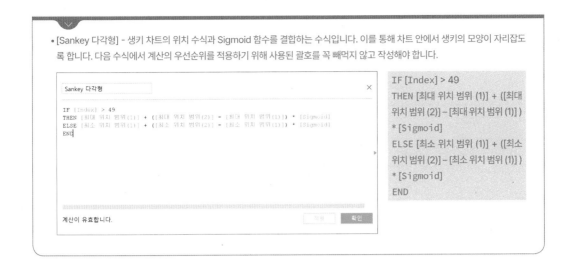

IF [Index] > 49
THEN [최대 위치 범위 (1)] + ([최대 위치 범위 (2)] – [최대 위치 범위 (1)])
* [Sigmoid]
ELSE [최소 위치 범위 (1)] + ([최소 위치 범위 (2)] – [최소 위치 범위 (1)])
* [Sigmoid]
END

생기 차트를 구성하기 위한 모든 준비가 끝났으므로 이제 본격적으로 생키 차트를 만들어 보겠습니다.

01 사이드 바에서 [0과 97 범위(구간 차원)]를 열 선반으로 드래그합니다. 이후 해당 필드를 마우스 오른쪽 버튼으로 클릭해 [누락된 값 표시]가 선택됐는지 확인합니다.

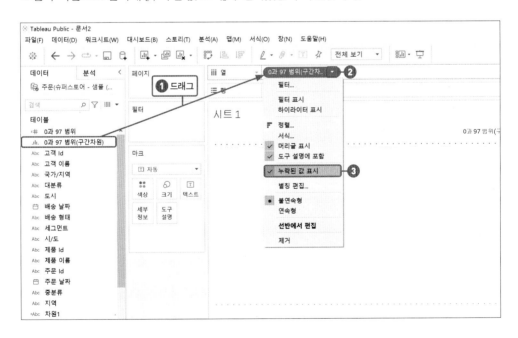

02 사이드 바에서 [0과 97 범위(구간 차원)], [차원 1], [차원 2] 필드를 마크 카드 위의 [세부 정보]로 드래그합니다. 화면에 여러 사각형 모양이 배열된 것을 알 수 있습니다.

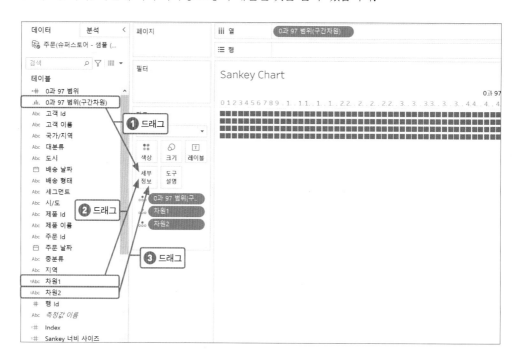

03 열 선반에서 [0과 97 범위(구간 차원)]를 제거한 후 사이드 바에서 [T] 필드를 열 선반으로 드래그합니다.

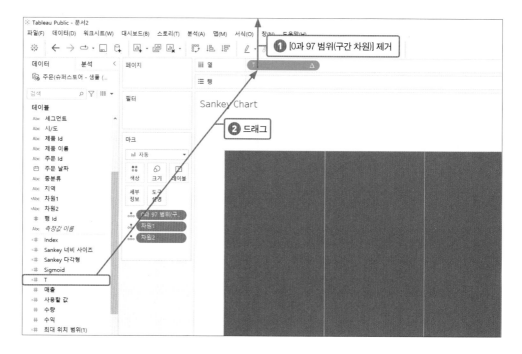

04 [T] 필드의 추가 메뉴[▼]를 클릭한 후 [다음을 사용하여 계산]을 클릭하고 [0과 97 범위(구간 차원)]를 선택합니다. 뷰 안에서 막대가 세분화되는 것을 확인할 수 있습니다.

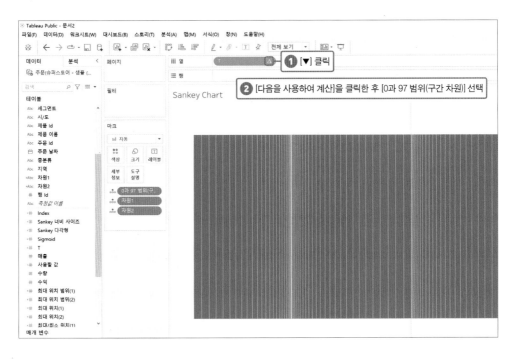

05 사이드 바에서 [Sankey 다각형]을 행 선반으로 드래그합니다. 뷰에 점 하나가 표현된 것을 알 수 있습니다.

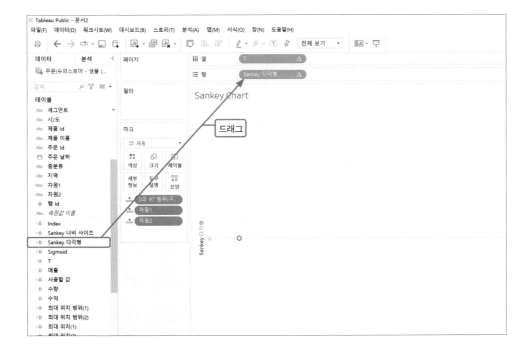

06 마크 유형을 [자동]에서 [다각형]으로 변경합니다.

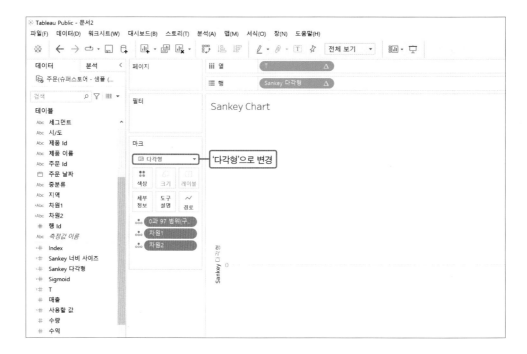

07 사이드 바에서 [Index] 필드를 마크 카드 위의 [경로]로 가져옵니다. 이후 마크 카드에 있는 [Index] 필드의 추가 메뉴[▼]를 클릭한 후 [다음을 사용하여 계산]을 클릭해 [0과 97 범위(구간 차원)]를 선택합니다.

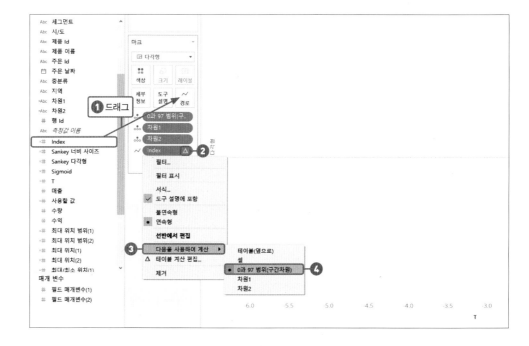

08 행 선반에 있는 [Sankey 다각형] 필드의 추가 메뉴[▼]를 클릭한 후 [테이블 계산 편집…]을 클릭합니다.

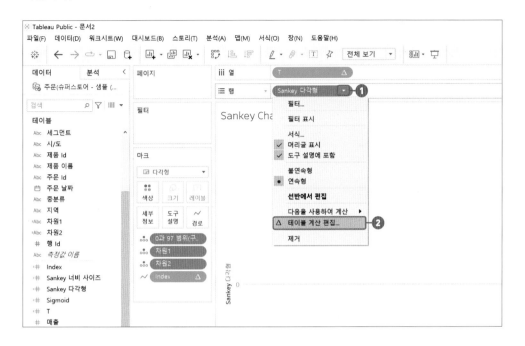

09 [테이블 계산 편집] 대화상자에서 '중첩된 계산'을 여러 번 변경해야 합니다. 다음과 같이 '다음을 사용하여 계산'에서 설정을 지정합니다. 여러 중첩된 계산을 바꾸는 방법을 통해 각 계산에 활용하는 기준 필드를 변경할 수 있습니다.

09-1 중첩된 계산에서 [INDEX]를 선택한 후 다음과 같이 설정합니다.
- 다음을 사용하여 계산: [특정 차원]에서 [0과 97 범위(구간 차원)] 선택
- 정렬 순서: 특정 차원

> **여기서 잠깐**
>
> 특정 차원 안에서의 순서도 매우 중요합니다. 순서에 따라 계산의 우선순위가 변경되기 때문입니다. 따라서 이미지에 나와 있는 것과는 다르게 순서가 배열돼 있다면, 마우스 왼쪽 버튼으로 드래그해 순서를 맞춰 줘야 합니다. 이는 모든 중첩된 계산에서 동일하게 적용됩니다.

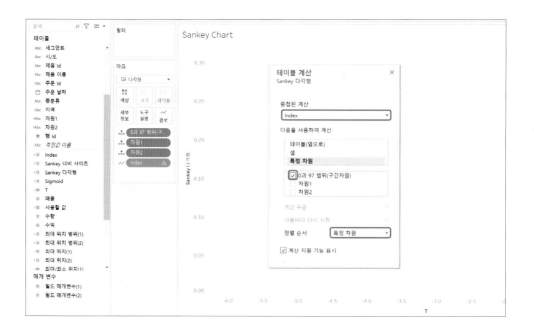

09-2 중첩된 계산에서 [최대 위치 범위 (1)]을 선택한 후 다음과 같이 설정합니다.

- 다음을 사용하여 계산: [특정 차원]에서 [0과 97 범위(구간 차원)] 선택
- 정렬 순서: 특정 차원

09-3 중첩된 계산에서 [최대 위치 (1)]을 선택한 후 다음과 같이 설정합니다.

- 다음을 사용하여 계산: [특정 차원]에서 [차원 1]과 [차원 2] 선택
- 계산 수준: 가장 깊은 수준

- 다음마다 다시 시작: 없음
- 정렬 순서: 특정 차원

09-4 중첩된 계산에서 [Sankey 너비 사이즈]를 선택한 후 다음과 같이 설정합니다.
- 다음을 사용하여 계산: [특정 차원]에서 [0과 97 범위(구간 차원)], [차원 1], [차원 2] 선택(※ 순서 중요)
- 계산 수준: 가장 깊은 수준
- 다음마다 다시 시작: 없음
- 정렬 순서: 특정 차원

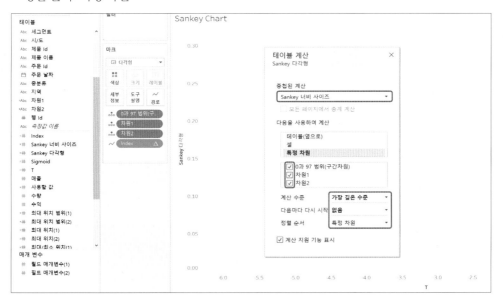

중첩된 계산에서 [최대 위치 범위 (2)]를 선택한 후 다음과 같이 설정합니다.

- 다음을 사용하여 계산: [특정 차원]에서 [0과 97 범위(구간 차원)] 선택
- 정렬 순서: 특정 차원

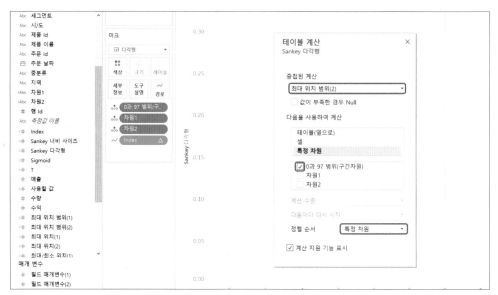

 중첩된 계산에서 [최대 위치 (2)]를 선택한 후 다음과 같이 설정합니다.

- 다음을 사용하여 계산: [특정 차원]에서 [차원 2]와 [차원 1] 선택
- 계산 수준: 가장 깊은 수준
- 다음마다 다시 시작: 없음
- 정렬 순서: 특정 차원

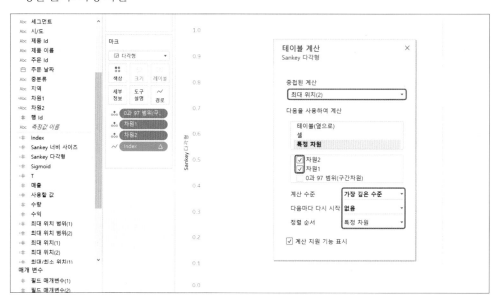

09-7 중첩된 계산에서 [최소 위치 범위 (1)]을 선택한 후 다음과 같이 설정합니다.

- 다음을 사용하여 계산: [특정 차원]에서 [0과 97 범위(구간 차원)] 선택
- 정렬 순서: 특정 차원

 09-8 중첩된 계산에서 [최소 위치 (1)]을 선택한 후 다음과 같이 설정합니다.

- 다음을 사용하여 계산: [특정 차원]에서 [차원 1], [차원 2] 선택
- 계산 수준: 가장 깊은 수준
- 다음마다 다시 시작: 없음
- 정렬 순서: 특정 차원

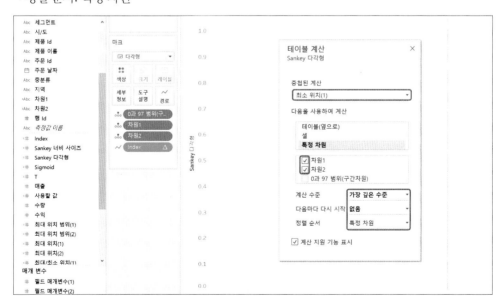

09-9 중첩된 계산에서 [최대/최소 위치 (1)]을 선택한 후 다음과 같이 설정합니다.

- 다음을 사용하여 계산: [테이블(옆으로)] 선택

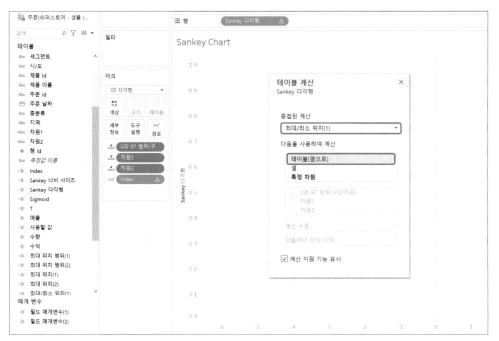

09-10 중첩된 계산에서 [최소 위치 범위 (2)]를 선택한 후 다음과 같이 설정합니다.

- 다음을 사용하여 계산: [특정 차원]에서 [0과 97 범위(구간 차원)] 선택

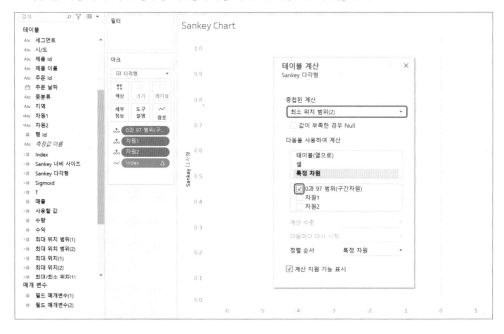

09-11 중첩된 계산에서 [최소 위치 (2)]를 선택한 후 다음과 같이 설정합니다.

- 다음을 사용하여 계산: [특정 차원]에서 [차원 2], [차원 1] 선택
- 계산 수준: 가장 깊은 수준
- 다음마다 다시 시작: 없음
- 정렬 순서: 특정 차원

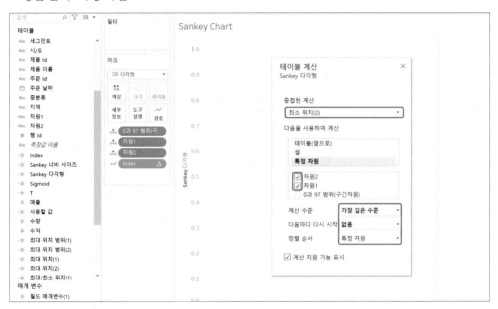

09-12 중첩된 계산에서 [최대/최소 위치 (2)]를 선택한 후 다음과 같이 설정합니다.

- 다음을 사용하여 계산: [테이블(옆으로)] 선택

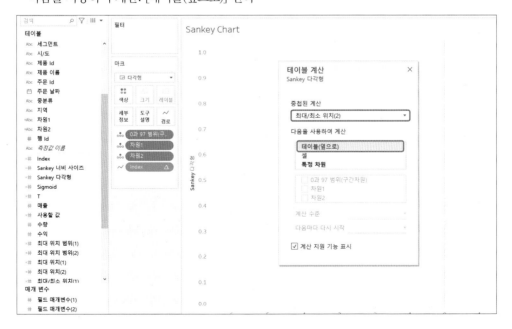

10 마크 카드 위의 [세부 정보]에 들어가 있는 [0과 97 범위(구간 차원)] 필드를 드래그한 후 [차원 2] 필드의 아래쪽으로 가져옵니다. 이에 따라 필드 적용 우선순위가 변경되고 뷰에 막대가 나타난 것을 확인할 수 있습니다.

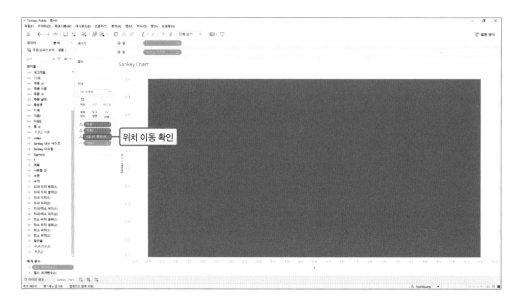

11 사이드 바에 있는 '매개 변수' 영역에서 [필드 매개 변수 (1)]과 [필드 매개 변수 (2)]의 추가 메뉴 [▼]를 클릭한 후 [매개 변수 표시]를 선택하면 오른쪽 화면에 매개 변수 카드가 표현됩니다.

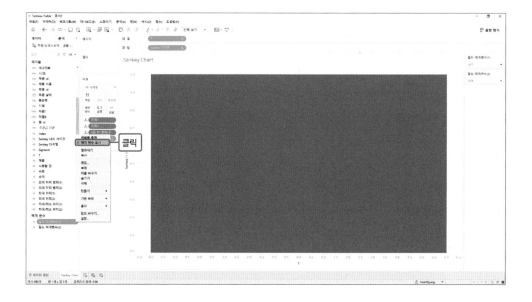

12 매개 변수 카드 영역에서 [필드 매개 변수 ①]은 [세그먼트], [필드 매개 변수 ②]는 [대분류]를 선택합니다. 다음과 같이 생키 모양이 뷰에 보이는 것을 확인할 수 있습니다.

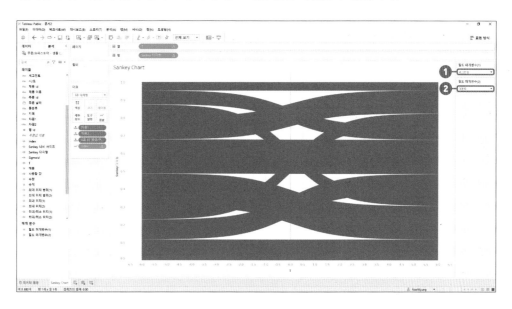

13 사이드 바에서 [차원 1] 필드를 마크 카드 위의 [색상]으로 드래그합니다. [차원 1] 필드에 따라 생키 색상이 변경된 것을 확인할 수 있습니다.

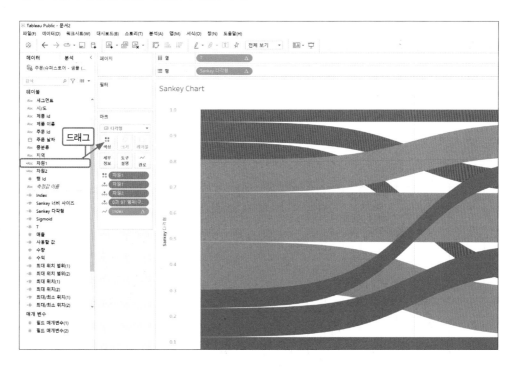

14 X축을 마우스 오른쪽 버튼을 클릭한 후 [축 편집...]을 선택합니다.

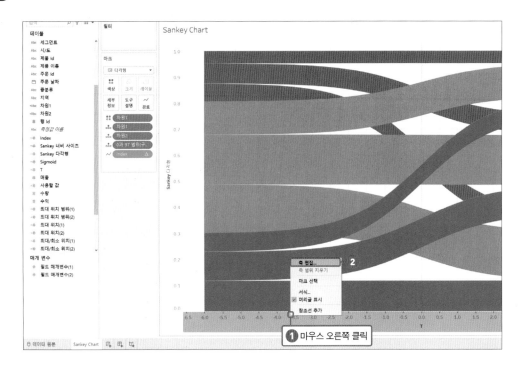

15 [T] 필드의 [축 편집] 대화상자에서 축 범위의 [고정된 시작]에 '-6', [고정된 끝]에 '6'을 입력합니다.

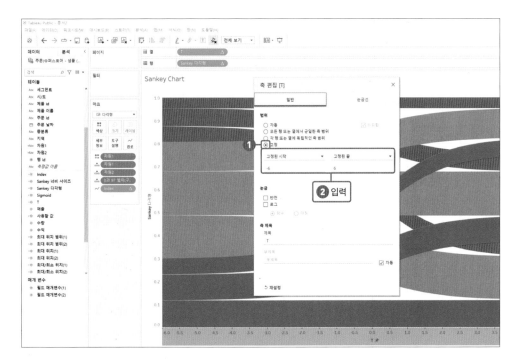

16 X축과 Y축을 마우스 오른쪽 버튼으로 클릭한 후 [머리글 표시]를 선택해 해제합니다. 위치 정보를 표시하는 축 정보는 차트 안에서 필요 없기 때문입니다.

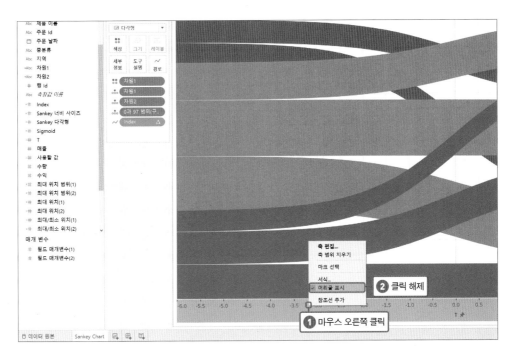

17 뷰를 마우스 오른쪽 버튼으로 클릭한 후 [서식...]을 클릭합니다. [라인] 서식에서 [격자선]을 [없음]으로 변경합니다.

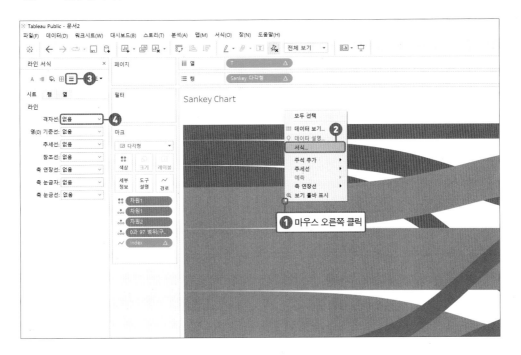

18 [첫 번째 막대] 이름으로 새로운 워크시트를 생성한 후 [사용할 값] 필드를 행 선반으로 드래그합니다.

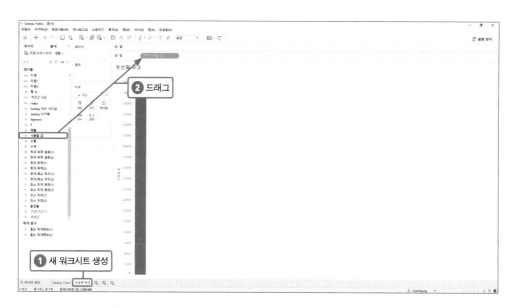

19 사이드 바에서 [차원 1]을 마크 카드 위의 [색상]과 [레이블]로 각각 드래그하면, 다음과 같이 막대 차트가 형성됩니다.

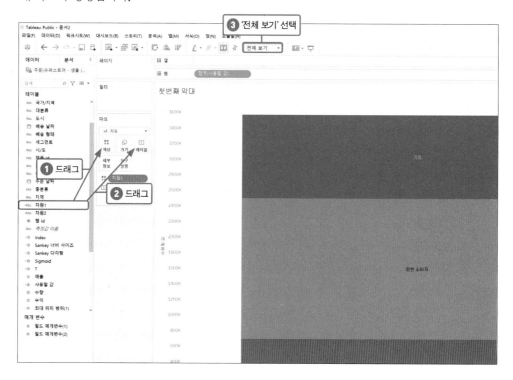

20 사이드 바에서 [사용할 값]을 [레이블]로 드래그합니다. 이후 [사용할 값]의 추가 메뉴[▼]를 클릭한 후 [퀵테이블 계산]을 클릭하고 [구성 비율]을 선택합니다.

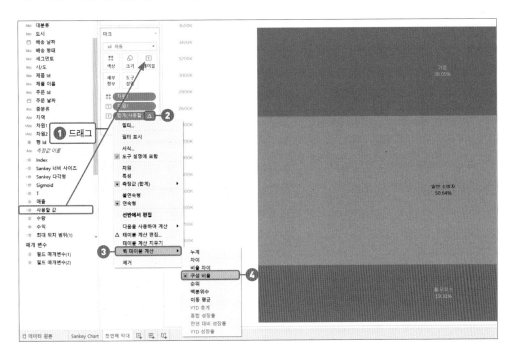

21 사이드 바에서 [사용할 값]을 다시 [레이블]로 드래그합니다. 이후 Y축을 마우스 오른쪽 버튼으로 클릭해 [머리글 표시]의 체크 표시를 해제합니다.

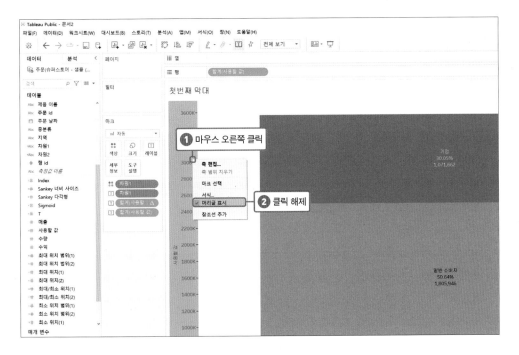

22 뷰를 마우스 오른쪽 버튼으로 클릭한 후 [서식...]을 클릭합니다. [라인 서식] 시트의 모든 선을 [없음]으로 변경합니다.

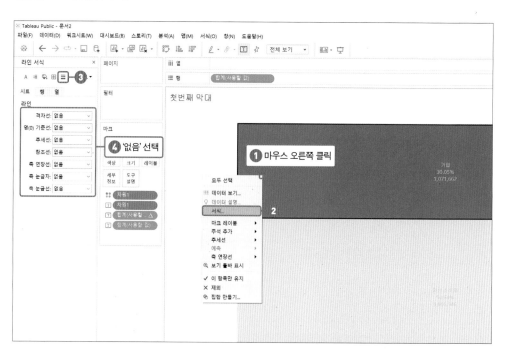

23 [두 번째 막대] 이름으로 새로운 시트를 생성한 후 [차원 2]를 기준으로 첫 번째 막대와 동일한 방법으로 만듭니다. 이때 이전 워크시트와는 다른 색상을 지정해야 합니다.

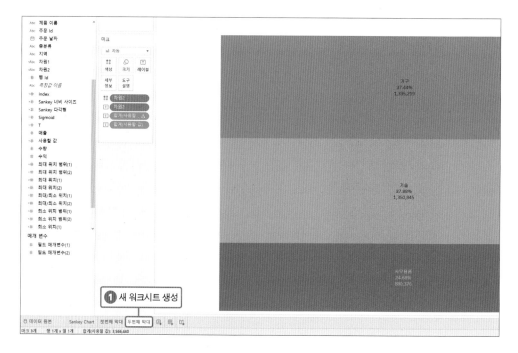

24 새 대시보드를 생성해 대시보드의 크기를 조정합니다. 예시에서는 [고정된 크기]를 선택하고 너비는 '1300px', 높이는 '800px'로 설정했습니다.

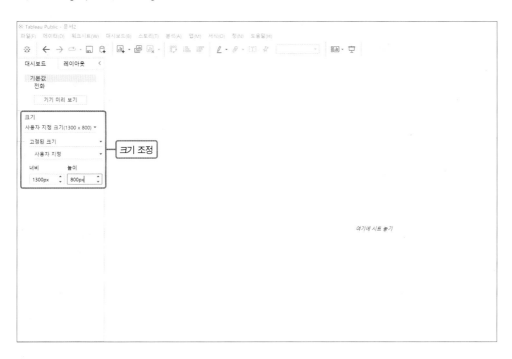

25 [첫 번째 막대], [Sankey Chart], [두 번째 막대] 순서대로 워크시트를 배열합니다. 모든 워크시트의 제목 영역을 마우스 오른쪽 버튼으로 클릭한 후 [제목 숨기기]를 선택합니다.

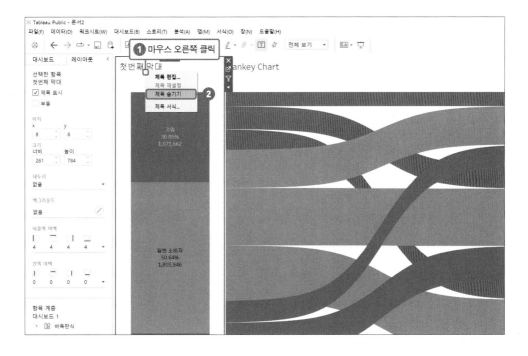

26 화면의 왼쪽 아래에 있는 [개체] 항목의 [텍스트]를 클릭해 대시보드 위로 드래그합니다. 이후 텍스트 편집에서 다음과 같이 제목에 'Sankey Chart'를 입력합니다

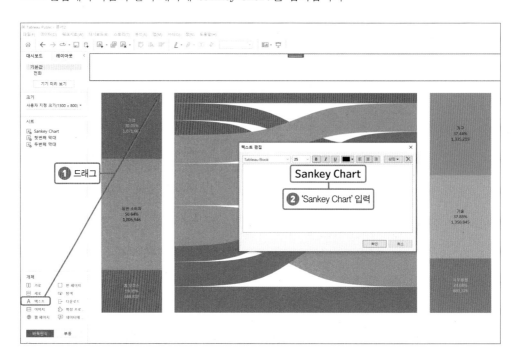

27 [첫 번째 막대]의 추가 메뉴[▼]를 클릭한 후 [매개 변수]를 클릭하고 [필드 매개 변수 ⑴]와 [필드 매개 변수 ⑵]를 선택합니다. 화면에 매개 변수 카드가 생성된 것을 알 수 있습니다.

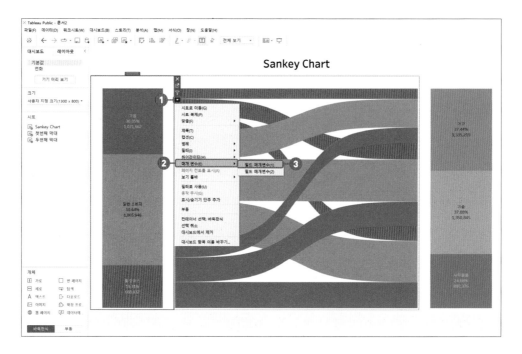

28 화면상 차트의 정렬이 다르기 때문에 차트가 이어지는 것이 표현되지 않고 있습니다. 각각의 워크시트로 돌아가 정렬을 변경하겠습니다.

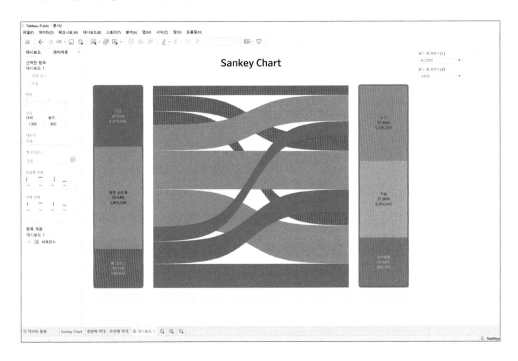

29 [Sankey Chart] 워크시트로 돌아와 마크 선반 위의 [차원 1] 필드를 기준으로 정렬을 만듭니다. 정렬 기준은 [필드], 정렬 순서는 [내림차순], 필드명은 [매출]을 선택합니다.

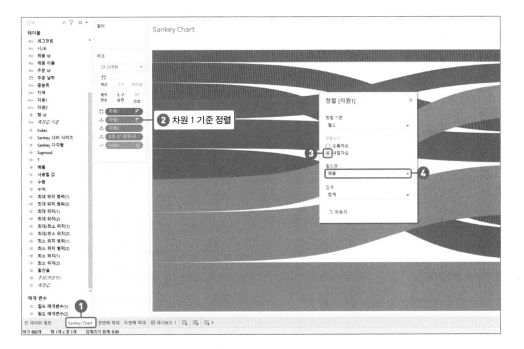

30 [첫 번째 막대] 워크시트에서 마크 선반 위의 [차원 1] 필드 기준으로 정렬을 만듭니다. 정렬 기준은 [필드], 정렬 순서는 [오름차순], 필드명은 [매출]을 선택합니다.

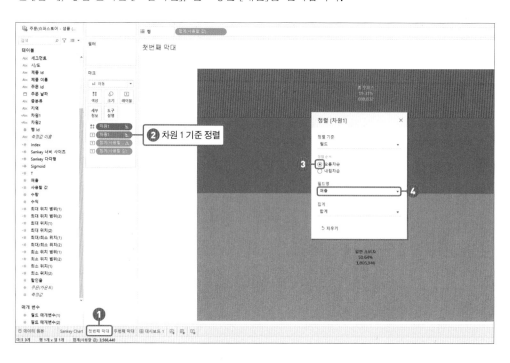

31 [두 번째 막대] 워크시트에서 마크 선반 위의 [차원 2] 필드 기준으로 정렬을 만듭니다. 정렬 기준은 [필드], 정렬 순서는 [오름차순], 필드명은 [매출]을 선택합니다.

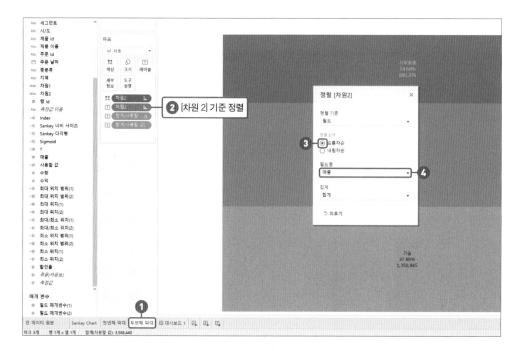

32 대시보드로 돌아오면 다음과 같이 흐름이 맞춰진 것을 확인할 수 있습니다.

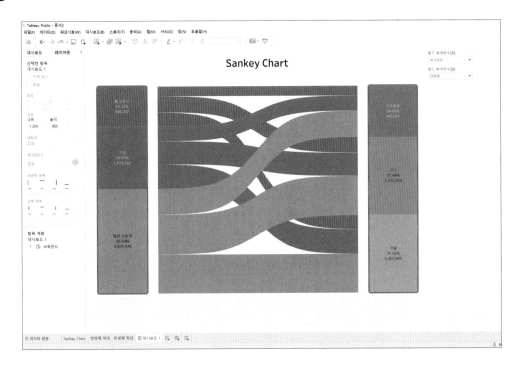

33 [Sankey Chart] 워크시트에서 색상의 [불투명도]를 60%로 설정하면, 좀 더 높은 가시성으로 흐름을 파악할 수 있습니다.

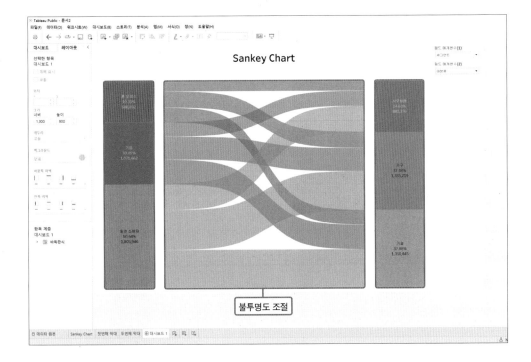

다음 대시보드는 생키 차트를 활용해 애플, 삼성전자의 2021년 2분기 수익과 비용을 보여 주는 생키 차트의 모습입니다. 데이터는 각 회사의 홈페이지에 게시돼 있는 분기 보고서 데이터를 활용했습니다. 제품에서 발생한 매출이 각각의 흐름에 따라 매출의 구성을 보여 줌과 동시에 수익과 비용 또한 보여 줍니다. 이때 생키 차트의 너비를 보면, 삼성보다 애플의 수익률이 높은 모습을 시각적으로 확인할 수 있습니다. 이와 같이 데이터가 단계별 흐름이 있거나 카테고리의 순서가 정해져 있다면, 생키 차트를 통해 그 구성과 흐름을 파악할 수 있습니다.

찾아보기